東アジアのなかの日本

上田正昭

思文閣出版

装幀　上野かおる

東アジアのなかの日本◇目　次

I

回想・二十世紀

人類史からみれば、二十世紀は第一次・第二次の世界大戦が象徴するように、地球規模で戦争が拡大し、多くの悲劇を生んだ戦争の世紀であった。冷戦構造の崩壊後も民族や宗教などの対立による紛争が世界の各地でつづいた。自然の破壊や地球の汚染が激化し、難民が続出して、凶悪な犯罪があいついだのも二十世紀であった。まさに人権受難の世紀であった。そして世界の政治や経済などをリードしたのは欧米であって、欧米を主軸とした二十世紀のおもむきが濃厚であった。

日本の二十世紀はどうであったか。一九四五年の八月十五日を境とする戦前・戦中と戦後では、国家像そのものが変貌し、忠君愛国の軍国主義から自由と平等をめざす民主主義へとまがりなりにも推移した。日本の二十世紀は前半と後半とで、その様相を大きく異にする。

日本の近代化は、明治以後基本的には「脱亜入欧」の路線をたどり、これに国家主義のイデオロギーが重なりあった。昭和に入って日本中心の「興亜」論が世論の主潮となり、アジアの侵略が具体化した。太平洋戦争における敗北によって、戦後の日本は、日本の伝統そのものを封建遺制としてこれを全面否定することからスタートする。戦後すでに半世紀をすぎたが、民主主義の内実がともなわない間に、戦後遺制の矛盾が日本の二十世紀末に噴出した。

慶応四年（一八六八）の九月八日、一世一元の制のもと、慶応は明治に改元された。そして遷都の詔がだされないままに、東京が事実上の首都となった。日本の都がはじめて関東に遷《うつ》る。日本の歴史をかえりみれば、誰の眼にも明らかなように、それまでの日本の首都は、大和の飛鳥京や近江の大津宮、そして大和の藤原京や平城京、山城の長岡京や平安京などというように、いわゆる畿内を中心に存在した。ところが十九世紀の後半から東京が日本の首都として発展する。

二十世紀は関西凋落の世紀でもあった。二十世紀に入って関西復権のさまざまな努力と工夫が積み重ねられてきたが、東京中心の一極集中のなかで、政治はもとよりのこと、経済や文化もまた関西「地方」化の歩みを余儀なくされてきた。

世間では近畿イコール関西と錯覚しているむきが多い。だがそれはあやまりである。畿内・近国という用語は古代から存在するが、近畿が公に使われるのは明治三十六年（一九〇三）のころからである。関東は『続日本紀』の天平十二年（七四〇）十月の条にみえるのが古く、関西は『吾妻鏡』の治承四年（一一八〇）の十月の条に記すのが早い。その関東・関西は三関（越前愛発《あらち》関・美濃不破関・伊勢鈴鹿関）の東西を指す。「関西三十八国」ともいわれたように（『吾妻鏡』建仁三年八月の条)、関西は九州などを除く西日本の各地におよぶ。二十一世紀をアジアの世紀へと期待する人びとは、アジア・太平洋とのまじわりのきわめて深い関西の役割を改めて注目すべきではないか。日本の二十一世紀に関西のはたす役割はきわめて大きい。

日本とアジア――その歴史と現代の課題――

二十世紀とは、どのような時代であったか

一つ目は、第一次世界大戦、第二次世界大戦という戦争の名称が象徴しているように、地球全体が戦争の渦に巻き込まれた、文字通り戦争の世紀でした。二十世紀後半でも、各地で戦争が続いています。

テレビ報道でも、パレスチナとイスラエルが深刻な状況を迎えています。何としても二十一世紀には平和を築く必要があります。多くのみなさんが、そのように願っているにもかかわらず、現実は反対の方向へと進んでいます。

二〇〇一年九月十一日のニューヨークの世界貿易センターあるいはペンタゴンへの自爆テロ、アフガニスタン戦争、イラク戦争というふうに二十一世紀は戦争から始まるという、たいへん残念な状況におかれています。私たちは、もう一度、平和とは何かを改めて考える必要があると思

います。

二つ目は、自然の破壊、環境汚染がこんなに深刻になった時代は、かつてなかったことです。国連は人権問題にも懸命に取り組んでいますが、環境問題にも努力を重ねています。一九七二年スウェーデンのストックホルムで、環境問題を考える国際会議が開かれました。その後十年ごとにこの会議はおこなわれています。二〇〇二年は南アフリカのヨハネスブルグで会議が開かれました。一九九七年十二月には、京都宝ヶ池国際会議場で、地球温暖化防止の、いわゆる京都議定書が採択されました。クリントン大統領のときで、アメリカも京都議定書に賛成していましたが、ブッシュ政権になり、京都議定書から脱退することになりました。ロシアのプーチン大統領も保留するということで、一時、京都議定書は宙に浮いたかっこうになりました。そして二〇〇五年の二月十六日にようやく発効しました。環境の問題は人権の問題と並んで、二十一世紀の人類への重要な宿題になっています。

三つ目は、民族紛争が、これほど激化した時代はかつてなかったことです。本来、宗教は人類の救済をめざして教えを説いてきたはずでしたが、宗教をめぐる紛争も、きわめて深刻な状況になっています。そして、多くの難民が祖国を追われ、さまよっています。今日では、三千万人を超える人びとが難民となり、飢えに苦しみ、病に倒れています。

二十世紀は人権受難の世紀であった、と言っても過言ではありません。したがって、二十一世紀は、人権文化が豊かに創造される世紀にしなければならないと思います。

二十世紀前半を振り返ってみますと、世界の政治・経済・文化をリードしたのは、ヨーロッパでした。後半はアメリカが世界の主導権を握って、現在に及んでいます。言い換えますと、二十世紀は欧米が世界をリードした世紀でした。アジア・アフリカなどの独自性、その輝きが評価されなかった時代です。これが四つ目です。私どもアジアに住んでいる人間としては、アジアが輝く世紀にすべきであろうと願っています。

一九九〇年の三月に、アジアの歴史学や考古学を研究している先生方が中心になり、「アジア史学会」という国際学会を作りました。第六回の北京大会で、はからずも私が会長に選ばれ、毎年研究大会を実施しています。アジア史学会の先生方にも、アジアの輝く世紀にすべきではないか、アジアにはそれだけの潜在のエネルギーがある、歴史がある、文化がある、それをアジアが自覚していないのではないか、と繰り返し言いつづけています。それも、私みずからが二十一世紀を〝アジアの世紀に〟と願っているからです。

日本の文化とアジア

日本は周りを海でかこまれた文字通りの島国ですから、日本の歴史や文化はこの島国の中だけで発展してきたように考えている人びとが多いようです。

　しかし、そうではありません。南からは黒潮が北上しています。その分流は、玄界灘から山陰沖を北上し、能登半島まで及んでいます。輪島市に重蔵《じゅうぞう》神社があり、本来はヘクラ神社と呼ぶべき古社ですが、ここの夏祭りでは南九州の神話伝承につながる祭りが、現在もおこなわれています。これは黒潮分流による海上の道によって、南九州の神話伝承が重蔵神社の夏祭りに伝わっていることがわかります。黒潮の主流は太平洋側を千葉県房総半島の方へ北上していきます。北からは親潮が、北海道の東から九十九里浜の方へ向かって南下しています。

「日本海」は、古く日本の古典では「北ツ海」と呼ばれていました。「日本海」という名称が初めて具体化したのは、一六〇二年です。マテオ・リッチというイタリアの宣教師が北京で世界地図（「坤輿万国全図」）を描いている中に、「日本海」とはっきり書き込まれています。国際的な世界地名会議の席上で、「『日本海』という名称を使うのは不当である、『東海』と呼ぶべきである」というような主張がされていますが、「日本海」という名称は、明治政府が付けた名称ではなく、十七世紀のはじめから使われているわけです。私の調べた限りでは、日本で最初に「日本海」という名称を使ったのは、山村才助という蘭学者でした。山村才助が享和二年（一八〇二）に著《あら》わした『訂正増訳采覧異言』の付図に「日本海」と明記しています。特定の国の名称を、公の海に付けているのはけしからん、という意見もありますが、そういう例は他にもあります。たとえば、インド洋もそうです。私たち日本人が、「日本海」を「東海」と呼ぶことはできません。

古典は「北ツ海」と表記しています。それは『日本書記』の垂仁天皇二年是歳の条や『出雲国風土記』の意宇郡比売崎の条や嶋根郡久宇島・神門郡神門水海の凡条、あるいは『備後国風土記』逸文などでたしかめられます。

その「日本海」には、ウラジオストックの沖を南下して、朝鮮半島の東側を流れるリマン海流が流れています。そして、黒潮分流と合流して、北側へ回流しています。

日本列島は周りを海で囲まれていますから、逆に海外とのつながりは盛んであったわけです。「島国だから閉ざされていた」という考え方は歴史の実際とは、異なっています。私はこの考えを「島国史観」として批判してきました。

「遣唐使時代」の実相

遣唐使は、六三〇年から八三八年まで中国へ十五回おもむきました。そのうち、一回は中国へいった使節が帰ってこないので迎えにいった使節です。中国からきた使節を送って行く使節が、一回。あわせて十五回です。だから、約二百年間に、正式はたったの十三回、唐からの使節は九回（正式には八回）なのです。われわれの学界では、八世紀から九世紀のこの時代を、しばしば「遣唐使時代」と呼びます。しかし、こういう考えも正確ではありません。なぜなら、七二七年から九一九年まで、約二百年間続いた渤海《ぼっかい》という国との交渉もあったからです。わが国から十五回使節が行っています。渤海からは、正式に国書をもってきたのは三十四回に及ぶのです。つまり、唐との関係ばかりで、七・八世紀から九世紀のわが国の外交を論じたら、歴史の実相にはそぐわないのです。まして、当時の朝鮮半島は、統一新羅でした。新羅が約九割を統一していました。新羅との交渉は、唐や渤海とよりも、はるかに頻繁でした。一番、密接に外交関係をもっていたのは、朝鮮半島との間です。

菅原道真が遣唐使派遣中止を進言し、遣唐使派遣はなくなりました。今でも「そのあと、日本は国風文化の時代になった」と書いている教科書が多いようです。しかし、遣唐使派遣の中止後も、菅原道真らは遣唐使の役職を名乗っていましたし、唐との公の交渉はしていませんが、民間貿易はますますさかんになっています。あるいは渤海との交渉は続いていますし、渤海の後に起こった東丹国《とうたん》からの使節も、わが国にきています。十世紀から十一世紀にかけて東アジア文化圏はさらに東アジア交易圏へと発展したといえましょう。遣唐使の廃止によって、わが国が閉ざされた国になったように言うのは、歴史の実相に反しています。

完全な「鎖国」の時代はなかった

日本の歴史や文化に対する誤った考え方は「鎖国史観」ともいうべき認識です。今の歴史年表でも歴史教科書でも、一六三五年（寛永十二）三代将軍徳川家光の代に、日本人の海外渡航を禁止し、貿易に関する制限の通達を出したことが載っています。それを「鎖国令」の発布と記しています。一六三九年（寛永十六）には、ポルトガル船の来航を禁止しました。多くがこれを「鎖国の完成」と書いています。そもそも「鎖国」という言葉は、一六三五年、一六三九年に幕府が出した通達や法令には書かれていません。「鎖国」という用語は、オランダ商館のエンゲルベルト・ケンペルが書いた『日本誌』の翻訳本が一八〇二年に出たとき、通詞（通訳）であった志筑忠雄が初めて使った用語です。それを契機に「鎖国」という言葉が広がっていきました。

完全に徳川幕府が鎖国をしていたわけではありません。幕府が「通商の国」と呼んでいたのは、オランダと清国でした。だから、長崎にはオランダ商館があり唐人屋敷が存在しました。貿易も外交もする国は「通信の国」と幕府が呼んでおり、その国とは朝鮮王朝と琉球王朝でした。したがって、琉球からは使節がきますし、朝鮮王朝からは一六〇七年から一八一一年まで十二回に渡って朝鮮通信使が来日しました。こういう史実を「鎖国」という言葉で消し去って、日本の歴史を論ずるような見方、考え方はまちがっています。

日本の歴史と文化はアジアと連動しながら、アジアとのつながりの中で発展してきました。もちろん、日本の歴史や文化は、日本列島の内なる要因によって発展してきたことは言うまでもありません。が、しかし、外なるアジアとのつながりによって発展してきたことも、はっきり見つめておく必要があります。

飛鳥時代と渡来の文化

飛鳥時代は推古天皇の代を中心とする前後の時代で、聖徳太子が活躍した時代です。聖徳太子すなわち厩戸皇子《うまやどのみこ》の周りには、百済・高句麗・新羅からの人びとが多くいました。そして、六〇〇年に第一回遣隋使を派遣し、少なくとも六一四年まで五回、隋に使節を派遣した、きわめてインターナショナルな人物であった厩戸皇子は四十九歳で没しました。その死を悲しみ多至波奈《たちばなの》女郎《いらつめ》が天寿国への往生を願って刺繍をさせた帳《とばり》が「天寿国繍帳」です。その全部は残っていませんが、一部が正倉院や中宮寺に残っていました。刺繍をしたのは、宮廷の采女たちでしたが、その繍帳の絵を描いたのは、高句麗（高麗加西溢《こまのかせい》）・百済・加耶《かや》系（東漢末賢《やまとのあやのまげん》・漢奴加己利《あやのぬかこり》）の渡来人でした。図柄全体のディレクターをしたのは、新羅系の人物（秦久麻《はたのくま》）でした。描かれている図柄を見ると、女性の服装や男子像・雲気文などは、高句麗の壁画に非常に似ていますし、錣葺《しころぶき》の屋根は敦煌二八五窟の壁画のそれと類似しています。

これはその一例ですが、朝鮮半島や中国とのつながりを抜きに、飛鳥文化が日本固有の文化であるというのは、あきらかにまちがっています。

「大宝令」や「養老令」の「職員令」は、役所の名前とそこにいる職員のことを、くわしく書いている法令です。八省のひとつ治部省に「雅楽寮」が所属しました。ここは歌と舞をつかさどるところです。日本の伝統的な舞や歌を習うメンバーもいますが、「唐楽師十二人」とあるように唐楽を日本の役所で勉強させています。また「高麗、百済、新羅」の楽師が計十二名います。雅楽寮のメンバーは、総計しますと四五九名です。それ以外に楽戸の人たちがいました。当時の八省の中で、職員のもっとも多いのが、「雅楽寮」でした。

雅楽はアジアの音楽と舞を日本で集大成したもの

日本の雅楽は、日本のもっとも古い古典芸能です。平安時代には、家元制度がありました。明治二年（一八六九）には宮内省の楽部になりました。雅楽は、京都、奈良、大阪の三つのグループ（三方楽所《さんぽうがくそ》）にわかれて伝承されてゆきました。雅楽は日本の古典芸能ですが、日本はもとよりアジアの音楽と舞をわが国で集成したものなのです。平安時代のはじめ、九三三年の頃までに、左方《さかた》と右方《うかた》の両部制を採用します。それが現在に続いています。左方には唐楽が中心で、ベトナムの林邑楽などが加わりました。右方は高句麗・新羅・百済・渤海の楽です。もちろん、伝統的な日本の歌や舞もありますが、アジアの音楽と舞の総体が雅楽なのです。

雅楽は芸能として今も生きています。つまり、雅楽は生ける正倉院です。多くのみなさんが、日本独自の固有の芸能だと思っている雅楽も、そうではなく、アジアの音楽と舞を日本で集大成したものなのです。いかに、日本の文化がアジアとつながっていたかは、この例をみてもおわかりだと思います。

アジアとの長い関係史には、光もあれば影もあった

非常に残念なことに、豊臣秀吉およびそのブレーンが中心になって、日本でいう「文禄・慶長の役」、韓国のみなさんや、朝鮮民主主義共和国のみなさんがいう「壬辰・丁酉の倭乱」を強行しました。これはぬぐうことのできない朝鮮侵略でした。また、一八七五年の江華島事件以後、露骨に朝鮮を支配する政策を取り、日本の植民地として、三十六年間、朝鮮を支配しました。そして、朝鮮の人びとの名を奪う、いわゆる「創氏改名」を強制し、土地を奪い、命を奪うという、まことに残忍な行為をおこないました。中国も侵略しました。このようにアジアと日本の関係は、かならずしも友好の歴史ばかりではありません。

太平洋戦争では、東南アジアをはじめ南方の諸地域の人びとにも、さまざまな被害を与えたことは、言うまでもありません。アジアと日本の関係を論じるときに、この影の部分をどこかに置いてしまって、親善友好の光の部分だけを語るわけにはいきません。

影の部分は、しっかり認識する必要はありますけれども、影に光をあてて、その正体を浮き彫りにする必要があります。その光は斜めからあてれば、影はさらに伸びます。真正面から光をあてる必要がある。侵略の、あるいは植民地支配のアジアの人びとに及ぼした被害を、私どもは率

直に認めるべきですし、その正体を今一度、明確にしておく必要があると思います。

しかし、友好の歴史の方が、侵略や植民地支配の歴史よりも長かったということも事実です。その例が、朝鮮通信使です。朝鮮通信使の始まりは、朝鮮王朝の松雲大師らの努力によって、戦後処理としてはじまり、朝鮮王朝側がそれに対応して、実現したわけです。しかし「通信使」という名前が使われるのは、第四回からです。それまでは、朝鮮側は徳川幕府から申し出てきたので、それに応じるかたちですから「回答使」あるいは、日本にたくさんの捕虜が囚われているわけですから、それを取り戻す「刷還使」あるいは「探賊使」と称しています。

朝鮮通信使は、五〇〇名前後におよぶ大文化使節団です（最後の十二回目は三二八名）。第四回からは医者も参加しました。第七回からは「曲馬上覧」が恒例化します。江戸まで行かず大坂止まりの人たちもいましたから、一番少ないときでも、四〇〇名を超えていました。そして、第七回の頃から幕府や各藩の禁止の命令を乗り越えて、朝鮮通信使の通る道筋あるいは宿泊地など、当時の各地民衆が歓迎し、民衆が朝鮮通信使の宿をたずねたりしました。今でいう日朝親善の潮流に、江戸時代の民衆が参加していたわけです。そうした民衆と民衆の交わり、私のいう民際の歴史を明らかにすることによって、誤れる侵略や植民地支配の正体を明確にしていくことが必要だと思います。

危惧されるあらたな脱亜論や興亜論

私たちがアジアを考える場合、およそ三つの立場があります。一つは「脱亜論」です。この考えは、今でも日本のインテリをはじめ多くの人びとのなかにかなりあります。アジアは遅れている、欧米と手を結ばないと日本の未来はないのだ、という考えです。これは、福沢諭吉が一八八一年の「時事小言」の中で初めて書いています。そして一八八五年の「脱亜論」では「アジアの友は悪友である」と断言しました。これを私は日本版中華思想だと言っているのです。こういう考え方が古代律令国家の支配者たちの「帰化」という王化思想を育《はぐ》んでいくのです。「帰化」という言葉は中華思想の産物です。明治の「脱亜論」では、野蛮国はアジアであり、文明国は欧米なのです。日本の近代史を振り返ると、外交の基軸は欧米で、それは今もあまり変わっていません。アジアの友好と連帯そして同盟という視点は、今もきわめて弱いのです。

また、今、「興亜論」が大きくよみがえり始めています。満洲事変以後、こういう考えが強くなってきました。一九三八年十二月には内閣に興亜院という役所ができるほどでした。これが「八紘一宇」という言葉に重なるわけです。アジアを興隆することはいいのですが、アジアの中心が日本だという考え方です。これが「大東亜共栄圏」になります。

この二つは、今もなお、かたちを変えて、アジアの問題を論ずるときにでてきます。私どもはあらたな「脱亜論」「興亜論」の正体を見極める必要があります。

それならば、どうしたらよいのでしょうか。「アジアの中の日本」という立場が大切です。よく「アジアは一つ」と言いますが、それは虚像です。アジアほど、民族が多く、言語がバラバラで、宗教がこんなに多様である地域はめずらしいのです。だから、なかなか友好と連帯が難しい。アジアは一つではありません。しかし、歴史を振り返れば、アジアの歴史には友好の歴史も数多くあります。私どもは、その歴史の記憶を今によみがえらせ、発展的に継承してゆく必要があります。

そして、今、大事なことは、民衆同士が連帯していくことです。一九七四年から申し上げてきました民衆と民衆がまじわる民際交流です。民衆サイドのアジアのネットワークが大事なときではないかと考えています。まさに、パートナーシップを発揮して、民衆のネットワークを構築するために努力していくべきではないでしょうか。

古代の日本と東アジア

いまも全国でも先駆的な施設として注目されておりますが、京都市の丸太町七本松にある市の生涯学習総合センター、通称アスニーがオープンしましたのは昭和五十六年（一九八一）四月です。当時、私は京都市の社会教育委員会議の議長を仰せつかっておりまして、オープンにあたって京都の町会所——いわゆる町内会の皆さんの集まる場所、京都の町衆のみなさんの暮らしのセンターでもあった、町会所の展覧会をやってはどうかということで、町会所展を実施していただきました。

そのときに、小学校所蔵の優れた絵画や彫刻などが出品されましたが、びっくりしました。京都の小学校にはこんなにすばらしい美術品があるのかということで、昭和六十年から調査をしていただき、平成七年（一九九五）十月に京都市の学校歴史博物館をつくる構想委員会がスタートし、私がその委員長をつとめることになりました。その構想をまとめて平成十年十一月十一日にオープンした施設が京都市学校歴史博物館です。

やはり京都はすごいなと思います。たとえば、六代目の清水六兵衛さんの焼き物とか、北大路魯山人さんの焼き物や書、あるいは山口華楊先生、上村松園先生など、あげればきりがありません。書では湯川秀樹先生をはじめ、優れた先輩が母校に記念としての品々を贈っておられるわけです。京都の学校のまさに宝物が現在の学校歴史博物館に収蔵されているのです。したがって、「こんなにある学校のたからもの」という展覧会を実施したこともあります。明治二年（一八六九）に全国ではじめて、番組小学校六四校を開設した、地域に根ざした小学校の伝統の反映です。その五周年を記念し、また第二展示場のオープンを記念いたしまして、最近の研究成果を中心に古代の日本と東アジアについて語ることになりました。

私の歴史研究の一つの特色は、日本の歴史や文化をこの島国の日本の中だけで考えるのではなく、広くアジアの中で考えるほうが、日本の実際の姿がはっきり浮かびあがってくるはずだという点を強調してきたところにあります。一九六〇年のころから、つぎのように考えました。この島国の中だけで日本の歴史を研究することは、もちろん大事ですけれども、一九六〇年代から日本の学界に向かって、それだけでは日本の歴史や文化の実際はわからないということを、繰り返し申しております。

京都大学では約三十年間教鞭をとっておりましたので、私の講義を聞いた学生の中から、いま大学の第一線で私の考えてきた方向に向かって研究をしている優れた方々が活躍していただいているのは、私にとっては大変嬉しいことです。

私自身がそのことを明らかにするために、まず最初に書いた、忘れることのできない本があります。一九六五年の六月に中央公論社から出版しました『帰化人』という新書です。この本は京都大学助教授の時期の著作ですが、東アジアのなかで古代の日本を考えなければと、真剣に模索していた頃の思い出の深い新書です。そろそろ書き直したらいいんですけれども、その考えは基本的に変える必要がないと思っています。

そのなかで、私が強調したことは四つありました。一つは、帰化人というけれども、「帰化」と「渡来」は違うということです。「帰化」という言葉は中国の古典にたびたび出てまいります。これは中華思想の産物なんですね。いまでも中国は中華人民共和国、台湾の政府は中華民国を称しております。中国皇帝の支配する領域が世界の中心の華である。その周りの東には夷《えびす》、北には狄《てき》、南には蛮、西には戎《えびす》がいる。いわゆる東夷・北狄・南蛮・西戎という中華と夷狄《いてき》、略して夷狄と申しますが、こうした考え方があるわけです。この夷狄の人びとが、中国皇帝の支配する領域に帰属しまして、中華の民になって欽化内帰する。これが「帰化」という言葉の由来です。帰化という言葉は中華思想の産物なんですね。

私は、この中華思想を現在の中国の政府、あるいは学者、あるいは実業家の方々がどのように克服していかれるか、それは現在の中国の大きな課題ではないかと考えています。中国から京都大学の私のところに研究のために留学してきた学生諸君もたくさんおりましたが、そういう諸君にも言い続けてきました。また、現在アジアの歴史学や考古学の国際学会、アジア史学会の会長もしておりますが、中国の先生方には折あるごとに、中華思想を克服しなければ中国は多くの問題を残すというように申しております。

したがって、わが国は中華の東の東夷ということになります。もちろん、朝鮮半島もありますし、旧満洲もある。東アジアのなかですが、その東夷のなかの中華に古代の日本の為政者たちはなろうと考えたわけです。中国から見れば東夷です。しかし、その東夷のなかで日本が中華であるというように考えた。したがって朝鮮や旧満洲の東半部から沿海州の地域にあった渤海などは蕃国とみなし、南九州や薩南諸島あるいは東北のみなさんは日本のなかの夷狄であるというように考えたわけです。

だから、朝鮮半島の国々のみなさんが日本に帰化するという考え方をするわけです。つまり、帰化というのは中華思想の産物であって、古代の支配者層の日本版中華思想が「帰化」という言葉を生んでいるわけです。そして、古代のわが国の法令すなわち「大宝令」や「養老令」などでも、帰化とはなんぞやということをはっきり定義しているわけです。そういう法律やその注釈書の『令義解《りようのぎげ》』・『令集解《りようのしゆうげ》』などを読んでいかれますと、帰化という言葉が書いてあります。帰化というのは「籍貫に附す」あるいは「戸籍に附す」ということだというように注釈しているわけです。この「籍」というのは戸籍です。日本の戸籍に登録すること。「貫」というのは本貫です。日本列島のなかのどこかに居住する。たとえば百済から来たみなさんが本拠地を定め、そして日本の戸籍に登録されることが帰化であるというように書いてあるわけです。まさに日本版中華思想が、この「帰化」という言葉を使いだす背景にあるわけです。

『日本書紀』(『日本紀』)という書物がありますね。『日本書紀』は養老四年(西暦七二〇)五月二十一日に奏進された書物です。その『日本書紀』のなかには、「帰化」という言葉が十三か所(「化帰」一例を含む)出てきます。中国からも日本にたくさんの人が来ていますが、中華の国の人には「帰化」という言葉は使っておりません。百済から来た人、高句麗から来た人、新羅から来た人に十例あるいは屋久(掖玖)島から来た人に二例「帰化」という言葉を使っているわけです(他の一例は抽象的用語として)。

わが国で、いつごろ戸籍がいつできたのか。戸籍の成立については学界でもいろいろ論争がありますが、七世紀の後半——もっとわかりやすく言えば、天智天皇から天武天皇のころ。もっと正確に言いますと、厳密な戸籍は持統天皇四年(六九〇)、庚寅の年にできた戸籍がもっとも確実な古い戸籍ですね。庚寅の年の「庚寅戸籍」が、わが国の確実な最初のものです。それよりも前、天智天皇九年(六七〇)、庚午の年にできた「庚午年籍」もありますが、これはどの氏族の出身かということを書いている族籍であって実施の範囲も狭く、厳密な戸籍とは言えない。ですから、「庚午年籍」と申しまして、厳密な戸籍とは認められておりません。

いずれにしましても、七世紀の後半になって戸籍ができる。弥生時代に戸籍はありません。古墳時代にも戸籍はありません。第一、弥生時代に「日本国」という統一国家が存在したわけではない。したがって、弥生時代や古墳時代に朝鮮関係の遺跡が見つかりますと、私が一九六五年に「渡来」と「帰化」は違うんだと言うまでは、私どもの先輩の先生方は「帰化人の遺跡」などと言ってきたわけです。「戸籍がなくて、帰化すべき統一国家がなくて、どうして帰化人がいるんですか。そういう歴史の見方や考え方は日本中心主義の日本版中華思想の考え方に立つことに結果としてなる」ということを、その本の最初に書いているわけです。

そして、『古事記』や『風土記』をご覧になりますと、「帰化」という言葉はどこにも書いていない。『古事記』はすべて「渡来」・「参渡来」です。外国から日本に来た人を「渡来」と書いている。『風土記』も「渡来」・「参渡来」です。したがって、「帰化人」という言葉は、帰化した人に使うことに反対しているわけではありませんが、帰化していない人に「帰化人」などと言う言葉を使うのは歴史の実態にそぐわない。そういう場合には「帰化」という言葉よりも、日本の古典の言葉である「渡来」という言葉のほうがいいということを書いているわけです。

そして二つ目に、渡来は一回だけではない。繰り返し中国からも、南方からも、朝鮮半島からも渡ってくる。渡来の波があるわけです。その渡来の波のピーク――非常に多くの人が集団で渡ってきた時期が、弥生時代の前後から少なくとも七世紀半ばの段階までに四回あるという説を述べました。これが私のいわゆる「渡来の四段階説」です。

人類学の埴原和郎先生たちが骨の研究から調査しておられましたが、「上田の考えは基本的に正しい」ということを人類学の分野から論証していただいております。うねりの時期が四回ありました。

まず、第一の段階は弥生時代が始まる前後のころです。その次は五世紀の前後、古墳時代中期の始まるころ、第三は五世紀後半から六世紀前半。第四のピークは七世紀の半ばというように考えています。

そして三つ目に、いかに日本列島に渡ってきた渡来人のみなさんとその子孫が日本の歴史や文化の発展に大きな役割を果たしたかということを、もう一度東アジアのなかで考えおく必要があるということを史実にそくして指摘しました。たとえば、天平勝宝四年（七五二）四月、東大寺の大仏が建立されて盛大な開眼供養会が行われました。

あの東大寺の大仏の鋳造にあたった現場のリーダーはいったい誰か。日本名、国中連公麻呂《くになかのむらじきみまろ》という人物です。この方は、西暦六六〇年に百済——朝鮮半島の南の西側から日本に渡ってきた国骨富《こくこつぷ》のお孫さんです。日本にやってきてお子さんができ、お孫さんができました。言わば在日三世、この方が現場のリーダーとしてあの東大寺大仏を建立したのです。

もちろん、現在の東大寺大仏は、斉衡二年（八五五）仏頭が落ち、治承四年（一一八〇）、さらに永禄十年（一五六七）に東大寺大仏殿が焼けまして、その後に新たにつくられた大仏であって、天平勝宝四年の大仏ではありません。台座に座っておられますが、その蓮弁の二枚だけが天平のものです。今のは元禄の大仏です。みなさんが拝んでおられる大仏は元禄五年（一六九二）のころにつくられた大仏です。東大寺には法華堂（三月堂）がある。二月堂はお水取りでみなさんよくご承知でしょう。三月堂——法華堂の不空羂索観音《ふくうけんじやくかんのん》、すばらしい国宝の御仏ですが、これは乾漆像で金銅像ではありませんけれども、それをつくったのは国中連公麻呂です。あの不空羂索観音も天平のものです。いかに優れた仏像の制作者であったかがわかります。

あるいは、桓武天皇の母は高野新笠《たかののにいがさ》という方です。平安京に長岡京から都を遷された桓武天皇の母、高野新笠という方は、じつは百済の武寧王《ぶねいおう》の血脈につながる方です。純陀《じゆんだ》太子の子孫、つまり、桓武天皇のお母さまはまぎれもなく百済王族の血を受けた方です。二〇〇一年の十二月、天皇陛下が誕生日をまえに、「桓武天皇の生母が百済の武寧王の子孫であると『続日本紀』に記されていることに、韓国とのゆかりを感じています」と、桓武天皇の生母の話をされたことはみなさんもよくご承知だと思います。

二〇〇一年の歌会始、はからずも私が召人に選ばれまして、歌会が終わりましてから天皇・皇后両陛下と、いろいろ懇談したことがございます。『帰化人』は皇太子の時代に読まれたそうですが、あらためて両陛下がよく勉強しておられることを実感させていただきました。高野新笠のことは一九六五年の私の本にはっきりと書いているわけです。

いままで渡来の文化というと、儒教とか仏教が中国、朝鮮半島からきたことはみんな知っているわけですが、じつは日本の神々のなかには渡来の神々がたくさんあるのだということも、あの本で明らかにした点です。日本の神道の世界にも、アジアとつながる信仰の要素があるのだということも書いたわけです。以来、考古学の発掘が相次いで今日に及んでおりますが、古代の重要な発掘を振り返ってみますと、そのいずれもがなんらかの意味で古代の東アジアの世界の動きとつながっているということは、今日では多くの研究者が認めているところです。

とくに大きかったのは、一九七二年三月二十一日。奈良県明日香村桧前《ひのくま》で高松塚壁画古墳を末永雅雄先生を中心にする橿原考古学研究所のみなさんが検出し、そして、あの見事な男性八人、女性八人、あわせて十六名の人物を描いた壁画が明らかになりました。さらに、北には玄武、西には白虎、東には青竜。残念ながら朱雀は見つからなかったんですけれども、四神のうちの三神までが鮮やかに見つかった。日・月さらに天井には星宿（天文）図が描かれていました。

そして、中国の唐の海獣葡萄鏡が出土しました。これも大きな発見でした。誰が見てもこの海獣葡萄鏡は中国でつくった鏡です。これと同じ鋳型でつくった同笵の鏡が、現在の中国陝西省の西安、唐の都、長安のお墓で発見されました。難しい名前の人ですが、独孤《どっこ》思貞《してい》という人物のお墓です。築造した年代が墓誌がありますからわかっています。神功二年（六九八）、七世紀の末のお墓から高松塚の鏡と同じ鋳型でつくった鏡が出ているわけです。二条城で展覧会をしたときにも、この鏡と高松塚に副葬されていた鏡とを一緒に並べて展観したことがあります。したがって、この海獣葡萄鏡が日本に伝わったのは、大宝の遣唐使の帰国した七〇四年か七〇七年のころと考えられます（七一八年の帰国のおりとは考えにくい）。高松塚の築造年代をみきわめる有力手掛りになります。

高松塚の副葬品の中に中国の文物が入っていることは誰もが認めているわけです。女性の姿はいままで言えば朝鮮民主主義人民共和国のほうですけれども、高句麗の壁画古墳、たとえば南浦市の徳興里壁画古墳あるいは修山里の壁画古墳に描いてある女性の服装と類似している。チマチョゴリなんです。高松塚の女性像姿は明らかに高句麗壁画古墳のなかの女性像と類似している。ただし男子の服装は高句麗とは似ていない。むしろ、中国風です。

それだけではない。東側に描かれている見事な青竜ですけれども、この青竜は高句麗の七世紀前半の壁画古墳、例えば江西大墓の青竜と似通っています。高松塚壁画古墳の文化が中国や朝鮮半島の関わり合いで具体化しているということは、誰もが認めざるを得ない史実です。

爾来、マスコミの論調がガラッと変わりました。古代史を論ずるときに「帰化」という言葉が一斉に消えました。誤解のないように申しておきますが、私は帰化した人を帰化人と言うことに反対してきたわけではないのです。帰化していない人を「帰化人」というのは、日本版中華思想ではないかといっているのです。教科書からも「帰化」という言葉はほとんど消えました。一つだけ、ある出版社の高校教科書は「帰化」と書いて、括弧をして「渡来」と書いてありました。こうした動きも、高松塚検出以後のことです。

その後の日本古代史の発掘の成果を見てまいりますと、東アジアの関係を無視してその問題を考えることはできないことがはっきりしてまいりました。そこで、いくつかの発掘成果を巡って、時間の許すかぎりみなさんに聞いていただき、一緒に考えたいと思うのです。

明日香といっても広いんですけれども、甘樫丘がありますね、その東に飛鳥寺という蘇我氏が崇峻天皇の元年（五八八）から造営に着手したという寺があります。その飛鳥寺の東南にちょっとした丘がありまして、酒船石という石があります。いろいろな説があるのですが、溝の筋が掘ってある石です。庭園施設の一部とみなす説が有力です。これを「酒船石遺跡」と呼んでいるのです。この丘を中心にずうっと発掘調査がされてきた。第十二次の発掘調査は、一九九九年十一月二十二日から始まりました。そして、この酒船石の丘の北側から、亀のかたちをした石が出土したのです。これは、長さが二・四メートルです。幅が約二メートル。石英閃緑岩という石でつくった水槽がありました。これが、南を向いて酒船石の丘のほうに面しています。

さらに、その亀型の石の頭部の南から水が湧いてくる湧水の施設がありました。明日香村には、あとでも申しますが「出水《でみず》」という地名がありますように、水の湧く場所が多いですね。石敷きが多いのも石を敷かないと土地が固まらないからです。「すぐに見に来てください」との連絡があって、私も現地にまいりました。南を向いているのですが、東側にはいくつもの段がありました。人が並んで立つような、そんなに段の幅は大きくありません。これは水の祭りをした苑《その》かもしれません。禊ぎなどもしたかもしれません。単なる庭園ではない。私は禁苑とよんでいます。

そこで、問題があります。なぜ亀型の石か。じつは、大きな問題を私どもに教えてくれるようです。紀元前三世紀の後半、中国では山東半島、あるいは陝西省のあたりで道教とよぶ宗教が具体化してくる。これは不老長生——歳をとらずに長生きをする、神仙思想にもとづく現世利益の宗教です。みなさんが知っておられる七福神のなかの福禄寿や嘉老人は道教の神仙です。この道教が不老長生の生き物として、亀を重視した。「鶴は千年、亀は万年」などということわざがあります。鶴、亀と言ったら、めでたいものに決まっているわけです。お菓子屋さんに「鶴屋さん」とか「亀屋さん」とかがありますが、これも遡れば道教の鶴亀の信仰ともつながります。

沂南画像石、これは山東省の沂南という場所で見つかった、絵を描いてお墓の中に入れている画像石です。これは後漢の時代のものです。いちばん下に描かれているのは亀です。亀が両手で支えている。なにを支えているかというと、そこに山が三つある。これは神仙の住む三神山です。三神山と申しますのは、蓬萊山、方丈山、瀛州山《えいしゅうざん》、この三つの山です。みなさんが料理屋さんなどに行かれると、方丈の間とか、蓬萊の間とかがありますね。あの字の山です。

そして、その上に女神が描かれています。これが女の神仙の最高の神、西王母《せいおうぼ》です。男性の神仙の最高は東王父《とうおうふ》と申します。つまり、亀が三神山を支え、西王母を支えるという信仰は中国には古くからあったことがわかるわけです。そして、有名な屈原《くつげん》の詩などが収められている『楚辞』にも、そういう亀と神仙のことが記されています。この亀の信仰というのは、東アジア世界には広く分布しています。

有名な好太王碑文。高句麗――現在もこの碑は、中国の吉林省集安《しゅうあん》市に建っています。角礫凝灰岩、高さは六メートル三〇センチばかりの梯形の四面石柱です。そのイミテーションを、かつて京都市立美術館で高句麗文化展をやりましたときに、北朝鮮のほうから持ってきたものを市立美術館の室内では入らないものですから、庭に飾ったことがあります。これは高句麗の、好太王の功績を讃えて、好太王のお子さんの長寿王がその二年、西暦四一四年に建てた碑です。西暦三九一年に朝鮮半島に倭が侵入して、加羅（加耶）の国とか、百済とかを属国にしたという箇所がいろいろ問題になったことを、多くのみなさんはご存じでしょうが、その第一段には高句麗の神話が記されています。

五世紀の前半に高句麗につぎのような神話があったということは、誰もが認めなければならない金石文です。朝鮮の神話の研究にとっても、この碑文は欠かすことのできないものです。少し読んでみますと、高句麗の始祖は雛牟王《すうむおう》という王で――日本では建国の始祖は神武天皇ということになっていますが、雛牟王が高句麗の国を初めてつくった王とされています。北夫余の出身であって、天帝の子である。母は「河伯女郎」と書いてありますが、河の神の娘である。天から卵が降ってくる。卵生型神話と申しますが、神話学では重要な問題で、卵から始祖や英雄などが生まれるんですね。日本の神話には卵生型の神話はほとんどありません。九世紀前半の弘仁年間に薬師寺の景戒がまとめた『日本霊異記』（下巻十九話）に「肉団《ししむら》を産み生《な》す、その姿卵の如し」と伝える説話が載っていますが、卵の如き「肉団」から女子が産まれるのは、卵生型の変形であり、卵生型の伝承としては、わずかに沖縄の先島《さきしま》の民話に卵から英雄が産まれる伝えなどがあるくらいです。

そして、その雛牟王が、碑文の二行目のところです。奄利大水という大河があって津があるわけです。そこに河がありますから、渡れないでしょう。そこで自分は、帝（皇天上帝）の子であって、母は河の神の娘である。わがために「葭《あし》連なり亀浮べ」と言うと葭が連なり亀が出てくるわけです。みなさんがよく知っておられるのは、因幡の素兎《しろうさぎ》です。あれは鮫が並ぶんですが素《しろ》兎《うさぎ》が鮫をだましたので鮫に皮をはがされて、大黒さま（大国主神）が助けてやるという文部省唱歌にあるのは鮫ですけれども、これは亀ですね。亀というのは聖なる動物として信仰されていたことが、高句麗の好太王の神話にも描かれています。

さらに、明日香村ではまた新しい発掘がありました。それが、わが国の庭園文化を考える上で重要な遺跡です。これは、明日香村の出水《でみず》というところから見つかった。

その場所が出水という地名のところです。水が湧いているわけです。『万葉集』に、天武天皇のことを万葉歌人がつぎのように歌っています。「大王は神にしませば水鳥のすだく水沼を都となしつ」と。天武天皇は神さまでいらっしゃるから、水鳥が巣をつくっているような沼を都になさったと歌っている。これは飛鳥浄御原宮造営の讃歌です。この庭園遺跡が見つかった場所は大字出水という、実際に水が湧いている場所です。発掘調査をしましたら、南北が約二〇〇メートル、幅が七〇メートル。「渡り堤」とみなしている遺構の東側はまだ発掘されておりませんが、南北ははっきりしております。西側は飛鳥川ですから、庭園はこれ以上西へひろがらないんですね。東は七〇メートルの場所までしかまだ発掘はしておりませんが、東西七〇メートル以上の大きな庭園の遺構が見つかりました。

明日香村内の庭園に関しては、いままでにいくつか発掘で見つかっているのですが、すでに住宅がたくさん建って、全貌はわかりにくい。たとえば、石舞台のそばに島ノ庄の池の遺構の一部が見つかっています。これも全貌はわかりません。私は、庭園の文化にもむかしから関心をもっています。京都には優れた名園が多いですね。とくに南北朝・室町時代の立派な庭園がとてもたくさんあります。慈照寺、すなわち銀閣の庭とか、鹿苑寺、いわゆる金閣の庭とか、あるいは大徳寺大仙院の庭とか、真珠庵の庭とか、孤篷庵の庭とかいろいろございますね。天竜寺の庭とか、西芳寺の庭とか、多くは南北朝から室町時代の庭が多いんです。

日本の庭園の歴史の文献に出てくるいちばん古い史料は、『日本書紀』推古天皇三十四年、西暦六二六年の記事です。これがわが国における庭の文化のもっとも古い確実な史料です。庭にご興味をもっている方は、現在までにわかっている庭園に関するいちばん古い史料だと思っていただいて結構です。

推古天皇三十四年の五月二十日の条に、「大臣薨《みう》せぬ」とある。この大臣は蘇我馬子です。蘇我蝦夷の父で稲目の子です。

「性《ひととなり》、武略有りて、亦辨才有り。以て三寶を恭み敬ひて、飛鳥河の傍に家せり、乃ち庭の中に小なる池を開《ほ》れり。仍りて小なる嶋を池の中に興《おこ》す」と記しています。中の島です。だから、時の人が蘇我馬子のことを、「嶋大臣《しまのおとど》」と呼んでいたんだと書いているわけです。

蘇我馬子を嶋大臣と申しますのは、中の島を築いたからです。私はこの「中の島」に強い興味を持っていました。中国には三十二回くらい行っています。一九八〇年に招待を受けて以来、朝鮮民主主義人民共和国へも三回行っています。韓国はたびたびおもむいております。機会があれば古代の庭園を見て回るわけですが、不思議なことに中国でも、あるいは北朝鮮でも韓国でも庭の多くは長方形あるいは方形の池です。

たとえば、『三国史記』。これは朝鮮の歴史を考えるときには、だれもが読まなければならない歴史書です。高麗の金富軾《きむむしき》が一一四五年に編纂した、朝鮮の古代史を書いたものです。その、「百済本紀」。武王という王様の年号三十五年というと、西暦六三四年です。その三月の条に池を宮南に穿《うが》つとあります。当時の都は扶余にありました。発掘調査によって、「宮南池」が明らかになりました。「引水二十餘里　四岸植以楊柳」と記されています。柳を植えている。「四岸」と書いておりますように、四つの岸があるんですね。四角い方形、たとえば明日香の石舞台で発掘が行なわれまして、池の一部が出てきた。やはり四角の一辺でした。そのように日本でも四角の池もあるのですけれども、この出水の苑池は四角ではありません。直線ではなくて、曲線の池で中の島が初めて見つかったんです。そして、その中の島に渡る堤があって、「渡り堤」は中の島に渡っていく堤です。

発掘調査が行なわれていたとき観察しましたが、わざわざそこへ水を張っていた時でした。そして、日がだんだん暮れていきますと、池の面が輝くんですね。感動しました。この池はいつごろつくられたかというと、斉明天皇のころに築造が始まって、天武天皇のときに完成した池であることがわかってまいりました。

そして、『三国史記』の先ほど読みましたところの続きを読みますと、「水中築島嶼」、池の中に島を築いているのです。中の島を築いているわけです。そして「擬方丈仙山」と書いていますように、その中の島は道教三神山の一つである、方丈山になぞらえて築いたと書いています。

中の島の文化には、道教の神仙思想が入っているということがわかります。たとえば、新羅の都の慶州です。当時は金城という都市名だったんですが、高麗時代に慶州というようになります。立派な古墳公園があります。その慶州の龍江洞という場所で、新羅の庭の発掘調査が行なわれました。いま説明しているのは出水の「飛鳥京跡苑池遺構」です。この遺跡の名称は、橿原考古学研究所のみなさんによるものです。こんど発掘で出てきた苑池の形は新羅の庭園の形に似ています。つまり、庭園の文化そのものも日本の中だけで考えていたのでは、実像は浮かんできません。

もちろん、今申している飛鳥の宮跡の苑池の遺構がなんという苑池であったかはわからないんですね。『日本書紀』の天武天皇十四年、西暦六八五年の十一月六日のところに「白錦後苑」に天武天皇が行幸されたと書いてあります。この「白錦後苑」が、このたび見つかった苑池ではないかと思っています。「後」と書いているのは北側という意味です。この場所は飛鳥浄御原宮の北側です。

そして、明日香村の飛鳥池遺跡から、銅貨が大量に見つかった。そこには「富本」と鋳造していました。「富本」と鋳造されておりますので、私どもはこの銅貨を「富本銭」と呼んでいます。

これが見つかったときには、多くのみなさんが大騒ぎをしました。ここまですべて明日香村の話をしているんですけれども、みなさんも一度は行ってきなさい（笑）。その飛鳥池遺跡から銅貨が見つかったんです。銅貨が見つかっただけではなく、鋳型も見つかり鋳棹《いざお》も出土しました。

マスコミは「わが国最古の貨幣」というように報道いたしました。教科書も書き換えなければならないと。いままでは和同開珎が、わが国の貨幣でいちばん古いと言っていたのを書き直さなければならなくなったというので、大騒ぎをしたわけです。

しかし、この報道は間違いです。わが国最古の貨幣は、無文銀銭です。これは銅貨ではなく銀のお金です。紋様がまったくない銀貨です。これは現在十七か所、枚数にして約二百枚見つかっています。そして、この発行が天武天皇のときよりも古いことは明らかです。なぜならば、滋賀県の大津市坂本の方に行かれますと——琵琶湖の西南側ですが、崇福寺《すうふくじ》という天智天皇が建てられた寺の跡があります。その塔の心礎から出た見事な舎利容器は京都国立博物館の常設展でいつも並べてあります。三重の容器に入っています。仏舎利、仏さまの骨を入れられたきれいな壺があります、三重になった壺。それと一緒に無文銀銭が出土しているのです。

つまり、無文銀銭は天智天皇のときにはあったことがわかります。この舎利の壺と一緒に入れてあったんです。無文の銀銭が十四枚。わが国最古の貨幣は無文銀銭です。京都の北白川廃寺からも無文銀銭は出土しています。

富本銭は「わが国最古の銅貨」と言えばよいのです。お金でいちばん古いのは無文銀銭。問題は、この富本銭を解釈する場合でも、東アジアとのつながりを考えないと解けません。

じつは、この富本銭は飛鳥池で大量に見つかる以前から見つかっていたのです。たとえば、管見では平城京から三枚、藤原京から一枚、大阪の天王寺の近くの細工谷遺跡から一枚、合計五枚見つかっていました。しかし、みんなが天武天皇のときのお金だとは思わなかった。まじないのために地鎮祭のときなどに特別に作った厭勝銭《えんしょうせん》だと考えていた。

ところが、『日本書紀』の天武天皇十二年（六八四）四月の条には、「今より以後、銅銭を用ゐよ、銀銭を用ゐること勿《なか》れ」という詔が出ている。私などは和銅元年、西暦七〇八年の和同開珎よりも古いお金のあったことは天武天皇十二年の詔で知っておりましたから、かりにその銅銭は古和同と呼んでいた。実際に、飛鳥池で鋳造していたことが明らかになったわけです。

それならなぜ「富本」という字を選んでいるのか。そこで、中国のことを調べる必要があります。『漢書』という書物です。後漢の班固という歴史家が前漢そしてつぎの王莽《おうもう》の新という時代も『漢書』に書いているのですが、前漢の歴史を中心に書いた歴史書です。そのなかに、食べ物と貨幣のことを書いている部分があるのです。これを「食貨志」といいます。「食足貨通じ」、食べ物が充分にあって、そして初めて貨幣は流通する、「然後国実民富、而教化成」、その後に国が充実し民衆が豊かになり、教化することができると書いてあります。

唐の初めに、欧陽詢《おうようじゅん》という人がつくった『芸文類聚』を見ますと、光武帝という後漢の皇帝――この皇帝は日本と関係の深い王者で、建武中元二年、紀元後五十七年に北九州の奴国が朝貢しまして、光武帝から印綬をもらったことが『後漢書』に記されています。これが有名な志賀島の金印です。

当時の都は河南省洛陽でした。光武帝のお墓はまだ未発掘です。原陵と言いますが、中国では珍しく円墳ですね。

一九七四年の五月、京都市が中国の西安市と友好都市締結をいたしました。船橋求己市長のときですね。船橋さんが団長で、私は京大の教授だったのですが、文化学術関係のメンバーの一人として、国交回復前の中国を初めて訪問した。その後、中国との友好関係ができて、中国の先生方や学生に講義をするため一九七九年五月に京都市学術代表団の団長として約二週間招かれて西安へまいりました。

「そのお礼に、先生の行きたいところはどこでもご案内します」と中国側が申されました。そこで、みなさんもよく知っておられる北魏の雲崗の石窟、隋の竜門の石窟、光武帝のお墓におもむきたいと言ったのです。そうしたら、ちょっと思案しておられました。後漢の都は洛陽です。「それではよろしい」ということで、洛陽にも行ったんです。原陵へは政府の車で行くんですが車の通る道がない。そこで車で行けるように、人民公社の人が道をつくってくださっているんです。北京の中国の先生方へのおみやげを持っていましたけれども、申し訳なくて、持っていたおみやげをぜんぶ人民公社のみなさんに、「ご迷惑をおかけしました」と言って渡しました。歩いて行ったって、少々不便ではあっても私としては、かまわないんですが、先方は「歩かせたらいかん」と思われたのでしょうね。

それはさておき、中国の有力者の墓は方形が多い。秦の始皇帝陵も方錐形です。原陵は円墳で墳丘の上にはなにか建物があったらしくて、瓦が落ちているんです。物欲しそうに見ていたら、「先生、これをおみやげに持って帰りなさい」と言うので、いただきました。

雲崗に行ったときも、一般公開していない洞窟がたくさんあるんです。仏像の首が落ちていているんです。それをジーッ見ていたら、「先生、これ欲しいか？」と言われるのですよ（笑）。欲しいですけれどもね。「欲しいです」と言ったら、「その鞄に入れなさい」と（笑）。しかしそれは辞退しました。瓦片くらいならいいと思って持って帰りました。『芸文類聚』には光武帝の話が書いてある。馬援という優れた将軍がいる。「五銖銭というお金をもう一度つくりなさい」ということを進言しているわけです。馬援という将軍が光武帝に意見を言っている。この上申の一おりの文です。

「富民之本、在於食貨」民を豊かにする本は、食貨にある。民を富まさなければ国は栄えない。食が充分にあってお金が充分にあってこそ民が富み栄えるんだ、と進言しました。これが「富本の思想」と私がよんでいる考え方です。富の本は食べ物があって、貨幣が流通して初めて民衆は豊かになる。「富本」というお金の名前はここからつけているんですね。天武天皇の時代に、「富本」という字を用いたのには、それなりの意味がある。「富本」のことを調べておりましたら、『続日本紀』の史料「霊亀元年（七一五）十月の条」に元正天皇の詔が載っている。元正天皇は奈良時代二番目の女帝です。「詔曰、国家隆泰」国家が豊かに興っていくのは、「要在富民」と。民が豊かにならなければ国家は栄えないと、はっきり富本の思想が記載されています。そして「富民之本務従貨食」と述べられています。中国の富本の思想は奈良時代の元正天皇の詔にも使われていたことがわかります。

この富本銭の「富本」というたった二字ですけれども、「富本」という思想がきわめて重要だということがわかってくるわけです。

ところが問題があります。富本銭が日本の各地であまり出てこないんです。その後、長野県から二枚出ました。群馬県藤岡市から一枚出ました。藤原宮跡で地鎮用と思われる富本銭がみつかりました。つまり、貨幣がつくられたということは事実なんですけれども、あまり流通しなかった。流通しておれば、もっと各地から出てくるはずです。富本銭が出て、日本の銅貨の最古は和同開珎ではなくて富本銭であったということであわてふためいたのは、それ以前にあまり出土していなかったからです。ということは、貨幣としては流通はあまりしなかったということになります。

ほかにも注目すべき発掘成果がある。それは杵築《きつき》の大社（出雲大社）の発掘です。一九九九年九月一日から出雲大社の境内の一部が発掘調査されました。出雲大社の境内の社務所は本殿から遠いんです。冬なんかは困るので、この出雲大社の境内の空き地の下に地下室をつくって装束を着られるような場所をつくりたいということで、出雲大社からの要望がありまして、大社町と島根県が発掘調査に入りました。

私は澄田信義さんが知事になられて平成元年(一九八八)から古代文化活用委員会のメンバーとなり、平成十年からはその委員会の代表を引きうけていました。そこで発掘調査が始まるというので助言してほしいということで、たびたび現場に行きました。そうしたら、大きな杉の柱、三つを組み合わせた巨柱が三か所で見つかった。「金輪《かなわ》造営図」という井桁に組んでいる大社造神殿の設計図があります。真ん中が心御柱《しんのみはしら》です。九本ありますが、心御柱と南側の宇豆柱《うずばしら》――ちょっと突き出ておりますが、そして東南の柱を発掘しました。いちばん大きいのはやはり心御柱です。直径は三メートルをこえます。北の柱が一・四〇メートル、南東が一・二五メートル、南西が一・三三メートルありました。金輪というのは、鉄の輪でその三本の柱を巻いているからです。

発掘しましたのは、真ん中の心御柱――出雲大社では岩根之御柱と申しています、南側の宇豆柱と、東南の柱、この三つを発掘すれば、全体の構造がわかるわけです。そして、この心御柱のいちばん下から、杉の板材が柱の下に埋めてありました。年輪があります。年輪年代測定によっていつごろこの杉が切られたかがわかります。伐栽されたのは安貞元年（一二二七）で、宝治二年（一二四八）造営の本殿、つまり鎌倉時代の前期の建物であるということがわかりました。鎌倉時代の前期でもこのように大きな柱をもった社が建っていたことはたしかです。

『口遊《くちずさみ》』は、源 為憲《みなもとのためのり》が子のために書いた本で天禄元年（九七〇）に記された書です。わが子のためにわかりやすく書いた書が『口遊』です。

そこに、「雲太。和二。京三」と書いています。注釈があって、当時の人びとが、「雲太《うんた》。和二《わに》。京三《きょうさん》」と言っていたのに解釈を加えまして、「雲太」というのは、出雲の「雲」と「太」。「謂出雲国城築明神神殿」、「和二」というのは、「謂大和国東大寺大仏殿」、「京三」というのは、大極殿と八省であると書いてあります。

建物でいちばん高いのは出雲大社の神殿であるということを書いているわけです。出雲大社の社伝では高さが「三十二丈」と書いているのもありますが、この「三十二丈」では高さ一〇〇メートル近い木造建造物ということになります。これはとうてい考えられない。ですが、十六丈の可能性は充分あるわけです。高さ四八メートルの壮大さです。

そして、不思議なことにこの「金輪造営図」は柱と桁の部分を朱で描いている。発掘しましたら、ぜんぶの柱に赤色顔料がついていた。鎌倉時代の前期のころまで出雲大社は朱塗りであったことが明らかになりました。したがって、「金輪造営図」も朱で描いているわけです。

私が出雲大社は朱塗りであったのではないかと考えてきた理由はいくつかあります。和銅五年(七一二)正月二十八日に太安万侶がまとめて献上した『古事記』の一節です。雄略天皇のところに歌が載っており、万葉仮名で書いています。「麻岐牟久能《まきむくの》　比志呂乃美夜波《ひしろのみやは》」ではじまる長歌です。そのなかで「夜本爾余志《やほによし》　伊岐豆岐能美夜《いきづきのみや》」と歌われています。「夜本爾余志」というのは、「八百丹よし」という朱塗りのことで、「岐豆岐能美夜(杵築の宮)」の形容詞になっている。『古事記』ができたのは和銅五年です。西暦七一二年の『古事記』までに杵築の大社は朱塗りであるということが歌われているわけです。

出雲の国造が襲名いたしますと、宮中に参向して神賀詞《かむよごと》を奏上する。これが「出雲国造神賀詞」です。現伝の「神賀詞」には、天平五年(七三三)の「神祇官に在り」の「一八四」社より多い「一八六」社と記していますが、その「神賀詞」にも「大倭国」という「大和国」より古い用字を使い、また飛鳥京や平城京の「近き守り神」を記載していますから、神賀詞の奏上は七世紀後半の天武・持統朝のころから行われていたことがわかります。そのなかに「八百丹杵築宮爾静坐支」とあります。つまり、伊勢神宮は白木なんですが、出雲大社は朱塗りの建物として早くから建てられていることがわかります。そして、金輪造営図を見ていただきますと、そこに「御内殿」と書いてある。縦に書かないで、横となっています。これが神座です。神さまは西を向いておられるわけです。だから、このような書き方をしているわけです。今もそうです。みなさんは南側から拝んでおられるわけです。

これには意味があります。大国主の神の奥方のお一人は、宗像三女神のなかのタキリヒメという神さまです。ですから、出雲大社の本殿の西側には筑紫社が祀られています。大社の神座は日本海の方を向いています。明らかに筑紫を意識している。神座が稲佐の浜のほうを向いていまも祀られているのにはそれなりのいわれがあります。

十三世紀の半ばから十四世紀にかけてのころに現地で描かれた「出雲大社并神郷図」の神殿も朱塗りですが、出雲大社でも、日本の神社建築という観点だけで議論していたのでは不充分で、朱塗りの建築のもっている意味を、朱の霊的意味と共に朱の文化をアジアのなかで考えないと明らかにできないと考えています。

昔は雨乞いのときに牛や馬を殺していたんですね。これはサクリファイスという、「いけにえ」です。わが国ではいけにえの風習はなかったなどと言う方がありますけれども、そうではありません。最近の発掘成果でもサクリファイスの例はたくさん出てまいりました。そのことを最後に申しあげます。

『日本書紀』の皇極天皇元年（六四二）七月の条です。村々の祝部たちが、「所教の随に、或いは牛馬を殺して、諸の社の神を祭る」と書いてあります。牛や馬を殺して雨乞いをするという習俗はこの記載のように古くからありました。その発展が絵馬になります。

ところが、なぜそういう習俗がなくなっていったのか。一つは仏教の放生思想もありますけれども、私が重視しているのは『続日本記』の天平十三年（七四一）二月七日の聖武天皇の詔です。「詔曰。馬牛代人。勤労養人。因茲。先有明制。不許屠殺」と。みだりに馬や牛を殺してはならん。なぜかと言うと、牛や馬は人の助けをする大事な生き物である。ところが、「今聞。国郡未能禁止」各地で牛馬を殺して雨乞いなどをしている。「百姓猶有屠殺。宜其有犯者。不問蔭贖。先決杖一百。然後科罪」というように書いてあります。なぜ日本でこういうサクリファイスの習俗がなくなっていくかということは、仏教の問題もありますけれども、政治的な理由、そして「浄」と「ケガレ」の問題も考えないと解明できない。

最近の発掘成果を見ますと、各地で神祭りのいけにえに牛や馬を殺している例が明らかになっている。こうしたいけにえの習俗は朝鮮半島でも、中国でも、東南アジアでも広く行なわれていたわけです。東北アジアでは主として馬、東南アジアでは主として牛がいけにえとして使われていたことも明らかです。

いけにえの問題をかえりみても、広くアジアのなかで考えていかないと問題の本質は解けないんだということを申しあげて、講演を終わります。なお「殺牛馬の信仰」につきましては『論究・古代史と東アジア』（岩波書店、一九九八年）のなかで詳述していることを申し添えます。

探訪——新羅古碑

一九八九年の七月二十五日、念願かなって韓国の慶尚北道蔚珍《うるちん》郡竹辺面鳳坪里をたずねることができた。なぜこの地を訪問したいとかねがね願っていたかといえば、八八年の三月、鳳坪里で新羅の古碑が検出されたからである。秋に京都で開催される国際シンポジウムの事前打合せなどの訪韓であったが、わざわざ宿舎にこられて面談した、ソウル大学名誉教授の金元龍先生も、文化財管理局の金基雄先生も、まだ現地へはおもむいてはいないといわれる。「遠いところですよ」、「先生は元気ですね」とおっしゃっていたとおり、鳳坪里はかなり遠かった。

午前九時にソウル駅を出発して、急行列車で栄州に到着したのは、十一時半をすぎていた。豪雨のなかいくつもの峠を越え、タクシーで蔚珍邑についたおりは、午後二時半になっていた。蔚珍郡の文化公報室で良質の原拓本をみせてもらい、昼食もせずに発見地についたころには、午後四時ごろであった。古碑発見の場所は、海岸から約二〇〇メートル西の水田であり、発見者の権大善さん（三十六歳）からその状況をつぶさにうかがった。

昔から碑の一部が約四〇センチぐらい田地の上にでていたという。八九年の正月二十日、権さんは庭石にしようとしたが動かない。重機でひっぱりあげて、泥をおとし、文字らしいものがあるとわかったのは三月二十日であった。三月二十一日に申告されて、高さ約二メートル、字刻面の中幅約三六センチ、十行（一行二十五～四十六字）の甲辰年碑が姿を現わしたのである。

「甲辰年正月十五日」からはじる碑文の甲辰年は、法興王十一年（五二四）とみなす説が有力である。碑は村の集会所の倉庫に大切に保管されており、近くその碑閣が建てられるという。私がこの新羅古碑に大きな関心をいだいたのには、いくつかの理由があった。律令関係の用語など、注目すべきものがあるほか、碑文に「殺斑牛」と記されていて、ここ十数年来、アジア各地の殺牛馬信仰の資料を蒐集している私にとってはみのがせないものであった。

『三国志』の東夷伝などにも、朝鮮半島における殺牛馬の信仰にかんする記事はあるが、この古碑ばかりでなく、そして八九年四月に報道された慶尚北道迎日郡冷水里古碑（碑文の癸未年は四四三年とする説が多い）にもみえる「殺牛」によって、いまやたしかとなった。古代の日本にも、殺牛馬の信仰は、俗説とは異なって実在した。このたびの新羅古碑で、朝鮮半島とのつながりはより明確となった。

そしてこの甲辰年碑には「波旦」とある。この波旦は地名で、『三国史記』の地理志にも蔚珍郡に波旦県のあったことを記す。鮎貝房之進氏をはじめとして、新羅系渡来氏族の秦《はた》は、この波旦に由来するとの説がある。しかし、『三国史記』ができあがったのは、一一四五年であり、五・六世紀のころまで地名「波旦」がさかのぼりうるかが疑問であった。実際にその「波旦」もたしかめたかった。現地の新羅古碑の碑文には明らかに「波旦」と記されていた。そして現在もなお蔚珍郡上塘里に秦を名乗る人びとがいるのも興味深い。

東アジアのなかの京都盆地——古代を中心として——

はじめに

紹介にもありましたように、平成十九年（二〇〇七）の三月九日に島根県立古代出雲歴史博物館開館の記念式典が挙行されまして、正式にオープンしました。平成二年に澄田信義知事に古代文化活用委員会が提言しましてから、まず県立の古代文化センターをつくっていただき、ついで東京・大阪・松江で「古代出雲文化展」が盛大に実施され、最後に歴史博物館を創設していただきました。昨日も全国各地からたくさんの皆さんにお出でいただきましたが、はからずも名誉館長を引き受けることになり、式典と記念講演を終えて昨晩遅く帰ってまいりました。私には「東アジアのなかの京都盆地」というテーマで話すようにというご依頼がございましたので、日頃考えておりますことを申し上げて、ご来会の皆さんの参考になればたいへんありがたいと思っております。

「帰化」とは何か

日本列島には、後期旧石器時代から住んでいた人びとも多く存在しますけれども、とりわけ弥生時代以後に海外から日本列島に渡ってきて、そして日本の歴史や文化に大きな貢献をした人びと、あるいはその子孫の方々が数多くおられます。

ずいぶん昔のことになりますが、一九六五年六月に中央公論社から『帰化人』(中公新書)という書物を出版しました。まだ京都大学助教授の時代でしたが、その中でまず帰化とはなんぞやということから説き始めました。我が国の古代、例えば「大宝令」・「養老令」にもはっきり「帰化」の定義は書かれています。わかり易く申しますと、海外から渡ってきた皆さんが本拠を定めて日本列島の中に居住する、そして戸籍に登録される。そのことによって「帰化」するという状況が生まれます。法律用語では「籍貫に付す」、あるいは「戸貫に付す」とあって、籍は戸籍の籍で、貫が本貫で本拠地ということです。ですから帰化すべき国家が誕生していない段階で、また戸籍が作製される前の段階に「帰化」人などと呼ばれる人が存在するはずはないわけです。

ところが私がこの本を出すまでは、私どもの先輩の先生方も、例えば弥生時代に朝鮮関係の遺跡が見つかります。するとそれを「帰化人の遺跡である」というようなことをきわめて無限定におっしゃったり書いたりされていたわけですが、それは学問的におかしいじゃないか。帰化した人を帰化人と呼ぶことに反対するわけではありません。帰化してない人を帰化人というような考え方で論ずるのは、いかがなものかということから書き始めました。

西暦六六〇年、百済が唐と新羅の連合軍の攻撃によって滅ぶわけですが、そのときに日本に亡命してきた百済の官僚の国骨富《こくこつぷ》という人物の孫、いわば在日三世にあたる日本名国中公《くになかのきみ》（君）麻呂《まろ》という人物が、あの高さ一六メートルを越える毘盧遮那仏、つまり東大寺大仏を鋳造した現場のリーダーでした。そしてまた平安遷都を実現された桓武天皇の母は高野新笠《たかののにいがさ》という方で、まぎれもなく百済国の王である武寧王の流れをくんだ方です。この二つの象徴的な例を最初に引きまして、渡来系の人びとの役割がいかに大きいかを指摘しました。

渡来の四つのピーク

海外から日本列島に渡ってきた皆さんは数多く存在しますけれども、弥生時代の前後から八世紀以前の時代に、我が国に渡ってきた皆さんの渡来のうねりには、四つのピークがあります。これを、「渡来の四段階」とその書物の中で書きました。

その第一段階は弥生時代の始まる前後の頃です。第二段階は五世紀の前後です。第三段階は五世紀の後半から六世紀の初め。第四段階は七世紀の半ばということを述べたわけです。日本列島には海外から人びとが絶えず渡ってきますが、七世紀までの時代で最も多数の人たちが渡ってきたピークの時期は、この四つの段階で考えることができると思います。

この説は文化人類学の骨の研究をしておられる先生、例えば亡くなられましたが国際日本文化研究センターにおられて、その前は東大の人類学の教授をされていた埴原和郎先生を始め、多くの先生方が上田の説は人骨の研究の結果ともほぼ対応するということをおっしゃっていただきました。

「帰化」と「渡来」

帰化という言葉は『古事記』や『風土記』には一つも登場しないんですね、『古事記』はその「序」によりますと、和銅五年、西暦七一二年の正月二十八日に太安万侶が筆録して献上したということになっています。その『古事記』には「帰化」という言葉はどこにもない。和銅六年、西暦七一三年五月二日にときの政府が命令を出しまして、全国各地でそれぞれの地域の地誌が編纂されます。いわゆる『風土記』がそれです。その『風土記』にも「帰化」という言葉はどこにもない。「渡来《わたりきつ》」、あるいは「参渡来《まいわたりきつ》」と書いてあります。そこで私は、この本を書きまして帰化していない人については「渡来」と呼ぶほうがいい、ということを述べたわけです。そうすると一部の先生方は、「渡来というのは上田の造語だ」などという批判をもされた方もありますが、とんでもない。渡来という言葉は古典の用語です。

たしかに六国史の『日本書紀』あるいは『続日本紀』、あるいは「大宝令」・「養老令」などに帰化という言葉はしばしば出てきます。これは中国の古典に出てくる用語です。

中国では古くから中華思想がありまして、中華の周りの国々はすべて夷狄であって、北は北狄、東は東夷、西は西戎、南は南蛮、すなわち東夷・西戎・北狄・南蛮という地域の人びとが中国皇帝のもとに「欽化内帰」するという言葉の略語として、「帰化」という言葉が中国古典に使われているのです。

我が国も同じであって、日本に渡ってきた海外の皆さんが「帰化」という言葉で『日本書紀』・『続日本紀』や「大宝令」・「養老令」などで使われているわけです。

ところで、「帰化」という用語は『日本書紀』に十二例使われています。そのうちの十例は朝鮮半島から渡ってきた人々に対してです。百済人、高句麗人、新羅人たちです。あとの二例は世界自然遺産で一躍有名になった薩南諸島、鹿児島の南の屋久（掖玖）島の人などに使っています。あとの一例は抽象的な用例です。中国からも人びとが渡ってきていることを『日本書紀』は書きながらも、これら中国の人にはいっさい帰化という用語は使っておりません。朝鮮半島の人たちや南方の島におります人たちだけに、「帰化」という用語を使っているのです。こうした考え方を〝日本版中華思想〟と私は命名しています。日本も中国から言えば東の「夷」なんですけれども、日本の律令国家の支配者たちが東夷の中でも日本は中華である、したがって新羅とか渤海とかは蕃国であって、日本列島の中に住んでいる東北の地域を中心とする蝦夷の人、あるいは九州の南に住んでいる隼人の人なども日本の中の夷狄であるというふうに考えていたのです。

そういう日本版中華思想が「帰化」という言葉を生み出していることを、あらためて注意する必要があるのではないかと思っております。ちなみに、日本へ帰化した人、日本の戸籍に登録し、本拠を置いた人は帰化人なんですが、そうでない、つまり律令国家ができる以前の、縄文・弥生・古墳時代などに数多くの人が次から次に日本列島に渡ってまいりますけれども、古典の用語では古く渡ってきた人を古渡《こわた》り、新しく渡ってきた人を今来《いまき》と呼んでおりました。

秦氏の足跡

京都盆地ではだいたい私の言う第三の段階、五世紀の後半から六世紀の初めの頃に、この地域に渡来して居住するようになった人びとが文献に出てまいります。

一つは新羅系の秦氏です。一つは高句麗系の高麗氏です。例えば「山城国風土記」逸文にはどのようにして伏見稲荷の社ができたのかということが書かれています。秦伊侶巨（通説の伊侶具の具は巨の誤写）という人が社を創建したと伝えています。新羅系の人びとが深草に古くから住んでいまして、社を建てたのです。伏見稲荷大社の伝えでは和銅四年の創建ということになっております。和銅四年は七一一年になり、二〇一一年には伏見稲荷大社は創建一三〇〇年を迎えることになります。

京都市西京区には松尾大社があります。「秦氏本系帳」という史料が残っておりまして、それを見ますとこの松尾大社は大宝元年、西暦七〇一年に秦都理《はたのとり》という人が社を建てたということが書いてあります。したがって二〇〇一年には松尾大社では創建一三〇〇年の記念事業を実施されました。

あるいは太秦の広隆寺に国宝第一号の宝冠思惟弥勒が現在も祀られておりますが、この広隆寺を創ったのは秦河勝です。この寺の前身は「葛野秦寺」と『日本書紀』に書かれていることは、古代史を少しでも勉強された方であればご存じだと思います。

高句麗系渡来人

祇園さん、ここは八坂神社とも申しますが、この地域には八坂造という氏族が住んでおりました。『新撰姓氏録』という氏族譜がありますが、よく普通の本には弘仁五年にできたと書いてありますがそれはまちがいで、正しくは弘仁六年（八一五）にできた書物で、五畿内の山城・大和・摂津・河内・和泉の五つの地域の一一八二の氏族の祖先の伝承を書き連ねた書物です。

その『新撰姓氏録』を読みますと、八坂造氏が八坂郷という所に住んでいました。今の祇園さんのあたりです。この氏族は高句麗系であったことがわかります。

京都の西のほう、西京区に樫原《かたぎはら》という地域があり、そこで寺の塔跡が見つかりました。七世紀後半の白鳳時代の寺ですが、この寺の塔跡によって八角の塔であったことがわかります。八角の堂は興福寺などにありますけれども、塔が八角でいちばん古いのはこの京都の樫原廃寺の塔です。ですから、この遺跡はただちに国の史跡に指定されました。

高麗美術館の研究所の所長をしていただいている京都大学名誉教授の有光教一先生、二〇〇七年に満一〇〇歳をお迎えになられました。足は少し弱られましたけれども頭脳は明晰で、二〇〇七年の二月に『朝鮮考古学七十五年』という著書を出版されて、私がその推薦文を書かせていただきました。当時京大におられて、朝鮮考古学が専門で多年朝鮮半島における発掘調査の指導・助言をされましたが、この八角の塔跡というのは高句麗で見つかっています。例えば、高句麗のピョンヤンで金剛寺の跡が見つかっていますが、この金剛寺の塔は八角塔です。そしてまた同じピョンヤンで定陵寺という寺の跡が見つかっておりますが、一九八〇年の八月、第一回訪朝のおりにその発掘調査の現場におもむきましたが、一塔三金堂でその塔はやはり八角塔でした。高句麗と関係のある人びとが、樫原廃寺を造営したであろうと推測されます。

南山城に目を転じますと、木津川市の山城町では高麗寺という寺の跡が見つかっております。これは早く昭和九年（一九三四）にその所在があきらかになって、昭和十三年には国の史跡になった寺跡です。法起寺式伽藍配置で、塔の心礎からはじめて舎利孔《しゃりこう》がみつかったことでも有名です。飛鳥時代から平安時代の初めに存在した寺で、『日本霊異記』(中巻・十八話)にも高麗寺の僧栄常の説話がみえていますが、この寺を建てた人びとはまちがいなく高句麗系の人びとでした。それは上狛《かみこま》などの地名にも反映されています。

京都は延暦十三年、西暦七九四年の十月二十二日に、桓武天皇が平安京に長岡京から遷って来られますけれども、その長岡京・平安京が誕生する以前から国際性を持っていたことは、今申し上げたことだけをかえりみてもわかります。高松塚の解体保存が進んでいます。残念ながら壁画の表面などにカビがはえてしまって、解体して保存するしかない。キトラ古墳も同じようにカビがはえて、壁画の剝ぎ取りの作業が行われていることはご承知のとおりです。高松塚の築造年代はだいたい八世紀の初めの頃です。キトラ古墳はそれよりは少し早くて、七世紀の末の頃。この七世紀の後半から八世紀の初めの頃に活躍し、宮廷に仕えていた画師の集団があります。その集団のもっとも代表的なものが黄文《きぶみ》(書)画師といいます。この氏族もやはり高句麗系で、『日本書紀』の推古天皇十二年(六〇四)九月の条に、「始めて黄書画師・山背《やましろ》画師を定む」とみえます。高句麗から日本に渡ってきた絵描きの人びとが、黄文という氏の名を名乗る。「正倉院文書」によって調べますと、この黄文画師の住んでいた拠点・本拠地が、京都の南山城であったことがたしかめられます。

葛野大堰の築造

秦氏あるいは高麗氏などが、平安京以前の京都盆地の開発に大きな役割を果たします。秦氏は「葛野大堰《かどのおおい》」という葛野川（桂川）に堰、治水のためのダムを建設しました。角倉了以・素庵が慶長十一年（一六〇六）に保津川開削を行ないましてから数えて二〇〇六年が開削四〇〇年になりますけれども、この保津川の治水を行なったのは古くは秦氏でした。

この葛野大堰のことについては、関連する史料として「令集解」に引用している「古記」にもみえています。

「隣国」と「蕃国」

ついでに申し上げますが、この「令集解」というのは古代の「大宝令」・「養老令」の注釈を集めた書物です。これを編纂した人は惟宗直本《これむねのなおもと》という学者で、できたのは九世紀の半ば、貞観年間ですが、その中に詔勅などの公文書の様式を定めた「公式令《くしきりょう》」についての注釈も収められています。

その「詔書式」の注釈に、「大事を以って蕃国使に宣するの辞」とありますが、この「蕃国」というのは実は中国ではありません。先ほども申し上げました新羅、あるいは渤海などを指しています。その「令集解」の「古記」(「古記」は「大宝令」の注釈書です)、これがいつ頃できたかというと、天平十年(七三八)の正月から三月のあいだに書かれた注釈書であることはまちがいありません。このことについては別に細かく私の論証した論文がありますので、ご参照いただければと思います。

その「大宝令」の注釈書の「古記」に、「隣国」および「蕃国」に対しての詔勅の様式を述べているのですが、問答体で「問ふ、隣国と蕃国は、その別如何」とあります。「大宝令」の中に「隣国」という表現と「蕃国」という表現があるけれども、その区別はいったいどうかという問いを書きまして、あとにその答えを書いています。「答へて、隣国は大唐」とあります。我が国の古代の法令に、「隣国」と書いてあるのは朝鮮でも渤海でもありません。これは中国なのです。しかも唐とは書かないで「大唐」と書いてある。中国は中華の本家ですからね。中華の本家を下に見るわけにはいかない。「蕃国は新羅」と記しています。この新羅は統一新羅です。こういう中華思想が明確に七世紀の後半から八世紀の段階には具体化してきているわけですが、その「古記」にさきほども申しました「葛野大堰」のことも書いてありますから、少なくとも葛野大堰は天平十年以前に存在したことはまちがいありません。

秦氏がこの京都盆地の開発に大きな役割を果たしたことは、葛野大堰一つを見てもおわかりになると思います。

そしてこの秦氏は長岡京、あるいは平安京の造営にも大きな役割を果たしました。

百済王氏と百済系渡来人

先ほども申しましたように、百済の武寧王、この方は百済の聖明王の先代の王ですが、いつ亡くなったかということについていろんな説があるんですね。

朝鮮の『三国史記』には五二三年とあります。五二三年に武寧王が亡くなったということを書いていたわけですが、一九七一年に韓国忠清南道公州市から武寧王の陵が見つかりまして、発掘調査が行われました。まちがいなく五二三年に六十二歳をもって亡くなったことが、墓誌石、正しくは道教で言う買地券石なのですけれども、誰を葬ったか、何年にこの場所に葬ったかということを墓誌石に刻みました銘文が出てまいりまして、『三国史記』の伝承が正しいということが論証されました。

その流れをくんだのが和乙継《わのおとつぐ》という人物です。その乙継の子が桓武天皇の母の高野新笠《たかののにいがさ》です。六六〇年に百済が唐・新羅の連合軍によって滅びます。しかし百済の遺臣、残された官僚あるいは残された民衆が百済復興のために立ち上がるわけです。それを倭国の軍隊が救援を名目に出兵しました。そして六六三年の八月には白村江で我が国の軍隊は大敗北を喫します。

そのときの最後の王が義慈王という王で、その義慈王のひ孫が百済王敬福《きょうふく》という人です。東大寺の大仏建立のとき、銅だけでは大仏像ができ上がらない。金銅像ですから黄金がいるわけです。ときの政府が困っておりましたときに、陸奥守であった百済王敬福が、黄金九〇〇両を献上します。東北の陸奥守、今で言えば宮城県あたりを中心とする知事に相当します、百済王敬福が陸奥から黄金九〇〇両を献上したことで有名になりましたが、その敬福の孫が百済王明信《みょうしん》という女性です。

この百済王明信は、桓武天皇の絶大な信頼を受けました。桓武天皇の後宮、つまり配偶者ですが、桓武の後宮には百済王氏出身の女性が九名入っています。そして、そのひとりの百済王教仁という女性が桓武天皇とのあいだにもうけたのが太田親王。百済王貞香という女性が桓武天皇とのあいだにもうけたのが駿河内親王です。ですから延暦九年、七九〇年二月に桓武天皇は詔の中で「百済王らは朕が外戚なり」と述べられています。義慈王の子孫の百済王氏は、朕の、つまり天皇家の親類であるということがはっきり詔で書かれているというような状況もあるわけです。

清水寺はいったい誰が創建したのか。皆さんよくご承知の坂上田村麻呂が本願で寺を造営しました。征夷大将軍の坂上田村麻呂です。ではその祖先はいったい誰か。これは百済・加耶系渡来人の東漢氏です。この氏族は奈良県明日香村の檜隈《ひのくま》（桧前）を本拠地にしました。その東漢氏の流れをくんでいる人物が坂上田村麻呂です。

このように平安京の遷都、平安京の造営については、渡来系の人びととのつながりも考えて見なければなりません。我が平安京のスタートがいかに朝鮮半島ゆかりの渡来系の人たちと深い関係を持っていたかということは、誰の目にもあきらかであろうと思うのです。

遣唐使・遣新羅使・遣渤海使

ところが、実際に当時の日本政府は、日本版中華思想で外交を行っているわけです。遣唐使の派遣、あるいは遣新羅使・遣渤海使の派遣など、史料を調べてみますと中国へ行く押使、大使、執節使といったいわば代表者はだいたい四位の人が任命されています。ところが新羅あるいは渤海に派遣されている大使を調べて見ますと、あきらかにそれより位が低い。たとえて見れば、今の日本政府の外務省の高官のいちばんトップはアメリカ大使に任命するというようなものでしょうか。外務省の高官を小さな国の大使に派遣することはしないでしょう。古代日本でもほかの国に比べて中国は非常に重視していますから、四位という高い位の人を派遣するのです。

ところが遣新羅使には(当時の朝鮮は統一新羅ですが)、おおむね五位・六位の者が派遣されまして、場合によっては七位の位の者が派遣された例もあります。遣渤海使も同様です。そしてそれは日本側の新羅使節や渤海使節を迎える作法の中にも反映されています。中国の使節を迎える場合とは明白な違いがあったということが史料でたしかめられます。

余談ですが遣唐使は、私は前期と後期に分けて考えたほうがいいと思っています。遣唐使の第一回は舒明天皇二年、西暦六三〇年。第六回は天智天皇八年（六六九）ですが、第一回から第六回までと、第七回以後とではその内容がかなり異なります。前期の遣唐使はだいたい北路、朝鮮半島ぞいを通っていくのですね。船も一隻か二隻、この段階の遣唐使は文化の導入に主な目的はありません。東アジアの中で日本国を政治的・国際的に確保する政治的目的、それが主たる任務でありました。

第七回以後の段階になりますと、日本と中国の関係は安定してまいります。そして南路（太洋路）・南東路のコースが多くなる（新羅との関係の悪化も影響）。文化、例えば仏教、あるいは建築、あるいは美術・工芸、さまざまなものを導入するのは、実は大宝の第七回遣唐使以後であるということも、注意していく必要があります。船もおおむね四隻というように多くなります。そしてその遣唐外交で活躍した人々のなかに、あまり世間では注目されておりませんけれども、京都南山城の相楽郡出身の遣唐留学生がいたということも、あらためて想起する必要があります。

遣唐使と京都

あとで講演される王維坤さんは、西北大学の教授です。私も西北大学の名誉教授をしておりまして、王先生が同志社大学に留学されていた時からのつきあいです。王先生は最近西安市の郊外で見つかったという「井真成」、日本読みは「いのまなり」という遣唐留学生の墓誌についても貴重な意見を述べておられます。井真成の墓誌が見つかりましてたいへん話題になりましたが、この京都盆地からも遣唐留学生として活躍した人物がいます。たとえば第八回のおりの例がそれです。

それは羽栗臣吉麻呂という人物です。この遣唐留学生は、向こうで唐の女性と結婚いたしまして翼《つばさ》と翔《かける》という男の子を二人もうけています。名前がいいですね。翼と翔（笑）。その二人の子どもと共に日本に帰国するわけです。

ところがこの翼は第十二回の遣唐使として中国に留学します。そして翌年に帰国し、この人はお医者さんになるんですね。内薬正という官職について、天皇側近の侍医として、薬あるいは医術に非常に功績を残した人物です。もうひとりの翔のほうも、第十一回遣唐使に同行して入唐しております。

さらに桓武天皇のときを振り返って見ますと、桓武帝のときには第十四回の遣唐使が行っておりまして、この遣唐使にはご承知の空海、それから最澄が同行しています。皆さんご存じの弘法大師・伝教大師ですね、この二人が中国へ留学したのは延暦二十三年です。

桓武天皇の朝廷の外交関係というのはきわめて活発であって、遣唐使は一回派遣されておりますが、渤海への使節は四回で、逆に渤海から使節が三回も来ています。私どもはあらためて、桓武朝廷の国際性というものを考えてみる必要があります。

選択しての文化導入

日本は中国から多くのものを学びましたが、実は選んで受け入れているのです。これもたいへん大事なことです。我が国の「神祇令」と、そのお手本となった唐の「祠令」とではあきらかに内容が違う。唐の「祠令」は四十六条ですが、これに対して我が国の神祇令は二十条です。法律の量が我が国のほうが少ないのですけれども、中味もまたかなり違う。例えばいけにえ（サクリファイス）の規定はまったくない。唐の「祠令」にはいけにえのことがくわしく書いてあります。

それだけではありません。藤原京・平城京でも長岡京・平安京でも、外郭の四囲、すなわち都の周りを城壁で取り囲む羅城はないのです。最近平城京の羅城ではないかとする遺構が見つかりました。大和郡山市の下三橋遺跡ですが、九条大路の南に瓦葺きの木塀が約一キロの範囲でたしかめられましたが、貧弱な木塀で洛中と洛外の区別としては見るに耐えない、羅城などと呼ぶわけにはいかないようなものです。

第一、官吏登用試験の科挙がない。中国の科挙《かきょ》制度は受け入れない。さらに宦官と申しますが、朝鮮では科挙も宦官《かんがん》も存在しました。後宮に出入りする去勢した男性の官僚、これを宦官と呼びまして勤務させるのですが、宦官の制は朝鮮には入っておりますが、我が国は科挙もなければ宦官の制も受け入れていないのです。

さらにいえば、日本では孔子はものすごく重視しましたけれども革命思想は受容しませんでした。そのことは律令制下の大学・国学の教育内容にもうかがわれます。今の我々は欧米の文化を無原則になんでもかんでも受け入れておりますが、我々の祖先は受容と選択を見事になしていたことを、もう一度深く想起してみる必要があるのではないかと思っております。

大和魂をめぐって

紫式部の書きました『源氏物語』の「乙女の巻」に、「才《ざえ》を本《もと》としてこそ、大和魂の世に用ひらるる方も強うはべらめ」という文章があります。そこでは夕霧の学問のありようを述べているわけでして、「才」を「本」にというこの才というのは漢才《からざえ》です。この才をもとにしてこそ、紫は文学者ですから、中国の漢詩・漢文学の教養、これをベースにしてこそ、「大和魂」も世に用いられる、受容されるというのです。ここで言っている大和魂は、戦争中の大和魂とはまったく違います。軍国主義のシンボルにもなった大和魂ではありません。大和魂という言葉が、文献に出てくる最初はどの文献か、いろいろ調べをしましたが紫式部が最初です。二〇〇八年は『源氏物語』の千年紀になりますが、この「乙女の巻」はぜひ思い出してほしいと思っています。

紫式部の言っているのは「漢才」、つまり海外の文化の重要性です。海外からの渡来の文化をベースにしてこそ、日本人の教養や判断力は大きな意味を持つのであって、それを大和魂が輝くすべだと言ってるわけです。まさに和魂漢才です。

佐久間象山は、幕末・維新のときに「和魂洋才」ということを強く主張しました。私どもはもう一度、東アジアの中の京都盆地の中で生きた我らの祖先の国際性のありようを学ぶべきではないか。なんでもかんでも受容する「洋魂洋才」ではなくて、選択の知恵をあらためて考える必要があるのではないかと考えています。内なるものと外なるものを止揚して独自の文化を構築してきたコースが、「和魂漢才」・「和魂洋才」の道でした。

嵯峨野と秦氏

長岡京から平安京へ桓武天皇の遷幸があったのは、延暦十三年（七九四）の十月二十二日であった。そして同年十月二十八日遷都の詔があって、十一月八日には、山背国を山城国と改め、都を平安京と称する旨の詔がだされている。平安宮の大内裏《だいだいり》は、鎌倉時代の有職故実《ゆうそくこじつ》の書『拾芥抄《しゅうがいしょう》』に引用する『村上天皇記』に「或る記に云《いわ》く大内裏は秦ノ川（河）勝の宅」とする伝えがある。

また宮内省でまつられていた韓神社について、平安時代後期の儀式の書である『江家次第《ごうけしだい》』が「件《くだん》の神、延暦以前此《ここ》に坐《ま》す」と記したり、鎌倉時代にできた説話集の『古事談《こじだん》』が「元より大内跡（所）に坐《ま》す」と述べたり、あるいは鎌倉時代の中期にまとめられた事物の起源を記載した『塵袋《ちりぶくろ》』が、「イマダミヤコウツリナカリケルハジメヨリ、ココニオハシマス神也ケリ」とするように、平安京の内裏じたいが秦氏《はたうじ》と深いかかわりをもち、宮内省に鎮座した韓神《からかみ》にも秦氏が奉斎していた地主神のいろあいが濃厚であった。

それもそのはずである。平安京造営以前から、秦氏は京都盆地の歴史と文化の展開に密接なつながりを保有していた。秦氏の「ハタ」の原義をめぐっては、(1)機織のハタ説、(2)梵語のパタ(絹袋)説、(3)朝鮮語のパタ(海)説やハタ(多・大)説などがあるけれども、もっとも有力な説は、朝鮮半島南部の東側に位置する新羅の古地名波旦に由来するとみなす見解である。一一四五年に成立した朝鮮の史書『三国史記』の地理志に、「波旦県」がみえているばかりでなく、一九八八年の三月に、韓国慶尚北道蔚珍《うるちん》郡竹辺面鳳坪里で明らかとなった甲辰年(五二四)の新羅古碑にも「波旦」と刻記されていたからである。

弘仁六年(八一五)に完成した『新撰姓氏録《しんせんしょうじろく》』は、たとえば左京諸蕃の太秦宿禰《うずまさのすくね》の条に「秦《しん》の始皇帝の三世の孫孝武王より出《い》づ」と書かれている例などによって、秦氏の先祖は中国の秦《しん》とする説がいまもなお流行しているが、秦氏が日本列島へ渡来してきた直接のふるさとは朝鮮半島南部であり、現在では秦氏を新羅系の渡来氏族とする見解が多くの研究者によって支持されている。『新撰姓氏録』のような伝承ができあがってくるのは、中国を中華としてあこがれるようになってからの加上であったこともたしかめられている。

秦氏の分布は加耶《かや》・百済系の漢氏《あやうじ》や高句麗系の高麗《こま》(狛)氏よりもはるかに広く、西は北九州の豊前から東は東北の出羽にまで及んでいる。京都盆地に秦氏が定住するようになったのは五・六世紀のころからで、とりわけ葛野《かどの》の秦氏や、伏見深草の秦氏の存在が注目される。

伏見深草の地に、かなり早くから秦氏が居住していたことは、『日本書紀』の欽明天皇即位前紀に記す、深草の里を拠点に商《あきな》いをいとなんで富《とみ》を蓄えていた秦大津父《はたのおおつち》の伝承、あるいは厩戸《うまやど》皇子（聖徳太子）なきあとその嫡子山背大兄王《やましろのおおえのみこ》が、蘇我入鹿《そがのいるか》らによって襲撃されたおり、側近の三輪君文屋《みわのきみふみや》が伏見の深草に入って再起すべしと進言したのも、父であった厩戸皇子が秦氏と密接なつながりをもっていたからである。伏見稲荷大社の前提となる社殿を造営したのも、秦伊侶《はたのいろ》巨《こ》（伊侶具《いろぐ》はあやまり）であった。

葛野秦氏は京都市の右京区から西京区のあたりに勢力を伸張した。なかでも有名な人物は、秦《はたの》河勝《かわかつ》である。秦河勝は蘇我氏《そがし》が物部氏《もののべし》を討伐したさいに厩戸皇子を「軍政人（軍允）」として守護したといい、（『聖徳太子伝補闕記』『聖徳太子伝暦』）、また推古天皇十一年（六〇三）の十一月には、厩戸皇子が諸臣に「尊き仏像を誰か恭拝しないか」と問うた時に、秦河勝が進みでて、この尊像をまつり蜂岡寺（葛野秦寺）を造立したと伝える（『日本書紀』）。

さらに推古天皇十八年に新羅使が渡来してきたおりには、新羅使を案内する「導者」を、秦河勝がつとめている。

葛野秦寺は太秦《うずまさ》の広隆寺の前身だが、厩戸皇子がなくなった翌年（六二三）には、新羅の真平王がその菩提を弔って、仏像・金塔・舎利と灌頂幡《かんちょうばん》などを贈ってきた。仏像は葛野秦寺に、金塔・舎利・灌頂幡などは四天王寺に納められている（『同』）。

京都には全国の国宝の約二〇％、重要文化財の約一五％が存在するが、全国の国宝のなかの指定第一号が、広隆寺の宝冠思惟弥勒坐像である。あのおだやかで優美な仏像は、葛野秦氏がまつり伝えてきたみ仏であった。

嵯峨野の開発に大きく寄与したのも秦氏であった。それは、秦氏が灌漑用水のために、葛野川（桂川）に葛野大堰《かどのおおい》を構築したのをみてもわかる（『秦氏本系帳』）。葛野大堰については、「大宝令」の注釈書である『古記』にも述べられているが、この『古記』は天平十年（七三八）にまとめられており、遅くとも天平十年までに葛野大堰が築造されていたことをたしかめることができる。

嵯峨野の古墳としては六世紀前半の全長七一メートルの天塚《あまつか》古墳・六世紀末の全長八〇メートルをこえる蛇塚《へびづか》古墳が有名だが、その被葬者は嵯峨野の開発に大きく寄与した秦氏の首長クラスの人物であったとみなされている。

京都市西京区嵐山宮町に鎮座する松尾大社の社殿を創建したのは秦都理《はたのとり》であり、その年次は大宝元年（七〇一）とする（『秦氏本系帳』）。こうした秦氏の活躍はその後もひきつがれて、たとえば平安京の造宮少工に秦都岐麻呂が名を連ねるということにもなる。葛野郡に数多くの秦氏が居住していたことは、寛平八年（八九六）二月二十五日の葛野郡山田郷の秦宿禰有世《すくねありよ》の土地を秦忌寸阿古吉《いみきあこき》が買った「券文」に郷長秦氏吉《うじよし》、保証刀禰《とね》秦忌寸貞良ほか九名が連署しており、さらに康和三年（一一〇一）書写の「葛野郡班田図」に数多くの秦氏の名が記載されているのにもうかがわれる。

「うずまさ」の由来については、『日本書紀』の雄略天皇十五年の条や『新撰姓氏録』などにみえているが、「うずまさ」が絹・かとり（上質の絹）をうず高く積みあげたのに由来するという伝承にも、機織の発展に貢献した秦氏のありようが反映されている。まさしく京都盆地はそのいにしえから国際色豊かな土地柄であった。

II

神々のふるさと

高天原《たかまがはら》群像

天地開闢《てんちかいびやく》の神話は、なにも日本神話のみに特徴づけられるものではない。これに類する神話は、中国・東南アジアにもあり、ポリネシア東部などでは、かなり純粋な形が残っている。カオス（混沌）よりの神々の生成は、ヘシオドスの『テオゴニア（神統記《しんとうき》）』にも似通《にかよ》った表現がなされている。ところで記・紀神話で注目すべき点は、国生みの段である。

国生みは、記・紀神話にいわゆる神代七世《かみよななよ》の最後にあたる男神イザナキと女神イザナミとによって行われるが、両神の国生み・神生みをなす中心舞台は、おのころ島《じま》であった、国生みの国の内容は、『古事記』では十六、『日本書紀』本文では十二および所々の島となっている。国生みというよりは島生みであり、たくさんの島々が、この両神によって、つぎつぎに生みだされてゆく。おのころ島が、いまのどこの島かさだかでないけれども、淡路島を中心とする地域が国生みの主《しゅ》軸《じく》となっていることはたしかであろう。じっさいに、国生みのなかみは、大阪湾から瀬戸内海の島々にもっとも力点がおかれているといってよい。

なぜ国生みが淡路島のあたりを中心として展開するのか。わたくしどもは大阪天保山桟橋《てんぽうざんさんばし》を出発して大阪湾上に船出する。そして大阪湾上から淡路島および周辺の島々をはろばろとみやる。淡路島の東北端にある岩屋《いわや》の東にみえる絵島《えしま》の近くあたりの島がおのころ島でもあろうか、あるいは淡路島の南方四・六キロの沼島《ぬしま》であろうか。夕やみにつつまれてゆくまぼろしのような島々の面影に、こころは往古の国生みへといざなわれてゆく。わたくしの胸には、いつしか五世紀のころが回想されてくる。

おしてるや　難波《なにわ》の埼《さき》よ　出で立ちて　わが国見れば　淡島《あわしま》　淤能碁呂島《おのころじま》　檳榔《あじまさ》の島も見ゆ
佐気都島《さけつしま》見ゆ

『古事記』によると、この歌は仁徳《にんとく》天皇の寵妃《ちょうひ》黒日売《くろひめ》、彼女が吉備《きび》へ帰ったのを恋いしたって、天皇が吉備へおもむく途中、淡路島にたち寄ってよまれた歌であるという。しかし、歌の内容は、黒日売となんのかかわりももっていない。「難波《なにわ》の埼《さき》から出で立って」という歌の一節にもみられるように、歌の本姿は、難波の津から海上をみはるかしてよまれた国見《くにみ》の歌にほかならない。国生みの往古をしのぶ人のこころに、なぜこの歌のひびきがしみじみと伝わってくるのか。そこにおのころ島《じま》をはじめとする淡路島付近の島々が名をつらねるばかりではない。じつは「難波の埼よ」という歌の文句には、つぎのような深い意味が宿されているためではないか。

難波の津は、古くから瀬戸内航路の玄関口にあたっており、政治・経済・交通の要地であった。仁徳天皇の時には、難波の高津宮《たかつ》がいとなまれたという伝えもある。そうした難波の津は天皇即位儀礼の重要な場所でもあった。平安時代の『延喜式《えんぎしき》』や『江家次第《ごうけしだい》』をみても、天皇はその即位にさいして、古い時代から八十島《やそじま》祭《まつり》をとり行ってきたことが述べられている。つまり難波の津において、島々の霊《れい》＝大八州《おおやしま》の霊を、即位する天皇の身とこころに付着する祭儀がつづけられていたのである。その難波から出で立って国見がされること、その島々が国生み神話の舞台となっていることを連想する時、国生み神話の背景がよりくっきりとうかびあがってくる。神々の誕生が島生みにならんで、神話に語られるのも偶然ではない想いがしてくる。海上から来臨する神々の霊がひしひしと感じられるのである。

国生み神生みを行なったイザナミは、火の神を生んだことによって、ついに黄泉《よみ》の国へおもむくことになる。神話における黄泉の国とは、死後の世界を意味していた。その時男神のイザナキは、〝あわれ、いとしのわが妻よ。あまたある子のなかに、たったひとりの神によってあなたを失ってしまった〟となげき悲しんだという。『古事記』は、イザナキの慟哭《どうこく》の涙が、啼澤女《なきさわめ》の神になったと伝えている。この神は、大和《やまと》の香具山《かぐやま》（天香久山）の麓にしずまると記すのである。

ここで視点を大和に移すことにしよう。JR桜井線香久山駅から西南へ約八〇〇メートル。われわれは香具山の麓に到着する。『古事記』に記載されている通りに、山の西麓《さいろく》には木《こ》の本《もと》という集落がある（現・木之本町《きのもとちょう》）。そこに啼澤女《なきさわめ》の杜《もり》があり、女神がひそかにまつられている。このあたりは埴安池《はにやすいけ》の一部であったとも伝えられている地域だ。啼澤女の神も、水神信仰《すいじんしんこう》に生きた神であった。

香具山は多言するまでもなく、畝傍山《うねびやま》・耳成山《みみなしやま》とならぶ大和三山《やまとさんざん》のひとつであって、古くから霊山《れいざん》とあがめられてきた。『日本書紀』の神武《じんむ》天皇の条には、天の香具山の土を取って、厳瓮《いつべ》をつくり、丹生《にう》の川上に登って神まつりをするありさまが物語られている。飛鳥《あすか》の川上や丹生谷における水神信仰の一端がはしなくも示されているのである。香具山の土と丹生の水神、そしてその西麓の啼澤の女神、これらをつらぬく太いきずなは、山と水と土をとり結ぶ田《た》の神《かみ》の信仰であろう。神武天皇のくだりには、道臣命《みちおみのみこと》が神主となり、厳媛《いつひめ》を名のり、水の神をイツノミズハノメと名づけたともみえている。

倭《やまと》には　群山《むらやま》あれど　とりよろふ　天《あま》の香具山《かぐやま》　登りたち　国見をすれば　国原《くにはら》は　煙《けぶり》立ち立つ　海原《うなばら》は　かもめ立ち立つ　うまし国ぞ　あきつ島　大和の国は

『万葉集』の国見歌《くにみうた》にも詠《よ》まれているように、香具山はたんに「香具山は　畝傍を愛《お》しと　耳成と　相争ひき　神代より　かくなるらし」という恋争いの説話に生きつづいているばかりでなく、神話の山でもあった。そのゆえにまた天皇の国見する山ともなるのである。香具山の南方には壬申《じんしん》の乱に勝利をえた天武《てんむ》天皇の飛鳥浄御原《あすかきよみはら》宮の宮跡があり、その皇后で持統女帝《じとうじょてい》となった、女傑の王鸕野皇女《うののひめみこ》がいとなんだ藤原宮跡がある。

春すぎて夏きにけらし白妙《しろたえ》の　衣ほしたり天《あま》の香具山《かぐやま》

飛鳥《あすか》川の流れに、蘇我氏の栄枯盛衰をしのび、雷　丘《いかずちのおか》に「皇《すめろぎ》は神にしませば」と歌われた持統女帝の代《よ》を想いうかべるのも一興である。氏姓のみだれをただす神判としての盟神探湯《くがたち》が行われた、甘樫岡《あまかしのおか》（甘樫丘）もさして遠くはない。

神話にゆかりのある山々は大和に多い。そのなかにも、とくに見逃すことのできぬのは三輪《みわ》山である。標高四六七メートルのこの山は、三諸《みもろ》の神奈備《かんなび》とも神岳・神山・真穂《まほ》三諸山ともよばれている。JR桜井線三輪駅から東約五〇〇メートルばかりで、三輪山麓にいたる。西の方には二《ふた》上山《かみやま》が遠望される。三輪鳥居《みわとりい》で有名な大神《おおみわ》神社には、今も本殿はない。三輪山じたいが神体山なのだ。山中には磐座《いわくら》の巨石群があり、辺《へ》つ磐座、中《なか》つ磐座、奥《おき》つ磐座のほかの奇岩《きがん》がつらなっている。松の馬場をへてこの鳥居にいたるころには、三輪明神《みょうじん》の神さびた荘厳《そうごん》さに思わず襟《えり》を正す。

大神神社の祭神はオオモノヌシであるが、この神にまつわる神婚説話は有名である。『古事記』の崇神《すじん》天皇の条には、つぎのようなエピソードが述べられている。疫病が流行した時、オオモノヌシノカミが、天皇の夢に現れて、大田田根子《おおたたねこ》を神主として祭祀《さいし》を行なえば、世の不安は治まると告げられた。そこで大田田根子という人物を求めたところが、河内《かわち》にいることがわかった。大田田根子が招かれて三輪の神をまつることになるというくだりである。この説話は『日本書紀』の方にもみえている。

ところが、この大田田根子は三輪山にまつるオオモノヌシとイクタマヨリヒメとの間に生まれた人の後裔ということになっている。『古事記』では、三輪山にしずまる神が、夜ごとイクタマヨリヒメのもとに通って、そう月日もたたない間に、ヒメは身ごもると記す。神の妻どいがなされるのである。それを不思議に思った父母は、その正体をたしかめるために、妻どいする男の着物に麻の糸をさすことをすすめた。翌朝その糸をたどってゆくと、糸は家のかぎ穴を通りぬけて、三輪山の社《やしろ》に達していた。その時、糸まきに残った糸は、三巻《みまき》ばかりであったと伝えるのである。三巻つまり三輪という地名起源説話になっているが、これとよく似た説話は、『日本書紀』のやはり崇神天皇の条にみえている。天皇の叔母にあたるモモソヒメが、三輪山の神の嫁として登場してくる。ここでもオオモノヌシが妻どいをする。夜ごとに通ってくる男にモモソヒメは、麗《うるわ》しいあなたの姿をみたいので、しばらくわが家にとどまってほしいと願いでる。男はあなたの櫛《くし》入《い》れのなかに居りましょうと答えたので、翌朝櫛笥《くしげ》をみると、美しい小さな蛇になっていたという。

こうした神の花嫁に象徴される神婚譚は、三輪明神の本質を暗示する。かぎ穴を通る神、蛇体《じゃたい》の神、それは水の神のシンボルであった。春の農耕のはじめに、山から神が降《くだ》って田《た》の神《かみ》となるという形態は、日本の固有信仰に根強く生き残っているが、三輪明神《みわみようじん》もまたそうした田の神であった。イクタマヨリヒメのタマヨリはタマ（魂）ヨリ（依り）であり、そして神の子が生まれるという伝承は、ポゼッションタイプ（憑霊型）のシャーマン（巫女）と神の神人交流型の神婚譚である。それに対してヤマトトトヒのトトとは「鳥飛び」で、エクスタシィタイプ（脱魂型）のシャーマンであり、神とまじわったモモソヒメが死ぬという伝承は神人隔絶型である。

大和盆地には龍神《りゆうじん》の信仰がいまでも生きており、室生寺《むろうじ》の龍穴《りゆうけつ》神社の神も猿沢池《さるさわいけ》に住む龍神が、飛来したものであるとする伝説もある。桜井市の箸中《はしなか》にある箸墓《はしはか》は、モモソヒメを葬ったものと伝えており、前期の前方後円墳《ぜんぽうこうえんふん》のたたずまいに、神まつりをした司祭者のありし日をみる思いにふける。摂社大直禰子《せつしやおおたねこ》神社には大田田根子《おおたたねこ》がまつられており、神前の大杉とともに、大和に生きた神々の面影をほうふつとさせる。三輪山の神威《しんい》は、『日本書紀』の雄略《ゆうりやく》天皇の条や敏達《びだつ》天皇の条にもみえているが、大和国の鎮めの山ともなった三輪山は、やがて天皇霊の鎮め山ともあおがれるようになる。

そういえば高天原系《たかまがはらけい》神話のなかに重きをなすアマテラスオオカミの祭祀《さいし》伝承も、桜井市三輪の地域と無縁ではない。『日本書紀』の崇神《すじん》天皇の条には、アマテラスオオカミを笠縫邑《かさぬいのむら》にまつり、磯城《しき》の神籬《ひもろぎ》をたてたということがみえている。この笠縫邑の所在については、磯城郡田原本町内の説のほか諸説があるが、三輪桧原《ひばら》付近とする説にはすてがたいものがある。宮廷と密接な関係のある志貴《しき》の御縣《みあがた》神社が鎮座するのも磯城《しき》の地域であり、磯城の神籬とよばれるにふさわしいおもむきをそなえている。

ここでわたくしどもは、アマテラスの故郷へと神話の旅の歩みをのばすことにする。記・紀神話のなかで、この神が特筆され、とくにオオミカミとよばれていることは、それが後に皇室の祖先神としてまつられたいわれと無関係ではない。

アマテラスオオカミは、そのはじめから皇祖神として高天原に座を占《し》めていたのではない。『日本書紀』などには、日の神としてしばしば登場するが、その本体は太陽霊であり、また「大《おお》日孁貴《ひるめむち》」という神名にもうかがわれるように、太陽をまつる女神ともされた神であった。農耕の守護神としてあおがれていた神なのである。そして道教の最高女仙の西王母《せいおうぼ》の信仰とも重なり、織女神の信仰につながる。皇大神宮《こうたいじんぐう》の鎮座する伊勢市宇治館町およびその周辺を旅することによって、この神のイメージは、くっきりとうかびあがってくる。

宇治橋をわたって、五十鈴《いすず》川の清流をとりこんだ手洗い場にでる。ここは伊勢湾にそそぐ五十鈴川の川上にあたっている。なぜこの地にアマテラスがまつられているのか。神の原像を求めるわたくしの胸には、ありし日の神まつりの姿が思いめぐらされてくる。ふと手洗い場の左脇の林のなかに眼をやれば、そこには木の柵でかこんだ石壇がある。この小石をつんだ場所は、滝祭《たきまつりの》神《かみ》のしずまるところである。多くの参詣者はとかく見逃してしまうのだが、五十鈴の川上より神が降臨すると信じられた古いまつりのならわしが息づいており、延暦二十三年（八〇四）の『皇大神宮儀式帳』に明記するとおり、現在も社殿《しゃでん》はない。〝撞賢木厳之御魂《つきさかきいつのみたま》〟と古典にみえるアマテラスの神名のおこりも、神のよりしろとしての〝みあれ木〟にちなんだものでもあろうか。

内宮《ないくう》の森をさらに進んで、古式ゆかしい神明造《しんめいづくり》の社殿にでる。その壮厳さはあたりを圧する。この社《やしろ》の中心をなすものは〝心《しん》の御柱《みはしら》〟である。二十年に一度行われる遷宮神事《せんぐうしんじ》のなかでも、もっとも神秘的なのは、この〝心の御柱〟をめぐる祭儀であろう。正殿の真下に立てられるこの柱は、とくに神聖視されてきている。その原初の姿は、やはり神の降臨をあおぐ神籬《ひもろぎ》であった。

やはり農耕神であるトヨウケノオオカミは伊勢市豊川町の外宮《げくう》にまつられているが、伊勢の両大神宮の鎮座する一帯は、日本のオリュンポスを形づくっている。正宮《しょうぐう》・別宮《べつぐう》・摂末社《せつまつしゃ》・所管《しょかん》社《しゃ》をあわせ、一二五社で伊勢神宮は構成されている。外宮の裏の大樹のあちこちにも、庶民の信仰がいまに息づいている。

それればかりではない。伊勢地域の民間信仰にも、アマテラスを太陽霊とあおぎまつる信仰が根強く伝えられているのである。伊勢湾の入口にある神島《かみじま》では、旧暦正月の元旦には、ゲーターまつりをする。このまつりは〝日《ひ》の御像《みかた》〟とよぶ大きなぐみの輪を空高くさしあげて、太陽霊の降臨をことほぐ。同じ旧暦正月鳥羽《とば》の石鏡町《いじかちょう》では、海女《あま》が日の出にあたって海辺にでてみそぎをなし、太陽霊を迎える。こうした民間信仰がアマ（海）テラス（照らす）の信仰と重層して、いまもなお脈々とうけつがれている。

鳥羽の港を船出してこうした旧正月の神事にふれた感激は、人々に神話の故郷がけっして架空のものでないことを悟らせる。二見《ふたみ》の興玉《おきたま》神社にささげられる輪じめなわに、そしてまた六月の伊雑宮《いざわのみや》の田植祭に、海から、山から、そして川から来臨する日《ひ》の神《かみ》つまり田《た》の神《かみ》の実相をまざまざと思いうかべるのである。

あの天《あま》の岩戸《いわと》の神話で、天の岩戸にアマテラスが身を隠《かく》した時、世の中がまっくらとなり、この大神を迎えるのに、鏡をさしだしたと物語られているのにも、太陽を反射させてその輝きに神の姿をみた太陽崇拝を象徴するありようがうかがえる。平安時代のはじめにできた『古語拾遺《こごしゅうい》』にこの時の鏡を「日像《ひのみかた》の鏡《かがみ》」と伝えているのも興味深い。

出雲《いずも》の神々

JR山陰本線に乗って鳥取をすぎるころから、八雲《やくも》たつ出雲《いずも》の風情が身近に感じとられるようになる。鳥取砂丘のつながる日本海岸は、因幡《いなば》の白兎《しろうさぎ》で有名な白兎《はくと》の海岸へとつづき、夜見《よみ》ケ浜《はま》を右手に米子ともなると、もう出雲神話の舞台が、眼の前にくりひろげられてくる。車窓から、『出雲国風土記』に伝える語臣猪麻呂《かたりのおみいまろ》の娘がワニザメに殺されたというエピソードゆかりの毘売《ひめ》崎《ざき》へと想いをはせる。中海《なかのうみ》につきでている十神山《とかみやま》の対岸にあたる毘売崎にたいして、安来駅《やすぎ》の東の丘陵には、その娘をまつったという毘売塚《ひめづか》がある。

出雲の語部《かたりべ》らによって物語られたであろう悲話に往時を回想しながら、松江に到着する。松江は、日本文化に限りない愛着を示したラフカディオ・ハーン（小泉八雲）の旧居のあるところだ。彼は出雲に「この民族の揺籃《ようらん》の地」を発見し、「わけても神々の国」であることを見出した。じっさいに、出雲には社《やしろ》が多い。平安時代のなかごろにつくられた『延喜式』の神名帳《じんみょうちょう》をみても、その社の数は、大和・伊勢についでもっとも多数を占めている、出雲に旅をすれば、多くの人々が、あの森にあの川に、名もない小さな祠《ほこら》のあることに気づかれるであろう。

ところが、それらの数ある社のなかで、『出雲国風土記』のなかに大神《おおかみ》とたたえられる社《やしろ》が四つある。その一つは野城大神《のきのおおかみ》であって、社は安来市能義町に鎮座する。いまはおとずれる人も少ないが、出雲《いずも》東部の開発が進められた古い時代には、この古社を中心とするひとつの信仰圏を形づくっていた。つぎは佐太大神《さたのおおかみ》である。現在の松江市鹿島町にしずまる社にこの神はまつられている。標高三四一メートルばかりの神名火山《かんなびやま》（朝日山）のふもとにある。松江からバスで約二十五分。佐陀《さだ》川の流れにそった佐太の森にいたる。この神は『風土記（出雲国風土記）』の国引《くにび》き詞章《ししょう》にみえる狭田《さだ》の国の守護神である。中世以降に、正殿にはイザナキ・イザナミ、北殿にはアマテラス、南殿にはスサノオなどをまつることになるが、もともとは、この地域の氏族《うじぞく》を中心にまつられた神《かみ》であった。

この神の誕生はいかにも神秘にみちみちている。『風土記』には、嶋根郡の北西端の岬にある岩穴で、佐太大神が生まれたと述べている。島根町の岬にある加賀《かが》の潜戸《くけど》がそれである。島根の浜より船で岩穴にいたるコースと、陸路潜戸へ向かうコースとがある。『風土記』にはその岩穴を高さ三〇メートル、周囲八九四メートルばかりあると記しているが、三方にひらけた岩穴は、潜戸の鼻といわれる奇岩怪石《きがんかいせき》のなかに開かれ、日本海の荒波が、周囲にこだまして、いかにもすさまじい。「髪《かみ》の毛《け》三本動かす風があれば加賀へはゆくな」という土地の人のいましめどおり、風の強い日には怒濤《どとう》が岩壁《いわかべ》を洗い、潜戸は神の怒りにふるえるのである。この岩穴のなかで、母神が弓矢をなくした。そこへ金の弓矢が流れつく。その弓矢を拾いあげて、わが子佐太大神の出生を確認するという『風土記』の神話には、海から来臨する神のいわれが見事に描かれている。潜戸の鼻にたたずんで、白波の稲妻のような光に輝く北ツ海（日本海）をみわたす時、わたくしどものこころは、古代出雲人の故郷へと飛んでゆく。

佐太大神についで、大神といわれる神は、熊野大神《くまのおおかみ》である。松江からバスで四十分ばかり、意宇《おう》川の渓流にそうて八雲《やくも》町の熊野大社に到着する。その途中、スサノオとイナダヒメの恋物語にいろどられる八重垣《やえがき》神社、大庭《おおば》町に鎮座してイザナミを主祭神《しゅさいじん》とする神魂《かもす》神社に参詣することも忘れられてはなるまい。そのあたり一帯は、神話の宝庫である。熊野大社の祭神《さいじん》は、『風土記』

ではクマノカムロノミコトとされている。後世スサノオをまつるようになるが、この神の本来の神格は、クシミケヌノミコトとよばれているように、農耕の守り神であった。古代出雲の有力氏族は出雲臣《いずものおみ》であり、この地域の国 造《くにのみやつこ》となるが、その本拠は、出雲東部の意宇《おう》郡にあり、熊野大《くまのおお》神《かみ》は彼らの奉斎神《ほうさいしん》でもあった。したがって、東から西へと出雲氏の勢力がのび、現出雲市大社《たいしゃ》町にある杵築大神《きづきのおおかみ》(出雲大社の大神)をまつるようになってからも、依然として熊野大社は重視されたのである。今でも毎年十月十五日には、鑽火祭《さんかさい》がとり行われ、燧臼《ひきりうす》と燧杵《ひきりきね》によってととのえられた火が、出雲大社へとどけられている。国造の相続を意味する火つぎの神事が、熊野大社で中世までつづけられたという。紅葉のころのその境内の美しさはまた格別である。『出雲国風土記』に大社と明記するのが、この熊野大社と杵築(出雲)大社の二つのみであるとおり、出雲大社とならんで注目すべき社《やしろ》である。

出雲神話のピークは、国ゆずりである。その結果、オオクニヌシは、多芸志《たぎし》の小浜にたてられた宮殿にしずまることになる。その社こそが、杵築大神をまつって、大社町に鎮座する出雲大社である。一路松江を出発して、大社へとおもむく。途中宍道《しんじ》より徒歩二十分ばかりのところにある石宮《いしみや》神社に立ち寄るのもよい。ここには、オオクニヌシが、スセリヒメの妻どいに勝利をえて八十神《やそがみ》たちからのうらみをかい、だましうちにされたという因縁の猪《いのしし》の石と、猪を追跡したという犬の石がある。松江から大社に向かう車窓の眺めには、古代出雲人の国づくりの足跡《そくせき》が少なくない。

出雲大社は八雲山を背後に天高くそそりたつ。寂蓮《じゃくれん》法師が、

やはらぐる光や空に満ちぬらん　雲にわけ入る千木の片ぞき

とよんだのも、げにもと思われる。まことに天下無双の大社である。〃心《しん》の御柱《みはしら》（岩根の御柱）〃を中心に宇豆柱《うずばしら》と側柱でめぐらされたこの大社造《たいしゃづくり》は、高さ八丈（一丈は約三メートル）もある。往古は十六丈の高さであった可能性が、平成十二年（二〇〇〇）の発掘調査で高まった。直径三メートルを越える岩根の御柱（心之御柱）・宇豆柱《うずばしら》・東南側柱は、岩根の御柱の下にあった板の年輪年代の測定の結果、宝治二年（一二四八）造営のものであったことがたしかめられた。鎌倉時代前期でも高さ四八メートルあったと推測される。その堂々たる壮厳《そうごん》さは、出雲の勢力の巨大さをしのばせる。天禄元年（九七〇）の『口遊《くちずさみ》』に、「雲太《うんた》・和二《わに》・京三《きょうさん》」といわれていたと記すのも不思議ではない。大和の東大寺大仏殿よりも、また京の御所の大極殿・八省よりも大きいことを「雲太」と表現したのである。

国ゆずりのための高天原《たかまがはら》からの工作は三度ばかりにわたってつづけられた。アメノホヒノミコト・アメワカヒコらにつづいて、タケミカヅチが派遣される。そして出雲の稲佐《いなさ》の小浜で国ゆずりを迫るのである。国ゆずりにさいして、オオクニヌシは、わが子の意見を聞いてほしいと述べる。そのひとりがコトシロヌシである。この神は美保《みほ》の岬《みさき》へ魚とりにでかけていたという。境《さかい》

港《みなと》から船で松江市美保関町にいたれば、そこにコトシロヌシゆかりの美保神社が鎮座している。コトシロヌシらの承諾をえて、いよいよ国ゆずりがなされるのである。この時、コトシロヌシは船をかたむけ、まじないの拍手《かしわで》をうって身を隠したという。美保神社では、例年四月七日に青柴《あおふし》垣《がき》の神事が、十二月三日に諸手船《もろてぶね》の神事がおごそかにとり行われているが、神話をささえた海より去来する神の信仰はいまもなおこの地域の人々のこころに生きている。稲佐《いなさ》の浜から薗《その》の長浜のあたりにたって大社の森をみはるかす時、この土地に生きた地主神の信仰が、よみがえってくる。記・紀神話には、高天原からのことむけに出雲の神々がまつろう姿がクローズアップされてはいるが、出雲国造らによって編纂された『風土記』における国ゆずりは、いささか内容を異にする。そこでは〝この出雲だけは、わたくしのしずまる国としたい。青垣山をめぐらして、この国土を愛し守ろう〟と宣言されている。むしろそこにこそ出雲土着の神々のさけびを聞く想いである。稲佐の浜から日《ひ》の御碕《みさき》まで海岸にそって歩む旅人の胸には、『風土記』がその冒頭にかかげる国引きの雄大で、しかも韻律《いんりつ》のたかいひびきがこだまする。

国引きの詞章《ししょう》は、たんなる机上《きじょう》の作品ではない。その主人公ヤツカオミズヌは『古事記』において、わずかにスサノオ五世の孫とだけ記述されている神にすぎないが、出雲におけるこの神のはたらきは『風土記』が述べるように、きわめて大きい。『風土記』では〝八雲《やくも》たつ出雲〟のおこりも、この神のことあげにもとづくとする。オミズヌとは大水主であり、つまりすぐれた水の神であったと思われる。オミズヌによって〝国来国来《くにこくにこ》〟と引かれた土地は、出雲西部の海岸地帯から北部へ、さらに夜見《よみ》ケ浜《はま》から大山《だいせん》へとのびる。文字通り白砂青松の薗《その》の松山も、国引きの綱が化したものと物語られている。土地をかためるためにたてた杭《くい》のひとつが、佐比売山《さひめやま》（三瓶《さんべ》山《さん》）であるともいう。きらきらと輝く日本海を前に、右手に稲佐《いなさ》の浜を、左手に遠くかすむ三瓶山をのぞんで、長浜神社裏の小高い松林にたったわたくしの前には、国づくりから国ゆずりまでの古代出雲人の歩みが、走馬灯のようにつぎつぎにうかんでは消えてゆく。夕陽が沈むころともなれば、出雲路の空にたなびく雲の光に、いっそうの情趣がそえられる。夕靄《ゆうもや》に村々がおおわれ、宍道《しんじ》湖に漁火《いさりび》がゆらめく。出雲神話の故郷の名残りはいっこうにつきないのである。

不死鳥の海原《うなばら》

記・紀神話のフィナーレは、南九州を舞台として展開する。とりわけ日向には、いくつかの神話の謎がひめられている。神話のすじみちは国ゆずりにつづいて天孫降臨へとつながる。天孫ニニギノミコトが、高千穂《たかちほ》の峰へ天降《あまくだ》るという神話がそれだ。まずJR日豊《にっぽう》本線霧島神宮駅から霧《きり》島《しま》神社へとおもむく。ここは霧島国立公園に指定されているだけあって、周囲の景観は、まことに見事であり、自然の美が生々としている。バスで約三十分。われわれは海抜五〇〇メートルの霧島神宮に到着する。霧島川の渓谷、野海棠のかおり、その佳境《かきょう》のおもむきは、筆舌につくしがたいものがある。神宮にいたる車窓のなかから、標高一六〇〇メートルばかりの霊峰があおがれる。いわゆる高千穂の峰と伝える。

霧島山はこの高千穂を主軸《しゅじく》につらなる韓国岳《からくにだけ》・中岳《なかだけ》・新燃岳《しんもえだけ》の諸峰《しょほう》を総称したものだが、そのたたずまいはいかにも神さびて清々《すがすが》しい。山に神が天降るとする信仰は、なにもここに限ったことではないが、天孫降臨の神話が誕生するにふさわしい風情がそなわっている。

日向の国は、筑紫《つくし》七か国のひとつで、奈良時代のはじめに日向国四郡をさいて大隅《おおすみ》の国が設けられた。記・紀神話において、高千穂は「久士布流多気《くしふるたけ》」（『記』）「槵觸峰《くしふる》」（『紀』）と記されているが、この「クシフル」は朝鮮半島南部の加耶《かや》の建国神話（『駕落国記《から》』）の「亀旨（クシフル）峰」と関連して注目される。そして『日本書紀』の第六の「一書」では高千穂の峰を「添山峰」と関連して注目される。そして『日本書紀』第六の「一書」では高千穂の峰を「添山峰」と書いて「曽褒里能耶麻《そほりのやま》」と訓《よ》ませている。この「ソホリ」は、朝鮮古代史の歴史書『三国史記』が百済の最後の都であった泗沘（扶余）に「所夫里《そふり》」と註記しているように、ソウルすなわち聖なるところを意味する。『古事記』に天孫降臨の地が「韓国《からくに》に向ひ」、「吉き地《よところ》」とことあげされているのもみのがせない。襲《そ》の高千穂とも記されているその伝承地は、宮崎県高千穂町のほか九州各地にある。襲というのは熊襲《くまそ》の襲という意味であって、大隅のソオ地域に関係がある。霧島神宮駅から国分《こくぶ》にいたる山中には熊襲遺跡《くまそいせき》と称する伝承地があるけれども、つぎの隼人《はやと》町にしずまる鹿児島神宮《かごしまじんぐう》の元つ処《ところ》の石体《しゃくたい》神社も、高千穂ゆかりの場所と伝えられている。奇岩《きがん》の重なりあうこの石体の社《やしろ》は、神の降臨をあおぐ磐座《いわくら》の形態をとっている。

神は山に天降るばかりではない。海からも来臨する。それは天孫降臨の神話の場合にあっても例外ではない。山頂に天降ったニニギノミコトは、ただちに海辺に遊幸するのである。山の神と海の神との融合が、この神話にも見出されるのである。じっさいに日向を舞台とする神話には、よりくる海神の信仰が濃厚によこたわっている。

海幸彦《うみさちひこ》すなわちホデリノミコトと、山幸彦《やまさちひこ》すなわちホオリノミコトをめぐる神話などは、その典型である。海幸彦《うみさちひこ》から借りた釣《つ》り針《ばり》を失った山幸彦《やまさちひこ》は、海の宮《わたつみ》へその釣り針を探しにでかける。その時ちぎりを結んだトヨタマヒメが、ウガヤフキアエズノミコトを生むくだりなどは、まさしく海から来臨する神の面影《おもかげ》を端的に物語っている。JR日南《にちなん》線伊比井駅または油津駅からバスで約二十分。われわれは鵜戸神宮《うどじんぐう》へでる。八丁坂をのぼりきると、黒潮の洗う日向灘《ひゅうがなだ》がひらける。そこには夫婦岩・雀岩・扇岩・二枚岩・御船岩・枡形《ますかた》岩などと名づけられた神秘の岩々が、幾星霜の波風にたえてそそりたつ。黒ずんだ岩はだは、明るい日ざしに照らしだされる紺碧《こんぺき》の海原にはえて、おとずれる人々を神話のむかしへといざなう。宮橋をわたれば、巨大な洞穴がある。その霊窟《れいくつ》こそが、鵜戸神宮の主祭神《しゅさいじん》ウガヤフキアエズをまつる社がしずまる所である。ほの暗い岩屋のなかに色彩《しきさい》あざやかな八棟造《やつむねづくり》の社がある。一歩その霊域にはいれば、ひとしおの神秘が身に迫ってくる。ひた、ひた、ひた、時おりたれる岩の雫《しずく》。社前の海中にならびたつ奇岩怪礁《きがんかいしょう》。わたくしはそこに海辺に誕生する神の姿をみる。御船岩は神の乗り物を象徴するかのようであり、いまにも海上からおごそかに神がよりくるかのような錯覚すらおぼえる。岩屋の左手には、この地域の人々が毎年つみあげるという賽《さい》の河原《かわら》の石づみにも似た小石の山が、ひとつならずある。神と仏が、この神話の舞台において見事に調和している。仏もまた神として迎えられかつ送られるという信仰の命脈が、いまに生きているのだ。この社にこめられた人々の願いが、旅人を感動のうずにまきこむのである。

海幸彦は、海の宮から帰ってきた山幸彦のために苦しまされることになる。山幸彦は海の神から授けられた塩みつ玉と塩ひる玉とをもって、たしなめるのである。この海幸彦の子孫が隼人《はやと》らであり、そのことにもとづいて、後世まで隼人が宮中で歌舞《かぶ》を演ずることになったという。海幸・山幸をはじめとする日向神話には、インドネシアあたりとのつながりを示すものが多い。これらの神話のにない手は、九州南部の隼人らであったと考えられる。倭朝廷《やまとちょうてい》による熊襲《くまそ》らの征服は、おそらく五世紀ごろであったと推定されるが、ついで隼人が帰属する。海幸彦の敗北とその後裔《こうえい》とする隼人の宮廷奉仕《きゅうていほうし》は、そうした隼人文化の朝廷への収斂《しゅうれん》を背景とするものであった。

隼人駅の間近にある隼人塚《はやとづか》、その石像の悲しみにうちひしがれた顔のゆがみは、なにものかを凝視し、怒りにふるえているかにみえる。日向南部には、隼人文化の面影《おもかげ》が残存している。串間《くしま》神社・潮嶽《うしおだけ》神社・宮浦《みやうら》神社などの特殊神事や社伝にも、その一斑《いっぱん》が物語られている。鵜戸神宮から南国の陽光ふりそそぐ日南《にちなん》海岸を歩めば、隼人たちのあわれがしみじみとつたわってくるのである。

海床《かいしょう》に堆積した砂岩と泥岩《でいがん》の規則的な層がつらなり、波浪《はろう》に浸食《しんしょく》された岩のひだは、鬼《おに》の舞台《ぶたい》岩とか、鬼の俎板《まないた》岩とかとよばれて、観光のよびものになっている。しかしその鬼とはなにか。隼人の歴史を知る者にとっては、そうした岩のたたずまいにも、流転する歴史の痕《あと》をひしひしと感じずにはおられない。サボテン公園から宮崎市青島《あおしま》神社までの道路のあちこちにフェニックスが植えられている。滅《ほろ》びようとしてしかも尽きることない不死鳥のはばたきを、トヨタマヒメらを主神とする青島神社の森のなかに、そしてまた吹きよせる海原の風に聞く想いであ 宮崎市阿波岐原《わぎがはら》町の江田《えだ》神社裏の松林のなかには、イザナキのみそぎにちなんだ伝説の池がある。「上つ瀬《せ》は流れが早く、下つ瀬は流れが弱い」というので、中つ瀬でみそぎすることになるのだが、その中つ瀬もまた、かつては海辺であったところだ。日向神話が海とともにあったいにしえが、いまさらのようにつくづくと感得される。三国（魏《ぎ》・呉《ご》・蜀《しょく》）の魏のことを述べた中国の史書である『魏略』の逸文《いつぶん》には、倭人《わじん》について「春耕し、秋収《おさ》めて年紀となす」と述べられているが、春と秋を節《ふし》として、海から山から、そして川から来臨する神をあおいだ信仰こそが、神話の底流を形づくる源泉であったことを、神話の旅はいみじくも教えるのである。

神秘の霊石

三輪の神奈備《かんなび》

奈良県桜井市三輪に鎮座する大神《おおみわ》神社の神体山、三輪の神奈備は、まこと秀麗の神山である。円錐形の三輪山は、周囲一六キロ、面積三五〇ヘクタールにおよぶ。大和盆地の東南方にそびえたつ三輪山は、西方の二上山にあたかも対峙するかのようにきわだって、古歌に〝大和しうるはし〟と詠みあげられた大和青垣《あおがき》の風情に、いっそうの深みをそえる。

標高四六七メートルの三輪山は、文字どおりの神体山であって、御諸山《みもろやま》（三諸山）とか、三諸の神奈備あるいは神岳・神山などと古くからあおぎまつられてきた。いまも大和屈指の古社大神神社には本殿がない。現在の拝殿は、寛文年間（一六六一～七三）の造営になるものだが、拝殿奥の三輪鳥居からは禁足地とされ、三輪の山内じたいが往古よりの伝統を保持して、神の鎮まる霊域とされている。

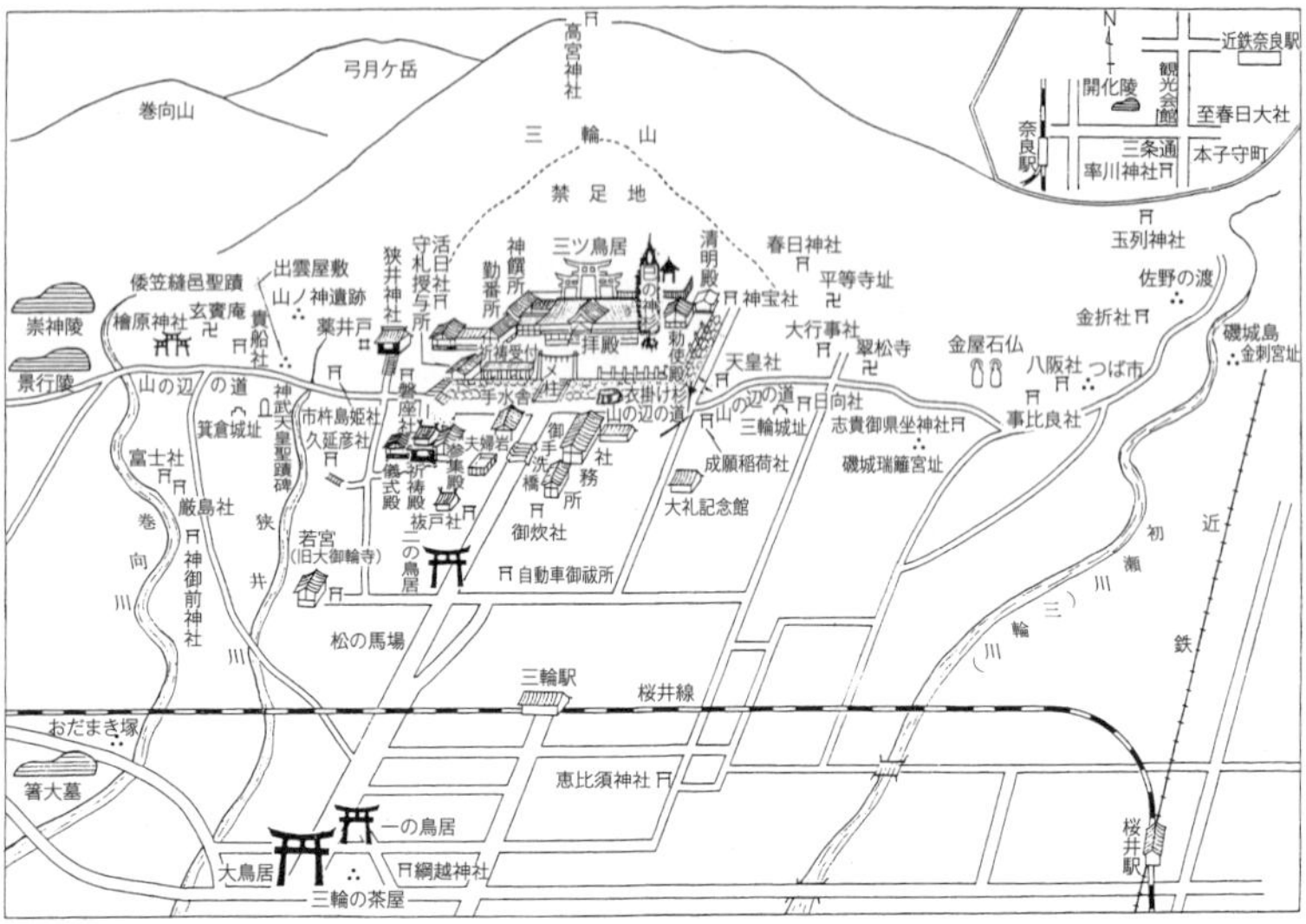

大神神社の社頭とその周辺の案内図（中山和敬『大神神社』学生社 を基に作成）

三輪山をめぐる信仰はさまざまな神話や伝説を生みだし、また三輪の神にたいする崇敬と祭祀は、日本の古伝承を豊かにしてきた。本殿がなくて、山そのものが神体山としてまつられ、その山中には、磐座《いわくら》や磐境《いわさか》などがある神社、そして神が蛇・猪・鹿などの動物の姿をとって現われる伝えをもつ神社は、大神神社のほかにもある。三輪の場合はそのもっとも代表的なものであって、こうしたおもむきの神社は三輪型と称されている。

さらに三輪の大物主神《おおものぬしのかみ》と活玉依毘売《いくたまよりひめ》との神婚譚は、蛇神が妻どいするいわゆる蛇聟入《へびむこい》りの要素を内包しており、さまざまな蛇聟入り説話のなかでも、『古事記』にしるす三輪の神の妻《つま》どい伝承は、日本における苧環《おだまき》型のもっとも有名な例として、三輪山型とよばれる。

神社や神婚譚の類別に、三輪型とか三輪山型というタイプの設定が可能となるくらいに、三輪の神体山とその信仰と祭祀は、日本文化の原質と深いかかわりあいをもっていた。

三輪の地名起源説話としては、『古事記』の崇神天皇の条にみえる伝えが古い。それは大物主神と活玉依毘売との神婚譚の終りに述べられている。『古事記』における三輪山の神の神婚譚は、「神人交流型」ともいうべきもので、『日本書紀』における「神人隔絶型」とはかなり性格を異にする。

『古事記』の三輪山神婚譚は、およそつぎの三つの段からなりたつ。

⑴は「疫病《えきびよう》多《さわ》に起《おこ》りて、人民死にて尽《つ》きむ」とする時、大物主神が御真木入日子印恵命《みまきいりひこいにえのみこと》（崇神天皇）の夢に現われて、「意富多多泥古《おほたたねこ》を以《も》て、わが御前《みまえ》を祭らしめたまはば、神の気《け》起らず、国安らかに平《たい》らぎなむ」と託宣するくだりからはじまる部分である。そこで河内《かわち》の美努《みぬ》村で意富多多泥古を探しだし、彼を神主として「御諸山《みもろやま》に御和《みわ》の大神を拝み祭り」、また宇陀《うだ》の墨坂神《すみさかのかみ》・大《おお》坂神《さかのかみ》に楯矛《たてほこ》をたてまつったりして、「役の気悉《ことごと》に息《や》みて、国家安らぎ平らぎき」と述べる。

⑵は「此の意富多多泥古といふ人を神の子と知れる所以《ゆえ》は」ではじまるくだりで、「夜半」に蛇神か妻どいして、活玉依毘売が身ごもり、それを怪しんだ父母のすすめで、「閇《へ》蘇《そ》紡《お》麻」を針に通し、神の衣の襴《すそ》に刺し、その針につけた麻が、「戸の鉤穴《かぎあな》」を通って三輪山に至っていたので、その身ごもった子が神の子であることを知ったとする部分である。

(3)が三輪（美和）の地名起源説話として意味づけられる終りの部分であって、「故《かれ》その麻の三《み》勾遺《わのこ》りしによって、その地を名づけて美和といふなり」としるす。

『古事記』では、三輪の地名の由来を、三勾にもとづいて説明する。苧環型にふさわしい地名起源説話になっている。

苧環《おだまき》型の説話は日本独自のものではない。たとえば朝鮮や中国などにも類似の説話がある。朝鮮の『三国遺事《さんごくいじ》』に書きとどめられている甄萱《せんけん》の出自伝承は、蛇ではなくて大蚯蚓《おおみみず》だが、やはり苧環型であり、唐の『宣室志《せんしつし》』に物語られる張景《ちょうけい》の娘の説話では、一尺あまりの蠐螬《じむし》（地虫）になっている。だがこれらも苧環型に属す。清の始祖老獺稚《ぬるはち》伝説は、『雲淵実蹟』などにみえているが、老獺稚の母は夜中におとずれる神異の怪物の子をはらみ、親のすすめで細糸を怪物の足につないで、翌朝その糸をたどってみたところ、その正体が老獺（かわうそ）であったことを知る苧環型である。朝鮮の民話にも苧環型のものがあって、三輪山型伝承類縁の分布は広い。

もっとも『古事記』に伝えられる三輪山の神婚譚は、張景の娘や老獺稚の母の説話とは異なって、三輪山の蛇神と活玉依毘売とが神人交流し、地虫や老獺が人間によって殺されるというような説話の展開はとらない。

三輪山の神は蛇の姿はとっても、玉依《たまより》（魂憑《たまよ》り）する毘売《ひめ》（巫女）と結ばれて、神の子を生む。たたりする神ではあっても、人間に殺されることはない。むしろ畏敬されて祭祀された。三輪の山は神体山としてあおがれ、また蛇神の衣につながって残ったという麻の三勾が、三輪の地名起源説話をも形づくったのである。

蛇神としての三輪神には水神・農耕神としての性格も宿されていた。その点では、三輪を「水輪」、御諸《みもろ》山の御諸を「水室」と解釈する説は、その是非はともかくして興味深い。三輪山の山麓一帯は、初瀬川（三輪川）を媒介として農耕文化が展開した地域であった。

〝みもろ〟の〝み〟は神聖を意味し、〝もろ〟は朝鮮語の〝mori〟（山）と同源とする注目すべき説もあるし、また『万葉集』に載《の》す丹生《にう》女王の歌に〝わが屋戸《やど》に御諸《みもろ》を立てて枕辺《まくらべ》に斎瓮《いわいべ》をすゑ〟と詠《よ》まれているごとく、〝みもろ〟が神の降臨する神座《かみくら》を指す意味もあった。わたくしなどは「真穂《まほ》三諸山」とたたえられたように、御諸山を神座山とする考えにもっとも魅力を感じる。三輪山は、大和の数ある神奈備のなかでも、由緒も古くかつ深く、しかも重みのある神奈備中の神奈備であった。その神奈備に、磐座や磐境が群をなして点在するのである。

磯城《しき》の瑞籬《みずかき》

御真木入日子印恵命《みまきいりひこいにえのみこと》（『日本書紀』では御間城入彦五十瓊殖と書く）つまり崇神天皇は、師木《しき》の水垣宮《みずかきのみや》（『日本書紀』では磯城の瑞籬宮）に宮居《みやい》したと伝える。この師木・磯城は後の磯城郡あるいは城上郡《しきのかみぐん》・城下郡《しきのしも》の郡名にもうけつがれている。

『日本書紀』の神武天皇即位前紀には「倭国《やまとのくに》の磯城邑《しきのむら》」ともあり、師木（磯城）の水垣宮（瑞籬宮）の伝承地としては、奈良県桜井市金屋のあたりが有力視されている。

ここには『延喜式《えんぎしき》』所載の式内志貴御県坐神社《しきのみあがたにます》があり、倭《やまと》の王権の直営地でもあった大和の六《むつ》御県《のみあがた》のひとつ志貴御県の中心地域となった。〃しき〃の原義については、「し」を石、「き」を城とみなす解釈がある。石で囲まれた堅固な境域を意味して「師木」・「磯城」という地名が生まれたとみなす考えを、たんなるこじつけとはいえまい。したがって、『日本書紀』の崇神天皇六年の条には「磯堅城《しかたき》の神籬《ひもろぎ》」（『古語拾遺』では「磯城の神籬」）とも表現された。三輪山およびその山麓一帯には、後述するように数多くの磐座および磐境があり、じっさいに磯城とよぶにあたいする地域であった。

瑞籬宮《みずかき》というのは、垂仁天皇の宮居と伝える纏向《まきむく》の珠城宮《たまきのみや》、反正天皇の丹比《たじひ》の柴籬宮《しばかきのみや》、武烈天皇の泊瀬《はつせ》の列城宮《なみきのみや》、崇峻天皇の倉椅《くらはし》の柴垣宮《しばかきのみや》などと同様に柴、あるいは石などに囲まれた素朴な宮のたたずまいにちなんでの命名である。瑞籬の〃みず〃は美称ともとれるが、『古事記』では水垣宮としるしており、文字どおりの「水垣」であったかもしれない。

大和の磯城に宮居《みやい》した王者として注目されるのは、天国押波流岐広庭天皇《あめくにおしはるきひろにわ》（『日本書紀』では天国排開広庭天皇《あめくにおしはらきひろにわ》と書く）すなわち欽明天皇である。『古事記』では「師木島の大宮」にました天皇とし、『日本書紀』では磯城嶋《しきしま》の金刺宮《かなさしのみや》に宮居した天皇とするす。『元興寺伽藍縁起并流記《がんごうじがらんえんぎならびにるき》』

資財帳《しざいちょう》』に「斯帰斯麻宮《しきしまのみや》」とあり、「天寿国繡帳《てんじゅこくしゅうちょう》」にやはり「斯帰斯麻宮」、『上宮聖徳法王《じょうぐうしょうとくほうおう》帝《てい》説』には「斯貴嶋宮《しきしまのみや》」とあるのがそれである。桜井市金屋東南初瀬川のほとりにあったのではないかといわれている。

この宮号で注目されるのは、宮号に「斯麻」・「島」・「嶋」がついていることである。『日本書紀』の欽明天皇元年七月の条には、「都を倭国《やまとのくに》の磯城郡の磯城嶋《しきしま》に遷《うつ》す」とある。師木島宮・磯城嶋宮の宮号は磯城嶋によるものであった。それならこの「島」とはなんであったか。島の地名はほかにもある。大和で著名なのは明日香村島庄の島であって、蘇我馬子を嶋大臣《しまのおとど》と称したのは、つぎのような由来にもとづく。

『日本書紀』の推古天皇三十四年五月の条に「飛鳥河の傍に家《いえい》せり、すなはち庭の中に小なる池を開《は》れり、よりて小なる嶋を池の中に興《つ》く、故《かれ》、時の人、嶋大臣といふ」とあるのがそれである。先年、明日香村島庄の巨石古墳石舞台の西辺が発掘調査され、飛鳥時代の遺構および石溝の遺構などが検出された。そしてその石溝は、飛鳥川の上流より水を引くための施設だったのではないかと推定されている。

この地が嶋大臣の池であった可能性は強く、天武天皇や草壁皇子の嶋宮《しまのみや》もこのあたりにあったと想定される。舒明天皇の母糠手姫《あらてひめ》の嶋皇祖母命《しまのすめみおやのみこと》、皇極天皇の母吉備姫《きびひめ》の吉備島皇祖母命の〃しま〃も、そして仁賢天皇の諱《いみな》の嶋郎子《しまのいらつこ》の〃しま〃も、庭池の嶋にちなむ。

とすれば、師木島・磯城嶋の〝しま〟もあるいは、庭池の〝しま〟に関係があるかもしれない。磯城の名に象徴される石、水垣に類推される池水、島に想像される庭と神島。磯城の水垣、磯城嶋の宮号や地名には、あたかも〝庭〟の原像をほうふつとしのばせるものがある。さらにいうなら、欽明天皇の和風のおくり名もみのがせない。この王者の和風のおくり名には「広庭」がつけられている。『元興寺縁起』に引用する塔露盤銘には「阿《あ》末《ま》久《く》爾《に》意《お》斯《し》波《は》羅《ら》岐《き》比《ひ》里《り》爾《に》波《わ》弥《み》己《こ》等《と》」とあり、「天寿国繡帳」に、「阿《あ》米《め》久《く》爾《に》意《お》斯《し》波《は》留《る》支《き》比《ひ》里《り》爾《に》波《わ》乃《の》弥《み》己《こ》等《と》」とある。『元興寺縁起』に引く丈六光背銘には「天皇の名、広庭《ひろにわ》」と明記する。

なぜ磯城嶋宮に宮居した王者の和風のおくり名に〝広庭〟が登場するのか。ここにも〝嶋〟と〝庭〟のつながりをみいだすのである。日本庭園のなりたちやその構成に、水・池・石・庭が大きな位置を占めたことは多言するまでもない。磯城の水垣、磯城嶋、そして広庭。三輪山ゆかりの地域の宮号、地名、王者のおくり名には、石と水、嶋と庭というように、日本庭園の源流を暗示するかのごとく、その要素がそろって浮かびあがってくる。

もとよりそれらによって日本庭園の原型が欽明朝のころにととのっていたなどということはできない。またそのように断言しようとするのでもない。磐座や磐境は、神霊の降臨するよりしろでありかつ境域であったが、〝庭〟の原初も、神まつりの場に深くつながるものであった。神託を判定する男巫を「サニワ」とよび、後には「審神者」と書かれた。十一世紀のはじめにできた法制書『政事要略』の賀茂臨時祭の条には、「審神者、いふこころは神明託宣を審察するの語なり」とあって、「サニワ」の役割を述べている。どうして審神の男巫を「サニワ」とよぶのか。それは、『古事記』の仲哀天皇の条に神霊をまつるところを「沙庭《さにわ》」としるしているのにも察知できる。神の降臨をあおいで、神まつりする祭場・霊場が「サニワ」であって、審神する男巫は「サニワ」にのぞんで神託を判定した。その故に「サニワ」と称されるようになったのではないかと、わたくしなどは思っている。「サニワ」の〝サ〟は神聖を意味しての「サオトメ」(早乙女)の〝サ〟と同義であろう。

庭はもともと神まつりする場(神庭《かんば》)としてあったがために、宮廷の祭儀でも、まず庭火(庭燎)を焚いて、神招《かみお》ぎしたのである。それは平安時代の宮中の御神楽《みかぐら》や神楽歌などにもはっきりしている。欽明天皇の「広庭」の〝庭〟も、おそらく神まつりの庭にかかわってのおくり名であろう。

磯城の石は聖なる石であり、磯城の嶋には神島としてのいろあいが濃い。それらをただちに日本庭園の石や中島とみることはできない。しかし、日本庭園のいにしえをさかのぼってたどれば、こうした聖石や神島をめぐる信仰や意識の構造にまったく無縁であったとはいえない。むしろそうした神霊の降臨する聖石あるいは神池・神島・沙庭の信仰に、道教などの信仰が重層して、日本庭園のなりたちの背景を形づくったとみるべきであろう。

神奈備の磐座

三輪山とその山麓には、霊石をめぐる信仰が息づいている。狭井神社下開墾地・大神神社拝殿東の禁足地、馬場の山ノ神遺跡にも磐座があるし、いまも信仰の対象となっている金屋の磯城県主神社内の霊石、薬師堂の祇園社内の霊石、大神神社表参道脇の夫婦岩、磐座神社や馬場の若宮社の霊石、芝の九日社の霊石などもある。

なかにも三輪山の信仰と共に神秘の光と影におおわれて、人々にあおぎまつられてきたのが、神体山たる三輪山山内の磐座・磐境群であった。

最近まで、十二月二十一日から四月三十日にいたる期間、入山を禁止されていた三輪山登りは、このごろでは祭典のある正月三ヵ日、二月十七日、十月二十四日、十一月二十三日を除いて、入山を許可されるようになった。狭井に坐す大神荒魂《おおみわあらみたま》神社（狭井神社）で修祓をうけ、参拝証とタスキをいただいて、午前九時から午後四時までの間に、お山《やま》することができる。

二月の中旬、かねて参拝したいと願っていた神体山に入山することを許され、中山和敬宮司のご厚意で、案内者つきのお山めぐりをすることになった。

〝三輪山をしかも隠すか雲だにも情《こころ》あらなも隠さふべしや〟と額田王《ぬかだのおおきみ》が歌ったその三輪山頂にたどりつくその聖なる山道を、ひとあしひとあしふみしめるわが胸に、古代への想いがさまざまによみがえってきた。松くい虫に立枯れた巨樹があって、宮司以下神職・職員の方々が、その保全にこころをくだかれているというお話をうかがったが、それでもなお神体山の伝統はおごそかに守られていた。三光《さんこう》の谷川のそばに、辺津磐座《へついわくら》群のひとつとおぼしき磐座がある。庶民信仰と結びついての三輪山内には、人々の願いをひめての千本旗や神酒のたぐいが、あちこちの磐座に供えられていた。京都の伏見稲荷大社のお山によせるお塚《つか》の信仰に通ずるものがあって、民間信仰と三輪山の脈絡に、三輪明神信仰のすそのひろがりをみる想いにふける。

三光の滝と不動明王像《ふどうみようおうぞう》。神仏習合のむかしは、明治維新のさいの神仏分離令によってもたちきられてはいない。神も仏も、民間信仰では重なりあって生きつづける。無理な廃仏や毀釈は、神道本来のありようをもゆがめる。三輪山内の三光の滝に、なつかしさがこみあげてきた。

神体山内には奥津磐座《おきついわくら》・中津磐座《なかついわくら》・辺津磐座《へついわくら》の三磐座があると伝えられている。円錐形のその神奈備の山には、山頂をはじめ班糲岩《はんれいがん》があちこちに露出する。とりわけ山頂の高宮《こうのみや》社から一〇〇メートルばかり東の一大石群、中腹の標高二〇〇メートルから二五〇メートルの間にある石群、そして山麓の石群などが注意をひく。巨石の磐座、列石風の磐境、その数はわたくしが予想した以上に多い。

『大神神社史』で樋口清之氏は、「奥津磐座とは山頂の石群を、中津磐座とは標高三~四〇〇メートルの間の中腹の石群を、そして辺津磐座とは山麓の石群を指し、中津・辺津は円錐形の山腹を半円形に取り巻いて点々と存在する石群なので、元来この三磐座はいずれも複数の磐座群を指す一般名」であろうと述べられている。それほどに磐座・磐境があまた存在する。

高宮社の前の巨石とそれをめぐる間隔をとっての環状の列石などは、磐座と磐境とのありようを如実に示す好例と思われたが、息せききってのぼりつめた高宮社東方の一大石群に、思わず目をみはった。塁々《るいるい》とひろがる神秘の霊石群である。高宮社は西面して、日向御子神をまつるとされている。

おりから日は二上山の山なみに近づき、おいしげる樹々の木もれ日が霊石群に映え、神秘でしかもおごそかであった。神韻《しんいん》を実感する。

『大三輪鎮座次第』では、奥津磐座を大物主命《おおものぬしのみこと》、中津磐座を大己貴命《おおなむちのみこと》、辺津磐座を少彦名《すくなひこなの》命《みこと》とする。だが、三輪山の神の主体は大物主神であった。そのことは『延喜式』にも大神《おおみわ》大物主神社とあり、大物主神一座の社としてあげられているのにも明らかである。

三輪山の神の信仰と祭祀には、時代による発展相がある。そのことは前にふれた三輪山神婚譚が『古事記』と『日本書紀』とで、かなり異なっているのにもうかがわれよう。『日本書紀』では三輪山の神の妻どした〝神の嫁〟が活玉依毘売ではなく、倭迹迹日百襲姫《やまとととひももそひめ》とされ、「神の子」を生むという結末ではなく、神とのちぎりを破って、神の正体が蛇神であることを知った百襲姫は驚き叫び、三輪山の神は「恥ぢて人の形となり」、御諸山に登り帰る。百襲姫は後悔して箸で女陰をついてこの世を去る。神との訣別、そして〝神の嫁〟の死にいたる、いわゆる「神人隔絶型」になっている。そこには、苧環型の要素は少なく、箸墓（大市墓）の由来譚でしめくくられる。『古事記』の「神人交流型」のほうが古伝である。

『古事記』と『日本書紀』の神話における大物主神と大己貴神（『古事記』では大穴牟遅神と書く）のとりあつかいも、両書ではかなりちがう。『古事記』は大物主神と大己貴神とは別神としてしるすが、『日本書紀』では大己貴神の別名を大物主神として、同一神視している。そして『日本書紀』にあっては、大己貴神のたましいのはたらきとしての幸魂《さきみたま》・奇魂《くしみたま》をあげ、三輪山の祭祀に関連づける。そしてさらに、少彦名神が三輪の神のなかに位置づけられたり、あるいは宗《むな》像《かた》三女神との付会がなされたりする。

三輪流神道のながれのなかでも、三輪山の信仰は多様になって、新旧の信仰史がおりなされてゆく。磐座・磐境の史脈にも、一律には論じきれない信仰と祭祀の重なりあいがある。だが、大物主神を主神とするそのまつりのなかにこそ、三輪信仰の本流があるといってよい。三輪山の磐座・磐境のなぞも、大物主神信仰とのつながりで解明さるべき点が多い。

三輪山をめぐる信仰と祭祀が、いったい何時ごろから具体化してきたのか。今後の研究と調査にまつべきところが少なくないけれども、三輪山の西南麓から大神神社境内の西隣へとつづく三輪遺跡、もと神体山の一部であった山ノ神遺跡からは弥生時代にはじまる祭祀の様相がたしかめられるし、桜井市の纒向《まきむく》遺跡の発掘調査によっても、桜井市の辻・東田・大田など六つの大字《おおあざ》にまたがるその遺跡では、弥生時代中期初頭からの人々の定住がみきわめられている。纒向遺跡の発掘成果は、弥生時代後期の王権のありようをみきわめるのに大きく寄与し、いわゆる邪馬台国問題解決の有力なてがかりとなっている。

このような状況にそくしていえば、おそらく弥生時代のころには、三輪山の信仰も具体化しつつあったと推測される。そしてそれに、河内に出自を有する意富多多泥古（大田田根子、三輪君《みわのきみ》らの祖とする）に象徴される祭祀集団の入りぐみなどもあって、河内の「陶邑《すえむら》」の五世紀の須恵《すえ》器文化も流入する。六世紀ともなれば、『日本書紀』の敏達天皇十年閏二月の条に描くような、三諸岳（三輪山）を「天皇霊」に誓約する神山とあおがれていった。

三輪山の霊石群には、古代はもとよりのこと、その後においてもそのおりおりの信仰と祭祀の息吹が渦まく。その長き伝統をかえりみて、いまに生きる磐座・磐境のいのちを、その歴程にしのぶ。一大霊石群に思わず拍手《かしわで》をうつ。そのひびきがこだまとなって、霊域のしじまにかえる。霊石の重みを改めて痛感した一日であった。

神も仏も──日本文化の特質

私はいつも神か仏かという問題の立て方は、日本の場合には間違っているということを、折あるごとに申してまいりました。神か仏かではなくて、神も仏も。これが日本の歴史と文化のありようです。よく外国の先生方が、私のところにお見えになって、「先生、日本文化を一口で言うと、どういうことになりますか」という質問を受けます。

私は、フランス政府の招きでこれまで三回フランスのパリに行っておりますが、第二回のときに、フランスの社会科学研究院の有名な哲学者、オーギュスタン・ベルク先生たちと、シンポジウムがございまして、私が日本文化について、講演いたしましたときも、オーギュスタン・ベルク先生から同じように日本文化を先生は一言でどのように考えておられるか、おっしゃってくださいという質問がありました。

皆さん意外に思われるかもしれませんが、その質問にはいつも『源氏物語』の「乙女の巻」の紫式部の言葉を引用して説明します。『源氏物語』は、二〇〇八年が紫式部みずからが『紫式部日記』の寛弘五年（一〇〇八）十一月一日の条に、『源氏物語』に言及している年から数えて一〇〇〇年になります。したがって京都では平成二十年は源氏物語千年紀ということで、京都府、京都市、商工会議所を中心にさまざまなイベントが実施されます。大和魂という言葉。これを日本の文献で最初でたしかに使っている人物は紫式部です。「乙女の巻」にはっきり大和魂と書いてある。

その中で、「才《ざえ》を本としてこそ、大和魂の世に用ゐらるる方も強ふ侍らめ。」と述べている。

私はこの文章を三十数年前に読みましたときに、じんと心に響きました。紫式部は文学者でありますから、ここで才と言っているのは漢才《からざえ》で具体的には漢詩、漢文学です。言葉を変えて申しますと、渡来の文化。海外から日本に入ってきた渡来の文化を根本にしてこそ、ベースにしてこそ、日本人の教養や判断力、紫式部が使っている大和魂は戦争中の日本精神の代名詞としての大和魂ではありません。日本人の教養や判断力を大和魂と言っているんですが、渡来の文化を、漢才をベースにしてこそ、大和魂はますます世の中に強く働いていくと述べています。これは名言です。

この説明をいたしますと、大概の先生方がなるほどと言って納得していただきます。これが『大鏡』になりますと、菅原道真公の『菅家遺誡』と同様にはっきり和魂漢才というように言われ、幕末、維新期には、和魂洋才、と言われるようになります。渡来の文化と在来の日本文化をアカルチュレーション、すなわち受け入れ変容して、日本独自の文化に育てていく、そのありようが日本文化の特色の一つであると、私は考えています。

よく日本は島国である。したがって日本人は島国根性をもっている、非常に心の持ち方が狭い、他人の足を引っ張ったりする、非常に偏狭な心のありようを島国根性などと申して批判します。しかし古代の日本の人々の島国根性は、開かれていたと言ってよい。島国根性の本来は開かれたものでありました。

ご承知のように日本列島は、まわりを海で囲まれている島国です。北からは親潮、すなわち千島海流が流れてまいります。日本海側へはリマン海流、南からは黒潮、日本海流が北上してまいります。そして分流の対馬海流が日本海側を北流する。文字通りの島国です。したがって日本の国は大変閉鎖的なあり方をしたように間違って理解されておりますけれども、決してそうではない。島国であるがゆえに我が国は古くから海外に向かって開かれていた。それは例えば「大宝令」・「養老令」の関所や市場、あるいは、度量衡などの規定、すなわち、関市令《げんしりょう》という法律をごらんになりましても、それはわかります。

「大宝令」は大宝元年、西暦七〇一年にでき上がりまして、大宝二年、西暦七〇二年に施行された法令です。「養老令」は通説は養老二年、七一八年にでき上がったと言っておりますが、これは疑問であって、「養老令」には現在神社の神職の方が手に持っておられる笏《しゃく》、あの笏（もとは骨笏）を宮僚が持つ規定、官人把笏の規定が書かれています。養老三年、七一九年二月に出された規定です。七一九年の規定が「養老令」には書かれている。その他にもたとえば衛門府や兵衛府の医師が八位相当の官であると記載されていますが、衛門府の医師が養老三年九月に、兵府の医師は同五年六月に創設されています。したがって、現在私どもが知っている「養老令」は、養老三年以後、恐らく養老三年から同五年のころにできたと考えるのが正しいと私は考えておりますので、私の書物では「養老令」については、あいまいに養老年間に成立したと書いておりますのは、教科書や辞書などに書かれている養老二年説に疑問を持っているからです。

明日香村の高松塚古墳壁画像には、男子像八人が描かれています。これは文官ですが、だれ一人笏を持っておりません。それは養老三年以前に描かれている文人像ですから、笏が描かれていないのが当然です。その関市令の中に、海外から日本に来る人にも過所《かしよ》が要るということが書いてあります。過所というのは通行許可証、往来許可証、今で言えばパスポート。海外から来る人にも過所が要るということが書いてあるんですが、過所の要る場所は長門の津、すなわち赤間ヶ関（下関）と難波津、すなわち瀬戸内海の入り口と瀬戸内海の終点だけに過所が要るということが書いてあります。

我が国の関市令は、中国の唐の関市令をお手本にしてつくられているわけですが、中国の関市令では、主要な港に入る場合には必ず過所が必要と書かれていますが、わが国の関市令ではそのようには書かれておりません。過所の要る場所は長門の津と難波の津、二カ所だけです。いかに瀬戸内海を重視しまた海外に向かって開かれていたか。悪く言えば無防備であったかということがおわかりになると思います。

したがって、海外からは朝鮮半島からも中国大陸からも南の島々からも、古くからたくさんの人々がこの島国に渡ってまいります。そうしてさまざまな文化を我が国に伝えました。一九六五年の六月、今から四十数年前ですが、京大の助教授の時代に、『帰化人』という書物を中央公論社から出しました。帰化という言葉を無限定に使ってはならないということを、その最初に書きました。そして、帰化という言葉は中華思想の産物である、中国の中華思想。中国皇帝の統治する場所は中華、中華の国。東夷・北狄・南蛮・西戎、夷狄の諸君が中国皇帝の徳に化する、「欽化内帰」、この省略語が化帰・帰化という言葉であるというところから書き始めました。したがって、中国の古典には古くから帰化という言葉が盛んに出てまいります。

我が国の「大宝令」や「養老令」にも帰化という言葉がある。そして「大宝令」・「養老令」でも、はっきり帰化の内容は定めております、「籍貫に附す」、帰化とはどういうことか。「戸貫」とも書いてあります。戸は戸籍です。貫は本貫。海外から渡ってきた皆さんが日本の中でどこかに本拠を置いて、戸籍に登録される。これが帰化という言葉の古代法における内容であります。

統一国家のできていない時代に、戸籍のない時代に帰化人などいるはずがないじゃないですか。

私が一九六五年にこの本を書く以前は、私どもの先輩の先生方は、朝鮮関係の遺跡が見つかると、中国関係の遺跡が見つかると、帰化人の遺跡などと言われてまいりましたけれども、帰化した人を帰化人というのを、批判しているわけではないのですけれども、帰化していない人を帰化人なとど言うのは、歴史離れもはなはだしいということを書きました。そして東大寺の大仏建立の現場のリーダーは、日本名の国中公麻呂《くになかのきみまろ》であって、祖父は六六〇年、百済から日本に亡命してまいりました国骨富《こくこつぷ》という人物であると。

国骨富の孫が国中公麻呂、つまり在日三世。東大寺大仏建立の現場のリーダーは、国中公(君)麻呂である。桓武天皇のお母様はまぎれもなく百済の武寧王の流れを汲む高野新笠《たかののにいがさ》であるということも書きました。

当時皇太子であった現在の陛下もその本をお読みになっておられたようで、感銘されたということを聞き及びました。平成十三年、はからずも宮中歌会の召人に選ばれて、大概は歌会が終わるとそれで終わりなんですが、特に陛下のご下問がありました。そのときにも古代史に関するご質問がありましたけれども、そのことは陛下ご自身が日韓ワールドカップ共催の前年ですね、二〇〇一年十二月の誕生日を迎えられる前の記者会見でご発言になったことは、皆さんもよくご承知のとおりであります(二〇〇〇年の十一月一日、天皇・皇后両陛下のお召しで、大宮御所へ参上し、夕食を共に二時間あまり懇談しましたが、最初のご質問の三つはすべて百済にかんするものでした）。

その帰化していない人をどう呼んだらいいのか。『古事記』や『風土記』には、帰化という言葉はどこにもないんです。渡来・参渡来と書いてある。渡来あるいは渡来人と言う言葉を使ったほうがいいということを、一九六五年の六月の書物で書きました。これが大きく影響して、今高等学校の歴史教科書にはすべて渡来と書くようになりました。

ただ一つ、一つの教科書だけが渡来（帰化）と書いております。粘り強く帰化という言葉を括弧して書いている教科書もありますけれども、その渡来のうねりが弥生時代から天智天皇の代までの間に少なくとも四回大きなうねりがあるということも書きました。

仏教もまた渡来の文化です。今日は奈良県の仏教関係の皆様も多く見えておりますので、少し私の考えを申し上げて、ご批判を仰ぎたいと思います。

仏教史では百済の聖明王の時代に、我が国に仏教が伝わってきた、『日本書紀』には欽明天皇の十三年、五五二年に仏教が伝わったと。聖徳太子のことを書きました、『上宮聖徳法王帝説』、あるいは天平十九年に書かれました『元興寺伽藍縁起并流記資材帳』が五三八年というように書いてあります。

昔は五五二年を学校では教えます、皇紀紀元二六〇〇年で教えておりましたから一二一二年になりますね。「一二《いちに》一二」と仏教伝来」というように私は小学校のときに習いましたけれども、現在は五三八年説が有力ですね。

しかし、私はこの両方の説に疑問を持っています。疑問を持っているだけじゃない。約二十年ばかり前に平凡社から『聖徳太子』という本を出版いたしました。もちろん法隆寺についてもいろいろ書かせていただきました。法隆寺の高田良信先生から大変感銘したというお便りをいただきましたけれども、従来はいずれも経典が伝えられた、仏像が伝えられたということが、その論拠になっているわけです。

仏像が伝わったということで言うなら、仏獣鏡という我が国でつくられた鏡があります。仿製の鏡です。例えば京都府南丹市園部町の垣内《かいと》古墳、これは四世紀の後半。奈良県広陵町新山古墳、この古墳も四世紀の後半。これらの古墳の副葬品の仏獣鏡には明らかに仏様が描かれていますね。仏の御姿が鋳造されている鏡がありますが、仏教伝来のあかしとは言いませんね。経典や仏像はもちろん大事ですけれども、私は仏教の伝来はお坊さんや尼さんがいつ渡ってきたかということが一番大事なんだということをその本でも書きました。

仏像が伝えられても、経典が伝えられても、論語読みの論語知らずであって、教えの中身を説く人が渡ってこなければ仏教伝来とは言えないんじゃないか。なぜこんなに説が分かれているのかということを調べてみました。そうすると、聖明王の即位した年が、三つあるんです。一つは、『三国遺事』の百済王暦によりますと、百済の聖明王の即位は五一三年です。これに二十五年足しますと五三八年です。五二七年説、これは『三国遺事』の百済王の治世年数から割り出した即位年です。これに二十五年足しますと五五二年になります。ところが、『三国史記』、これは朝鮮の古代史を研究するときに誰もが読まなければならない貴重な古典です。一一四五年、高麗の金富軾という歴史家が編纂した歴史書で、そこには、聖明王の即位は五二三年と明記しているわけです。

三つ即位年がある。どれが正しいかということがわからなかったんですけども、ちょうど高松塚が見つかる前の年、一九七一年の七月、韓国の忠清南道、公州で聖明王の前の王様、武寧王の王陵が見つかりました。私はさっそくソウル大学の金元龍先生のお招きで現地に参りまして、つぶさに武寧王陵を実地に観察する機会を与えていただきました。五万点を超える貴重な副葬品があり、武寧王の墓誌（買地券石）、王妃の墓誌もありましたけれども、はっきり五二三年の五月、六十二歳で亡くなっていることが書いてあるわけです。そして同年に聖明王が即位しましたから、『三国史記』の五二三年説が正しい。これに二十五年足すと五四八年になる。私はこれがいいと言っているのです。なぜかというと、百済から道深というお坊さんが渡ってきているからです。そこで平凡社の『聖徳太子』には五四八年説がいいんだということを書きました。公の学界で上田説がいいとはっきり書いてくれた学者は、現在までわずか三名。あとは反対の意思表示もない。要するに黙殺ですね（笑）。

文物の歴史、物の歴史と、人間の歴史とは違うわけです。考古学の諸君によく言うんです。旧石器の捏造事件がどうして見抜けなかったのか。遺物中心の考古学をやっているからああいうことになると。これが旧石器だということを言うためには、旧石器を使った人間の生活の痕跡を探さないとだめではないかと。遺物は動くんですね。遺跡の方がもっと大事です。それは考古学の第一歩です。

フランスへ私が参りまして、三回目のときにですが、フランスの有名な先生方が集まってこられて、私を囲んでの討論会になった。私は考古学が専門でありませんが、旧石器捏造事件の質問が出たんです。恥ずかしい限りでした。なぜそんな偽造がわからなかったのか。遺物中心の考古学をやっているからそうなるのです。人間の考古学をやらねばだめですね。人間不在の考古学や人間不在の歴史学は、我々のめざす学問ではありません。

仏教の伝来で一番大事なのは、お坊さんや尼さんがいつ渡ってきたということです。そんな話をしていると、神も仏ものテーマがどこかへ行ってしまいますので、これぐらいにしておきます。

そしてまた、当時はヘリコプターも飛行機もありません。仏教が一番最初に百済から到着するのは、朝鮮半島に近い場所であることは当たり前のことです。したがって北九州の福岡県の霊仙寺、大分県の満月寺、奈良の寺院の開基よりは古い開基伝承を持つ寺があります。対馬では、これは『元亨釈書』やあるいは大江匡房が書きました『対馬貢銀記』、日本で最初に銀が見つかった場所は対馬です。それらを読みますと、対馬に欽明天皇の代に百済の比丘尼が渡ってきた。法明尼ということが書かれている。もちろん、それらの文献は平安時代の後期、あるいは鎌倉初期の本ですから、どこまで信頼できるかどうか、わからないんですけれども、実は対馬の上県佐護というところの寺の跡から一鋳造《いっちゅうづくり》の仏像が見つかり、「興安二年」すなわち西暦四五三年、五世紀の半ばのはっきり刻銘のある仏像が発見されている。これは奈良国立博物館で新しく見つかった仏像の展覧会がありましたときにも、陳列されていて、私は現地でも見ましたが、奈良博でも見て感慨深いものがありました。

朝鮮半島に近いところにまず仏教が伝わるのは当たり前です。そしてその仏教が入ったそのときから既に習合（融合）は始まっていたわけです。

『日本書紀』は西暦七二〇年（養老四年）の五月二十一日に、舎人親王らが元正天皇に奉ったわけですから、最終的完成は八世紀の初めですけれども、欽明天皇十三年の条には御仏を「蕃神」と記す。敏達天皇十四年の条には、御仏を「仏神」と書いています。先ほど申し上げました『元興寺縁起』は「他国神」と記す。我が国の現在残っている仏教説話集の一番古い『日本霊異記』には「隣国の客神」と書かれています。御仏は既に神として、他国の神として、隣国の神として古代の文献に書かれていることが注目されます。

私の恩師、折口信夫先生は、大正十年、大正十二年、相次いで沖縄の調査においでになって、季節ごとに海の彼方から来訪する神の信仰を調査の中で確かめられました。それを「まれびと」の信仰というようにおっしゃいました。「まれびと」という用語は古代の文献にはありません。これは折口先生の造語ですけれども、今日宗教史の、あるいは信仰史の方面では、まれびとの信仰という言葉は多くの皆さんがお使いになっている用語です。まさに御仏はまれびとの神として迎えられている。

したがって、神社に神宮寺ができる。後で「神と仏と日本人の心」という大変興味深い座談会が行われることを資料で読みまして、私もぜひ聞かせていただいて、勉強したいと思っておりますが、お宮にお寺ができ、神社にお坊さんがいる。これを社僧といいます。まさに神仏習合。宗教学では二つ以上の宗教が交じり合う、重層する、こういう現象をシンクレティズム(Syncretism)と呼んでおります。

シンクレティズムは決して日本だけではありません。インドへ参りましたらヒンズー教と仏教が交じり合っているお寺へもお参りすることができます。中国では仏教と道教が習合している例もありますが、日本ほどシンクレティズムの宗教が多いところは少ないと思います。それは宗教間の論争すなわち宗論はあっても、宗教相互が戦う宗教戦争が一度もないことをみてもわかります。修験道、これは山岳信仰と密教と道教が習合して成立したことは、役小角《えんのおづぬ》の宗教を調べればだれの目にも明らかです。その問題については、以前に論文を書いたことがありますので、機会があればお読みいただきたいと思います（『古代の道教と朝鮮文化』、人文書院）。

例えば、天照大神、皇室の祖先神としてあがめられている伊勢神宮、式年遷宮二十年が近づいてまいります。私も応分の努力をしたいと思っておりますが、私は今から六年前に京都の賀茂御祖《かものみおや》神社、糺《ただす》の森で日本の先生方だけではありません、例えばアメリカのドナルド・キーンさんなどにも呼びかけて、鎮守の森、これは神社の森だけではありません、寺院の森も沖縄の御嶽《うたき》も含めて、これらを広く社叢と呼びまして、鎮守の森を守り生かす国際学会を立ち上げました。社叢学会といいます。

そして結成以来、私は理事長をしているのですが、愛知万博に出展しようということになりました。理事会の賛成多数で出展することになり、出展いたしました。九〇〇〇万円も要ったのです。九〇〇〇万。学会にそんなお金はありません。大変困ったときに、伊勢神宮の大宮司、北白川宮司さんが、真っ先に一〇〇〇万円ご寄附をいただきました。それが呼び水になって、全国の有力神社から五〇〇〇万、三〇〇〇万というように出していただき、財界などにも協力していただいて、九〇〇〇万円無事に集まりました。

『日本書紀』をお読みになっても、『古事記』をお読みになっても、天照大神は機織りをされる神様です。織女神の側面があるでしょう。『日本書紀』の第十一の「一書」をご覧ください。天照大神は口の中に蚕を含んで糸を抽き給うと書いてあります。織女の神。これには紛れもなく道教の西王母の信仰が重なっているわけです。これは筑摩書房から出しました、『伊勢の大神』という本の中にも書いています。「いい本を書いていただいて」と、伊勢の関係者の皆さんからおっしゃっていただいてほっとしておりますけれども、伊勢の大神の信仰にも織女神の信仰もオーバーラップしているわけです。ですから、日本の国学の大成者である本居宣長を思い浮かべて下さい。伊勢松阪の町人の出です。家は浄土宗の檀家です。したがって宣長みずからが、「幼きより好仏」と述べています。そして、宣長の檀家寺。松阪へ行かれたらぜひお参りください。樹敬寺というお寺です。

そこには「石上道啓居士《いそのかみどうけいこじ》」の墓があります。仏門に帰依しているわけです。そして松阪の鈴之《すずの》舎《や》にある位牌には、秋津彦美豆桜根大人命《あきつひこみづさくらねうしのみこと》。神道でちゃんとまつられている。本居宣長先生自身が神も仏もなんですね。これは神道界の皆さんにも考えていただきたい。本居国学と平田国学とは違うんですね。平田篤胤は徹底的に仏教を排除いたしました。本居宣長はもっとおおらかで、神も仏もの先学であったということを、申し上げておきたいと思います。

ところが、慶応四年の三月二十八日、この日は日本の文化史で私は忘れてはならぬ日だと思っております。西暦で申しますと一八六八年、慶応四年の九月八日に元号が明治に変わりました。したがって、九月七日までは慶応四年、九月八日から明治元年ということになるんですが、慶応四年の三月二十八日に、神仏混淆禁止令が出ます。神社界から仏教色を排除するいわゆる神仏分離令です。これをうけて、全国各地で水戸学や平田国学の関係者らが中心となって、廃仏毀釈の運動を展開します。大神神社の若宮さん、その大御輪寺《だいごりんじ》に祀られていた御仏が神仏分離令によって、聖林寺の国宝十一面観音としてまつられていることは、皆さんもご承知のとおりです。

お宮に仏像がまつられている例はたくさんあったんです。対馬へ参りますと、海神神社という古社があります。そこには立派な御仏があるんです。ここは廃仏毀釈に遭わなかったんですね。調査の結果、重要文化財になりました。現在も海神神社で大事におまつりされています。

隠れキリシタンの調査に行ったことがあります。長崎県の五島列島の福江島の玉之浦という隠れキリシタンの集落の調査に入って感動しました。オラショというご祈禱の文。慶長のオラショにこのように書いてあるんですね。「パライソにまします」。パライソというのは天国。「パライソにましますイカヅチの神」。キリスト教の信者が日本の神様をまつっているわけですね。産土《うぶずな》の神社に行きましたら、内陣に聖母マリアが一緒にまつってある。これは神基習合ですね。

このような文化のありようを明治政府は無理に分けたのです。分けただけじゃないんですね。廃仏毀釈運動が起こりまして、川越などに行きますと無残に首がはねられたままの御仏がずらっと庭に並んでいるような寺もございます。大変な損失であったと思います。

神か仏かというような考え方は、一神教の世界です。アジアの多くの宗教は多神教、あるいは汎神教です。あらゆるものに神を仰ぐ。汎神教。私はこれを万有生命信仰と呼んでいます。あらゆるものに生命が宿っている、神が宿っているという宗教。例えば、最澄。日本天台宗のもとを開かれた伝教大師が「山川草木　悉有仏性」、山にも川にも草にも木にも仏性は宿っていると説かれた。日本の神道も同じですね。あらゆるものに神を見出す。

時間が参っておりますから、そろそろ終わりにしたいと思います。いま世界で宗教を巡る対立が盛んに起こっています。少しばかりかえりみればわかりますように、一神教をめぐっての政争です。ユダヤ教、イスラム教、キリスト教。一神教が争いを説いているわけではなく、政治勢力が悪用しています。しかし多神教、汎神教の世界では、宗教を巡る深刻な対立は起こっておりません。日本では宗派・教団を越えて、神道の方も仏教の方も立正佼成会の方も天理教の方も、常に力を合わせて平和を祈る集会や討論が実施されていますけれども、一神教の世界ではなかなか難しい。もっとも一神教の聖者の方々も平和のために努力をされています。そうしたすぐれた方を私も知っています。

もちろんパレスチナの紛争の中でも、ユダヤ教の皆さんがイスラム教の皆さんと手を取り合ってやろうという運動を起こしておられる、非常にすぐれた宗教家もおいでになります。私の友人にもそういう立派な方がおられる。しかしこれがなかなか実らない。第一そういう宗派が公に相集って平和を祈るようなことは、なかなかできません。日本ではできるんですね。

私は先ほど申し上げましたが、平成十二年の、忘れもしませんが八月二十四日に急性肺炎になりまして、風邪をひいたと思っておりましたら、主治医の先生が、「先生、もう重体です、すぐ入院しないと危ない」と言われて、すぐ入院いたしました。三週間ばかり入院して退院してきた日に偶然なんですが宮内庁から電話があって、平成十三年の正月の歌会に先生が召人に選ばれたので、お引き受けくださいと。歌会は二時間あまりかかることは知っておりましたから、「いやちょっと、急性肺炎で退院したばかりですから」と辞退したんですね。そしたら今、現在式部官の次長になっておられる百武式部官さんと北島式部官補さんが、亀岡の私の宅へ来られまして、先生が引き受けてくれなければ、召人の代わりは用意していないといわれるんですね。

そこまでおっしゃる。なるべく早く歌を詠んでいただかないと間に合いませんと言われるんです。それで詠んだのが、〝山川も草木も人も共生のいのち輝け新しき世に〟という歌です。これを万葉がなで、宮中の用意された奉書に書くわけです。今までの召人の歌はその多くが花鳥風月です。私の歌はこのままでは通らないかもしれないと思ったが、陛下が大変感動したとおっしゃっていただいたので、光栄に思っております。これはまさに日本の宗教の心、言いかえれば、今回後で討論になる、「神も仏も日本の心」です。山も川も草も木も人も共に栄え、新しき世にと歌いましたのは、二〇〇一年の歌会ですから、二十一世紀最初の歌会に、新しき世にというのは、二十一世紀の初めにという意味を込めて歌ったわけです。

ミャンマーでは軍事独裁政権のもと、長く独裁が続いている。仏教徒の皆さんが立ち上がって、実践されている。私は宗教は今も生きていることは、ミャンマーの例を見てもわかると思っています。これは日本の政府の高官にも申し上げたんですが、心の教育の審議会、教育再生会議などに、宗教家は一人も入っていません。宗教界はどうして抗議しないんですか。心の問題を考えるときに、宗教を抜きにして心の再生のあるはずもありません。

教育基本法は改正になりましたけれども、旧教育基本法では第九条第一項、新教育基本法でも第十五条第一項には、宗教の社会的地位を重んじることがはっきり書いてある。それを戦後の日本の教育は、政教分離を口実に、特定の宗教を公立学校で教える、国公立で教えることは憲法違反ですけれども、宗教心を教えることは憲法違反にはなりません。新教育基本法でも宗教に関する一般的教養を教える必要性を明記してます。

神や仏に手を合わす、感謝する。私は『延喜式』の古い祝詞を読んでいつも感動します。『延喜式』というのは、延喜五年、西暦九〇五年から編さんが始まって、延長五年、九二七年に完成した五十巻の書物。その巻の第八には祝詞が載っているわけです。その祝詞でいつも感銘するのは、日本の古い祝詞は感謝だけなんです。神様にありがとうございますという感謝だけです。だんだん新しい祝詞になってくると、これだけお供えしますから、これだけのご加護をと、取り引きの祝詞になってくる。

私は『延喜式』の祝詞はすごいと思う。お供えもののことはいっぱい書いてあるのですが、ただ感謝のみが述べられています。仏教でも道教でもヒンズー教でも感謝がアジアの宗教の根本は感謝であると存じます。国境やイデオロギーをこえての、人と人との共生、自然と人間の共生を心から念じています。

なお、「神仏習合」という用語は不適当だという意見もありますが、これは宗教史・信仰史などで古くから使われてきた用語です。日本では「神仏融合」とかあるいは「神仏一如」という用語の方がよいという意見もあります。たしかに「習合」という用語には再検討すべき余地があると考えてます。

ところで、奈良時代になると、神が「神身離脱」の託宣をだして、神社に神宮寺ができる場合もありますが、それだけが神仏融合具体化の道ではありません。「護法善神」の思想にもとづく場合もあれば、神社がなくても、たとえば神奈備《かんなび》（神体山）や神籬《ひもろぎ》（神体木）などの信仰を前提として寺院ができる例もあります。神も仏もの信仰の史脈も多様であって、一律に論ずることはできないことを申し添えておきます。

死を見つめて生きる

世界的経済危機のなかの新春であった。アメリカ流の競争原理にもとづくグローバリゼイションが破綻し、大企業の派遣社員切りをはじめとして、人間の生存そのものを否定する深刻な事態の昨今である。

ここ十一年ばかりの間、自殺者は年間三万人をこえ、子が親を殺し、親が子を殺す悲劇もあいついでいる。いかに要領よく功利的に生きるか。生に対する執着ばかりが横行して、我よしの利己の生活が最大の関心事になっている。心学の祖、石田梅岩が説いた薄利多売の利他の商いはどこかへ消えて、偽装と暴利の世となりはてている。生きることばかりに懸命で、人間にとっての死とはなにか、死の尊厳がすっかり忘却の彼方にある。死を考え、死をみつめて生きている人はきわめて少ない。今日ほど死が軽んじられている時代はかつてなかったのではないか。

宗教の歴史をかえりみれば、現世利益を力説する此岸の宗教もあれば、死を媒体とするあの世への往生を強調してきた彼岸の宗教もある。仏教じたいに即身成仏をめざす教えもあれば、極楽往生を説く教えもある。それぞれに意味はあるが、この世を厭離穢土とみなし、あの世を浄土と欣求した浄土教のたかまった時代の死は、往生への道であった。

いまの世では生ばかりが強調されて、往生際《ぎわ》がすこぶる悪い。

最近の葬儀で痛感することがある。あまりにも生者のための葬儀が多すぎるのではないか。遺影の写真がやたらに大きく、肝心の位牌や骨壺は片隅におかれている。直葬《ちょくそう》などと称して火葬場へ直行、お坊さんに簡単にお経をあげてもらってすます例もふえてきた。なんのための葬儀なのか。死者のための鎮魂ではなく、生者の側の都合が優先されるようになっている。

お葬式の会場で流れる曲は「千の風になって」である。故人を偲ぶ会ではあまり違和感はないが、葬儀のあと、お墓へおもむく時や法要のおりなどには、すこぶる抵抗がある。英詩のたくみな翻訳とはいえ、「私のお墓の前で、泣かないでください。そこには私はいません。眠ってなんかいません」と歌われたのでは、死者の供養は雲散霧消する。あの歌も生者の側からの、より具体的には遺族の側からの癒しの歌ではないか。

高齢なある偉大なお医者さんから、「死後の世界は本当にあるのでしょうか」と突然に聞かれて、息をのみこんだことがあった。不治の病で苦しんでおられ、迫る死の恐怖を率直に語られた。私を信頼しておられるからこその質問であった。私は無責任にも「人間は死によって自然に帰るんでしょうね」と答えるほかはなかった。そのおりから死をみつめて生きることをこころがけている。「霊魂は不滅」というけれども、はたしてそうであろうか。「タマ」と「タマシヒ」という日本語は、とかく同じといわれているが、私はそのような解釈はあやまりであると思っている。

二〇〇八年の十一月に編集者の熱心なすすめで『日本人〝魂《たま》〟の起源』（情報センター出版局）をまとめたが、目の衰えを「メシヒ」というように、「タマシヒ」とはタマが衰微した状態を指す。魂《たま》は衰えてゆくのである。したがって、タマを振起するタマフリが必要になる。日本の古典では「鎮魂」「招魂」という用字を「ミタマフリ」と訓《よ》んでいる。タマはやがて消える。だがよみがえることがある。それは、「マツリ」によってタマが引きつがれ、タマは再生する。

『古事記』『日本書紀』をはじめとする日本の古典では、神々を天つ神と国つ神に分けている。『日本人のこころ』（学生社）でも述べておいたように、国つ神は必ず死ぬ。天つ神には、(A)隠《かく》り身の死なない永遠の神と、(B)神世七代《ななよ》の神でも、イザナミの神のように死んで黄泉国《よみのくに》へおもむくように死ぬ神がある。(C)本来は天つ神なのだが、天降って国つ神となる神があり、各氏族の祖神となる神もある。これらの神々も死ぬのである。

日本の神の多くは人間と同じように死ぬのだ。しかし「マツリ」によってよみがえる。それを象徴するのが遷宮の信仰である。伊勢神宮の式年遷宮は二十年だが、出雲大社の遷宮は原則として六十年といわれている。正宮や本殿を建て替えてマツルことによって、神々がよみがえるのである。遷宮の秘儀には日本人の魂の信仰が明確に反映されている。そこには、死と再生の秘儀がひそむ。

では、「マツリ」とは何か。その本義を本居宣長は、「神に奉仕《つかえ》ること」としたが、（『古事記伝』巻十八）、神に供物をタテマツル、献供することが本来のありようである。マツルに継続を意味するフという助動詞がつくと、マツロフ（服従・服属）になる。タマに献供するタママツリによって、タマは再生するのである。まつられざるタマシヒは、永遠に未完であってよみがえることはない。

かけがえのない命《いのち》。人間には必ず死があり、その命は再びとり返すことができない。だれもが拒否できない死。死のきびしさ、死の尊厳があるからこそ命《いのち》は尊いのである。死ぬ気で生きれば、たいがいのことはできる。死の尊厳が軽んじられているから、いまの世では簡単に自殺したり、気まぐれに人を殺したりするのではないか。

二〇〇四年のノーベル平和賞の受賞者であり、ケニアの環境副大臣でもあったワンガリ・マータイさんが、地球温暖化防止のための「京都議定書」発効記念のシンポジウムで来日されたおりに、「もったいない」という日本語は「すばらしい価値観」であり、「世界にもひろめたい」といわれた。「もったいない」という言葉は、『宇治拾遺物語』などにもあり、『太平記』では若者の死を「もったいなさよ」と表現している。日本語の「もったいない」はものの消費ばかりでなく「いのちのもったいなさ」を含んで使われてきたのである。死の尊厳をみつめてこそ生きている命のありがたさがわかる。

日本語には「おかげさま」というすばらしい言葉もある。神仏の「おかげ」ばかりではない。親や友人、知人の「おかげ」があって生きている。しかし、感謝のこころを端的に表明する「おかげさまで」という言葉も、だんだんと使われなくなっている。「おかげの位」(蔭位)という用語は八世紀初めからあるが、伊勢まいりを江戸時代におかげまいりとよび、遷宮の翌年をおかげ年とよんだのも、それなりのいわれがある。

日本人に最も親しまれているお経に、『般若心経』がある。しばしば『般若心経』は、「色即是空」の「空」の思想が説かれているといわれるが、山折哲雄さんが指摘されているとおり、「空」は前半の序文にあたるところに七回出てくるにすぎず、本文の中心部分に出てくるのは「無」の二十一回である。そしてそのど真ん中に「心」がひとつだけある。

この『般若心経』の「無」には、中国の高僧玄奘上人がまとめられた経典だから、老荘思想の「無」の影響があったかもしれない。そしてそこには、浄く明るく正しく直き、天武朝以来の日本人のこころが、『般若心経』の心に重なって親しまれてきたのではないか。

なにも葬儀を盛大にせよといっているわけではない。なんのための葬式なのか。死者のタマの鎮魂が大切である。それは死者のタマシヒを封じこめるタマシヅメではない、死者のタマをひきつぐミタマフリの鎮魂こそがまことの葬儀のありようではないのか。

昨今ではなにごともご都合主義がまかりとおる。成人式の日が、一月の十五日から第二月曜日になり、連休をふやすために毎年かわるというのもご都合主義である。人生には節目《ふしめ》がいる。古くからどの民族でもイニシエーションは行われてきた。お宮まいり、七五三をはじめとして、人は成長の節目・節目にマツリをする習慣をうけついできた。衰微するタマシヒを振起するその画期が人生の節目でもあった。

年中行事自体が折目正しく人生を生きる習わしの産物であった。年と共に年中行事は廃れ、人生の節目がすべてルーズになってきた。そして人間にとっての大切な最大の別れの時である葬儀さえが、生者の都合で大きく変わろうとしている。

こころある宗教者の方々に、死後の世界を明確にするあらたな「死者の書」を書いていただきたい。そして死とは何か、死後はあるのか、しっかりと教え導いてほしい。

III

鎮守の森の現在と未来

まず最初に、鎮守の森という言葉の由来はどういうところにあるのかという点から話をします。鎮守という漢字の熟語は中国の古典にも出てきます。西晋の陳寿が編纂しました魏・呉・蜀の三国の歴史書、有名な『三国志』ですが、たとえばその『魏書』の中に鎮守という用字が出てまいります。世間では『魏志』と申しますが、正しくは『魏書』です。中国の古典には魏書という書物が少なくとも三つあります。一つは北魏の魏収という歴史家がまとめた『魏書』、王沈という歴史家が書いた『魏書』、陳寿の書いた『魏書』と三つあります。『三国志』の『魏書』は俗に『魏志』という風に申していますが、邪馬台国論争でも有名な「魏志倭人伝」は正しくは「魏書東夷伝」倭人の条です。その『魏書』の中に「鎮守之重臣」という言葉が見えています。王を守り鎮める「鎮守の重臣」という意味です。

五世紀の北魏の時代になりますと、「鎮」という言葉は軍隊の駐屯場を指すようになります。したがって、五世紀・六世紀の中国の文献に見える鎮は、軍隊が駐屯している場所を指します。

さらに八世紀の唐の時代になりますと、鎮という言葉は軍政区という意味で使われるようになります。日本でも八世紀には陸奥の多賀城におかれた陸奥鎮守府が登場してきますが、鎮守府という言葉は軍隊に関連する用語でした。明治以降の海軍の舞鶴鎮守府、呉鎮守府というような鎮守の用例は古くは北魏の用例に基づくものです。

我々のいう鎮守の森や鎮守の神という用例がいつ頃から日本で使われるようになるかということを調べてみたことがあります。私が調べたかぎりでは、平安時代に関する編年の歴史書『本朝世紀』の天慶二年正月十九日の条、西暦で申しますと九三九年ですが、そこに「鎮守正二位勲三等大物忌明神」と記されていますのが、いわゆる鎮守の森の神さまを示す古い用例ではないかと思います。大物忌明神というのは、山形県と秋田県の県境に鳥海山という山がありますが、その山頂に奥宮があって、山形県側に元国幣中社の大物忌神社があります。その大物忌の神を鎮守と表現しています。いわゆる鎮守の森の神を意味する鎮守の用例の確実な史料です。私たちがいま使うような意味での鎮守という表現が用いられている先例がわかりました。以後、日本の書物には数多く、鎮守の森あるいは鎮守の氏神、鎮守の産土神という用例が出てまいりますが、「鎮守」という言葉が日本国民の間に広く知られるようになるのは、小学校唱歌の「村祭り」ですね。「村の鎮守の神様の　今日はめでたいお祭り日　ドンドンヒャララ　ドンヒャララ　ドンドンヒャララ」という「村祭り」の中で、「村の鎮守の神」が多くの人びとに歌われまして、国民の中に広がっていきます。

現在、私どもが神社と申しますと、本殿があり拝殿があり神楽殿がある。あるいは御饌殿があるというような神社の建物を連想します。大国魂神社の神庭《かんば》と広場と参道の問題に関する報告がございましたけれども、私は朝廷という言葉が外朝と内廷の略語であるのも参考になると報告を聞きながら考えていました。中国の古典の朝廷は内廷というのは宮中、外朝というのは政府の役所がある府中で成り立ちます。日本の朝廷は、たとえば『日本書紀』では「朝庭」とも表記していますが、内庭と外朝で構成されます。同じように、神庭にも内庭と外庭があるというように考えるべきではないか、神の庭の中に内と外があって、さらに広場があるというように考える方がいいのではないかということを思い浮かべておりました。

朝廷というのは最初から建物を連想しますが、『日本書紀』でも朝廷のテイに庭を書いている例がかなりあります。場所です。神籬《ひもろぎ》つまり神体木があり、あるいは神奈備すなわち神体山があり、あるいは磐境があり磐座がある。こういう信仰形態が神社建築に先立って存在したことはいうまでもありません。先ほど休憩時間中の放映で、青森市の三内丸山遺跡の栗の巨木の神柱が映っておりましたが、これを望楼あるいは櫓のように復元している考古学者もいますが、あの考えは間違っていると思います。あの巨柱はカミを迎える巨大な神聖な柱。あの柱のどこにも目釘穴などはありません。カミの降臨を仰ぐ神柱でしょう。したがって、非居住区域、住居地とは別の場所に立っているわけです。たとえば、石川県能登町の縄文時代後期の真脇遺跡、あるいは金沢市のチカモリ遺跡の神を迎えたと考えられる神柱、これらの信仰が諏訪の御柱なり、出雲大社の大社造の中心にある岩根の御柱、あるいは伊勢神宮の心の御柱の信仰につながるのであって、神社の本来は聖なる場所、神庭にあったことを改めて想起すべきです。昭和五十九年（一九八四）の夏、全国で見つかっている弥生時代の銅剣約三〇〇本を上回る銅剣三五八本が見つかった場所は島根県斐川町の、神庭サイダニ遺跡です。その場所はおそらくカミまつりの神庭のサイダニ（塞谷）で、邪霊を防ぐ塞谷であったのでしょう。

天平五年、西暦七三三年二月三十日に編纂された『出雲国風土記』は冒頭の部分に神社の数を書いているのですが、「一八四所（神祇官に在り）・一一五所（神祇官に在らず）」と、所という字を用いているのも意味があると私は思っています。そのように神社建築が出来上がってくるのは、どんなに早くても紀元前一世紀、弥生時代の中期のころから棟持柱の建築がつくられる。ただし、最初は有力な豪族の館《やかた》の中に神を祀る場所があって、同殿共床で祭政が分離していないありようも考えるべきです。最初から、神を祀る聖なる独立の神殿ができたのではなくて、神を祀る有力者の館の中に神が祀られていた段階も考えた方がよいのではないか。そのことをよく示すのは、『万葉集』です。杜とか神社を「モリ」と訓《よ》んでいますね。『万葉集』巻第七の〝木綿《ゆふ》かけて斎《いわ》ふこのモリ越えぬべく〟（一三七二）の歌に「木綿懸而斎此神社可超」と神社という字がモリというヤマト言葉にあてられている。あるいは『万葉集』巻第九の〝山科《やましな》の石田《いわた》のモリに〟(一七三二)「山科乃石田杜尓」と、「モリ」というヤマト言葉に社という字をあてている。もっと明確なのが、『出雲国風土記』の秋鹿《あきか》郡の女心高野の条に「上《かみ》の頭《ほとり》に樹林あり、これ即ち神社なり」と書いています。北側にある聖なる樹林が神社であると明記しています。森にカミが鎮まるという信仰が古くからあったことは明確です。そして、七世紀後半の天武天皇の代になりますと、神々が天《あま》つ神《かみ》と国《くに》つ神《かみ》に分けられる。さらに社格ができまして、天津神を祀る社が天《あまつ》社《やしろ》、国津神を祭る社は国社《くにつやしろ》というように神社の社格が天武朝に具体化してきます。そして同時に、神社は「大宝令」の注釈書である天平十年(七三八)の『古記』などを見ますと、春・秋の祭りのおりに、「国家の法」の伝達の場所になっていることが記されています。その神社が村人の祀る鎮守の神として、民衆の間で篤く信仰されるようになりますのは一四世紀、南北朝の時代です。

私はかねがね鎮守の森の歴史を考えるうえで、非常に重要な時代は南北朝であると考えてきました。吉野には南朝、京都には北朝、一三三五年足利尊氏が北朝を擁立し、一三九二年には南北朝が合体します。この六十年足らずの時期は鎮守の森を中心する村寄合《よりあい》が非常に高まった時代であって、「一味同心」とか「一味神水」という言葉が史料に数多く出てまいります。その一味とは鎮守の森の神の水を味わうことです。そして、「同心」つまり心を同じくする、「一味神水」・

「一味同心」という言葉が当時の史料に見えます。荘園制がしだいに崩壊して、荘園制の枠を超えた惣村制、あるいは惣郷制が発展してくるのです。鎮守の森で寄り合いをして、村の掟を決める。そして、神に芸能を捧げる、同時に村人が芸能を楽しむ。私どもが日本の歴史をかえりみる時、郷土を愛する心が強く育つのは、南北朝ではないかと思っています。新教育基本法では郷土と国を愛する心が非常に強調されておりますけれども、郷土愛も必要であり、国を愛する愛国心も必要ですが、愛するに値する郷土をつくらなければ、郷土愛が生まれるはずがない。愛するに値する国家が出来なくて、どうして愛国心が育つでしょうか。南北朝はまさに郷土を愛する村人が多くなる。郷土愛が非常に明確になってくる。その中核に鎮守の森があったといっても過言ではないと思うのです。したがって、当時の文書を見ますと、鎮守の森の木をみだりに伐ってはならないということを村人が決めている。たとえば、東近江市の日吉神社の文書を見ますと、いかに鎮守の森を村人が大事に守っているか。勝手に伐った場合には罰則があって、その罪則に従うことを村人が寄り合って決めています。そのような伝統が南北朝以後、根強く日本の鎮守の森の歴史と文化の中で培われてきたわけです。

近代に入って、鎮守の森が受けた危機は大きく言って二回あるのではないか。ひとつは明治の神社統廃合、ひとつは戦後のバブル経済の時代です。しばしば明治政府が神社の統廃合を命令したのは明治三十九年であって、神社合併は明治三十九年から始まるというふうに言われておりますが、調べてみますと、必ずしもそうではありません。明治三十四年十月から和歌山県では早くも神社の合祀を誘導する通達を出していますし、三重県も同様でして、三重県を例にとりますと、明治三十六年には六社が合併、三十七年には五一社が合併、三十八年には六〇社が合併。和歌山も例外ではありません。そのような状況の中で明治三十九年に神社局が通達を出す。ただしこれは、知事の裁量に任しているわけです。京都府などは、ほとんど神社合併は行われておりません。

南方熊楠が明治四十二年九月から、まったく独力で立ちあがり、神社合併反対運動を展開しますが、その背景は和歌山県が最も神社合併が強行された地域であったことも関係していたと思います。南方熊楠はエコロジーの先覚者であって、専門は生物学、粘菌学でしたが、同時にフォークロアの分野においても、紀州熊野をフィールドに大きな成果をあげた民俗学者でもありました。植物分類学の大家、松村任三宛ての書簡で訴え、さらに当時の植物学の権威である白井光太郎に手紙を送って、神社合併が神社の貴重な植物を地上から消していくことを中心に八項目にわたって訴えております。これが有名な白井光太郎あての書簡です。この二つの書簡が『南方二書』として柳田國男によってまとめられて、有力者に配布されました。そして河東碧梧桐の紹介で雑誌『日本及日本人』に「神社合併反対意見」を書きました（明治四十五年四〜六月号）。七つの項目をあげています。特に神社合併が自治の機能を損なうということを書いていることに私は注目したいと思います。植物学者であり民俗学者であり生物学者である熊楠が、神社の森に貴重な動植物があるのを守らなければならない。あるいは民俗学者であった熊楠が神社にはたいへん貴重な古い伝承がある。神社合併によって神社が減っていくことは、これらが消滅することになる。それを学者として熊楠が強く主張するのはわかりますが、同時にするどく神社が村の自治の中核であったことを指摘していることは、たいへん重要です。すなわち「合祀は人民の融和を妨げ、自治機関の運用を疎外す」と指摘しています。柳田國男が南方熊楠の反対運動に協力し、熊楠以外にも神社合併反対に立ち上がった高木兼寛や江木千之をはじめとする人びともいたわけですが、結局、大正七年、当時の衆議院で神社合併無益という決議がなされて、神社合併は終わります。明治三十九年の統計が残っておりますので、大正六年、つまり神社合併無益と決議される前までの統計と比較しますと、全国に約一九万あった神社が約一一万になっていることがわかります。約八万は地上から消えている。数多くの社叢が消滅したことは、言うまでもありません。

明治政府がいかに神道の本来のあり方に、無知・無理解であったかは、明治に入って伊勢神宮の式年遷宮は国営となりましたが、神宮についていたとえば明治四年の十二月十二日に、当時の太政官の構成機関である左院が建議しておりまして、宮中に天照大神を祀る神宮をつくれという意見書を出している。また福島事件や加波山事件でも有名な、後に警視総監になった三島通庸《みちつね》が、宮城の横に黄金の神殿をつくって伊勢のご神体を遷せと主張しています。特に驚くのは、明治三十七年七月二十一日です。明治四十二年の式年遷宮がありますす五年前、時の明治政府の内務大臣芳川顕正と宮内大臣田中光顕が明治天皇に意見具申をしている。これは『明治天皇紀』に書いてありますので、機会があればお読み下さい。二十年ごとに建てかえるのでは「用材育成せず」と述べて、柱の下に礎石を置いてコンクリートで固めよと、むちゃくちゃなことを具申しているんですね。明治陛下は直ちに却下されました。そういう時代もあったということを、ぜひ知っていただきたい。

第二回目の危機は、戦後ではないかと思います。都市に人口が集中して、農・山村、漁村の人口が減っていく。氏神さま、産土神さまを守る氏子が減少する。したがって、鎮守の森を維持することができない。そればかりでなく、バブル経済のもとで社叢の乱開発が行われました。工場建設の際に鎮守の森が削られる。団地ができるために鎮守の森が消滅する。道路を拡張するために鎮守の森がなくなる。このバブル経済のさなかに鎮守の森が大きな被害を受けたことを私どもは改めて考えたい。ただし、明治以後、すべての神社が社叢を減らしていったかというと、そうではない例を私どもは知っております。

たとえば、明治二十八年に創建されました平安神宮、この社は元官幣大社ですけれども、明治二十七年（一八九四）が、延暦十三年（七九四）に長岡京から都が平安京に移って、ちょうど千百年になる。慶応四年九月八日、慶応が明治と改元される。十月十三日には、江戸城が東京城と名を改められて、明治天皇が東京城を皇居に定められます。ただし、遷都の詔勅は出ておりません。明治天皇はもちろん大正天皇も昭和天皇も今上天皇も同様です。しかし事実上、東京が都であることが決定的になったのは大嘗祭が東京で行われたからです。即位は京都御所で行われたのですけれど、明治天皇の大嘗祭が東京の皇居で行われた。事実上東京が首都になって、そこで京都の我々の先輩は京都の復興を如何にするかという計画をつくるのです。たとえば明治二年に全国に先駆け、番組による小学校六四校をつくる。都でなくなった京都の将来は大変なことになる。そして教育をまずしっかりやろうということで、幼稚園も中学校も女学校も全国で最も早くできるのは京都です。福沢諭吉が明治五年に京都の学校を視察して『京都学校記』を書いておりますが、福沢が驚いて「其の悦び、恰も故郷に帰りて知己朋友に逢ふが如し」と感動していますが、そのとおり京都は教育に力を注いだ。それは京都が都でなくなったという危機意識からですね。

明治二年二月に太政官が京都から東京に遷ります。そういう中で、「都をどりは　よういやさ」と都をどりが明治五年にはじまります。京都の花街あげて都の復興を願ってのこころみでした。そして明治二十七年に平安遷都千百年事業が展開されるべきだったのですが、実際は二十八年になります。それは何故かというと日清戦争が勃発し、さらに第四回の内国勧業博覧会が明治二十八年に実施されるということになったからです。実際は千百一年に復興をめざす千百年の記念事業が行われたのです。当時の人で知恵者がいまして、延暦十三年に都が平安京に移ったけれど、大極殿ができていない、大極殿ができたのは延暦十四年です。そこで明治二十八年は大極殿完成から千百年という裏付けをしまして、平安神宮を造営するのです。しかも第一回の時代祭を実施しました。第一回は十月二十五日でした。第二回から十月二十二日にずっと挙行していますのは、長岡京から平安京へ遷都されたのが延暦十三年の十月二十二日であったからです。そして、大極殿、紫宸殿にならって、三分の一ですけれど現在の平安神宮の社殿を京都市民の手で造ったわけです。そして、明治二十七年から神苑の造営が始まり、大正・昭和に神苑造営が本格化しました。これが現在の平安神宮の神苑のみごとな森です。

私は大正という時期はいろんな意味で注意する必要があると思っております。明治神宮の代々木の杜、立派な代々木の森になっておりますが、明治神宮が創建されたのは大正九年です。植生に配慮がなされ、「多様性」・「多層性」を配慮して造営されたことが注目されています。今日に見る立派な代々木の森が出来上がっています。京都の賀茂御祖神社、いわゆる下鴨神社ですが、その糺《ただす》の森は京都の中の社叢の代表的な重要な森です。かってはもっと大きい面積を持っていました。承和十一年（九九四）十二月二十日の太政官符を見ても、高野川と賀茂川の三角洲全域が境内地でした。もと約一五〇万坪あったといわれています。現在でも東京ドームが三つ入る面積を持っています。この森も市民が守ってきたのです。糺の杜を保存する運動が明治のなかごろから始まりまして、現在の「糺の森保存会」に受け継がれています。

すべての神社の森が近代に入ってなくなったのではなくて、例えば平安神宮の神苑、明治神宮の代々木の杜というように新たに造られた立派な森も存在するということを忘れるわけにはいかないと思います。私は「糺の森保存会」の学術顧問会の座長・整備委員会の委員長をしておりますが、奈良の小川の復元もできました。そして糺の森の中で水の祭祀が行われていたことを示す祭祀遺跡が出土しました。かなりの規模の祭壇も見つかった。水と鎮守の森、泉と鎮守の森の関係を、その調査をしながら、改めて痛感しました。

ヤマト言葉ではモリとハヤシは明確に区別していた。『出雲国風土記』の意宇郡の母理《もり》郷、拝《はや》志《し》郷という村の名前をご覧いただいてもわかると思います。モリといえば英語でいえばForest、自然林です。ハヤシというのは、苗を生やすとか木をはやすとか苔を生やすとか言いますように、「ハヤス」という動詞の名詞形が「ハヤシ」です。人工が加わったのがハヤシです。『出雲国風土記』が母理（森）郷と拝志（林）郷を明確に分けて書いているのに注意する必要がある。また同時に屋代《やしろ》郷という郷名もあります。屋は建物ですけれど、代は土地です。苗代の代と同じように神まつりの建物のある場所を「ヤシロ」と本来呼んでいたことを物語る例ではないかと思います。現在は、広く森も林も同じように森と呼んでいますけれども、鎮守の森の多くは里山にあります。人工林が多いのも事実で、今改めて鎮守の森の現状をしっかり見極めていく姿勢がいるのではないでしょうか。

阪神淡路大震災で、私が非常に感動したのは、大きな被害を受けた神戸の長田の長老が「先生、私のところは団結力があります」「どうしてですか」「お祭をやっていた、神輿を一緒に担いだ仲間が長田の復興の核になっています」とおっしゃいました。本当に感動いたしました。今もなお、人びとの寄合が祭祀の場を中心に引き継がれているということを肌で感じました。二〇〇二年五月二十六日に社叢学会が立ち上りました。社叢の学問的研究が大きな任務ですけれど、神社だけではなく寺院も含め、沖縄のウタキなども視野におさめ、さらには東北アジア・東南アジアを含む聖なる樹林の保存と活用を目指して、新たな問題提起をたえずしなければならないと思っています。

二〇〇八年の七月には北海道の洞爺湖でサミットが行われました。もちろんローマで行われました食糧サミットにも象徴されますように、飢餓難民が続出する世界の厳しい現実、食糧の問題も重要です。また、宗教をめぐる紛争もあいついでいる。いろいろ課題がありますが、重要なひとつは環境問題です。洞爺湖サミットの最大のテーマは地球温暖化をいかに世界が足並みを揃えて、新しい方向に向かって歩むかということにかかっています。

この日本列島には縄文時代以来の鎮守の森の伝統がある。日本の神さまは『古事記伝』三の巻にも書かれておりますように汎神教です。日本の神道は多神教という人がありますが、私はそういう考えには反対です。あらゆるものにカミを認める、汎神教という方がよりふさわしいのではないかと考えています。自然と人間が調和し、自然の中にカミを見出す、その最も具体的な実態が鎮守の森で、カミとヒトとが共生する。人間の寄り合いの場であり、同時に神を仰ぎ、神を祭祀する神と人との接点が鎮守の森ではないか。

一九三五年十二月に、優れた物理学者であって夏目漱石とも深い交わりがあった寺田寅彦先生が亡くなります。寺田先生が最晩年に書かれたのが「日本人の自然観」という論文です。私は学生時代にこの論文に深い感銘を受けました。ヨーロッパの学問は、自然と対決して発展してきた。厳しい自然をいかに克服するか、自然と対決して発展してきた。日本の学問は自然と調和し、その体験を蓄積して発達してきたというふうに述べておられました。日本の鎮守の森の伝統を再発見して、それを活かし守ることは環境問題にも大きく寄与するに違いない。鎮守の森は人間共生の場であると共に、自然と人間が共生する場でもある。その象徴的存在です。『万葉集』に〝三《み》諸《もろ》は人の守る山　本辺《もとべ》にはあしび花咲き　末辺《すえべ》には椿花咲く　うちぐはし山ぞ　泣く子守る山〟(三二二二)と詠われています。三諸は神奈備《かんなび》です。神体山も人が守る山であるいう、万葉人が詠っている意味を改めて考えたい。放置と保存は全く違うのです。手を入れない、これは放置です。放置では森は荒れます。保存は手を入れることです。神が鎮まる神奈備も人が守らなければならない。社叢学会の任務はますます大きいのでないかと思います。

北ツ海文化と海上の道

私は日本の古代の歴史を中心に研究してまいりましたけれども、一九六〇年代から島国日本の歴史を日本列島の中だけで考えていたのでは、日本の歴史や文化の本当の姿は見えないということを痛感いたしまして、とりわけアジア、中でも東アジアの中の古代の日本を中心に研究してまいりました。その場合に、柳田國男先生の海上の道、あるいは私の恩師の一人ですが、折口信夫先生の沖縄を中心とする南島からの道などは、主として黒潮のルートを中心に考察されてきたわけですね。南島からの海上の道はもちろん大事なのですが、今我々が日本海と申しております北ツ海の海上の道も、注目する必要があるということをまず申したいと存じます。

ご承知のように、百科事典などには日本海という海の名前は文化二年（一八〇五）に日本に来たロシアの海軍提督クルーゼン・シュテルンが帰国して、『世界周航記』という本を書いて、それに日本海と書いてあるのが最も早いなどと書いてある本もありますが、それは明らかに間違いです。享和元年（一八〇一）にオランダ商館のエンゲルベルト・ケンペルの『日本誌』を志筑忠《しづきただ》雄《お》が訳して出版したおりに「鎖国」という用語が使われましたが、その翌年に、蘭学者の山村才助が『訂正増訳采覧異言』という本を著わしました。その付図の中に日本海という名称を使っておりました。そして、太平洋を彼は東洋と呼んでいます。日本人がすでに日本海と命名しているのですが、実はそれよりも早く一六〇二年、北京でイタリアの宣教師マテオ・リッチがまとめました「坤輿万国全図」という世界地図に、既に日本海と書いており、太平洋を小東洋と記していることも見逃せません。

古代にはもちろん日本列島の人々は日本海などとは呼んでいないわけですから、古代史を論ずる我々が日本海という言葉を無限定に使っているのは、本当はおかしいわけです。そこで古典を調べましたら、たとえば『日本書紀』の垂仁天皇二年の年の条に「北ツ海より廻りて出雲の国に至る」。さらに、「出雲の国を経てここに至る」。これは福井県敦賀の笥飯浦《けひのうら》に意富加羅国（オオカラノクニ）の王（コニキシ）の子の、都怒我阿羅斯等《つがあらしと》が渡来してきた伝承です。ここに「北ツ海」と書いてある。『出雲国風土記』、これは天平五年（七三三）二月にできあがった書物ですが、この意宇郡の毘賣崎《ひめさき》のところに書いてありますように、「即ち北ツ海に毘賣崎あり」として、非常に興味深い伝承を記載しておりました。また『出雲国風土記』では嶋根郡久宇島や神門郡神門水海の凡条などにも北ツ海と記し、『備後国風土記』逸文にも北ツ海の表記がみえます。したがって、古代の日本人は日本海を北ツ海と呼んでいたことがわかります。私が書物などに「北ツ海」という言葉をもっぱら古代を論ずるときに使っているのは、それなりの理由があります。

北ツ海と神々

この北ツ海が非常に重要であったことは、たとえば朝鮮半島の北部ですが、高句麗の使節が主として渡来してきたのは北ツ海からです。時間がありませんから、いちいち申し上げませんが、たとえばいちばん確実な最初の記事は、『日本書紀』の欽明天皇三十一年（五七〇）の四月の条、六世紀の後半で、敏達天皇三年七月の条もそうです。それ以後も高句麗の使節は日本に来ておりますが、ほとんどが北ツ海ルートなのです。渤海という国がありますが、渤海の使節は七二七年から九一九年まで、正式に国書を持ってわが国にまいりましたのは三四回。どこに上陸したか。日本側に記録がありますので、調べることができますが、三四回のうち二八回はすべて、北ツ海沿岸流域です。あとはどこに上陸したかわかりません。このような例をかえりみても、北ツ海の海上の道をもっと重視しなければ、日本の古代史の実相は明らかにならないと考えています。

日本の「大宝令」、「養老令」の母法は中国の「唐令」、中国の法律です。それをモデルとして制定したわけです。その中に「関市令《げんしりょう》」と申しますが、関所・市や交易・度量衡器などに関する法律があります。律令国家でも、陸上交通はもちろん通行証明書が要る。これを過所《かしょ》と申します。海上交通はどうか。中国の「唐令」では、主要な港に入るときに通航許可証がすべて要るのですが、我が国の場合はほとんど要らない。古代の交通を考えるときに、こういう基本的なことを知らないでいろいろ議論をしている人が多い。陸上は過所が要るのですが、海上交通はかなり自由です。瀬戸内海の要所である難波津と長門の津のみに過所が必要でした。これは中国の「唐令」とは大変な違いであったことがわかります。こうした状況もあって、黒潮の道ばかりでなく、いわゆる日本海ルートの道もあわせて考えることが必要です。今日は明治神宮の杜のフォーラムですので、日本の神のありようを例に若干の問題を申し上げたいと思ってまいりました。

私は、日本の神々のこともいろいろ研究してまいりましたが、不思議だなと思ってきたことがいくつかあります。瀬戸内海に浮かんでいる島、大三島の大山祇《おおやまづみ》神社。これは瀬戸内海の水軍の守護神になっています。祀っている神は大山積《おおやまづみ》神という山の神です。信仰しているのは漁民です。これは一体どうしてか。『伊予国風土記』の逸文には重要なことが書いてあります。「乎知《おち》郡御嶋ましします神の御名は大山積神。一名和多志大神なり」。さらに大事なことが書いてあります。「是の神は難波の高津宮に御宇天皇の御世に顕《あらわ》る。此の神百済の国より渡りきます」。百済から渡ってきたと。私が言っているのではないです。『伊予国風土記』の逸文が書いているのですから、誤解のないように。そして、難波の高津宮すなわち仁徳天皇の代と書いているわけですが、「津国の御嶋にいます」、摂津の国に今も三島神社があります。この社は淀川沿いの現在は高槻市内にあります。そして、この三島の神は東のほうでは静岡県の三嶋大社、旧官幣大社です。つまり、百済からの渡来の神と書いている三島の神が黒潮の文化によって摂津、さらに伊豆へと広がっていることがわかります。そして、その神は山の神なのですが、信仰している皆さんの多くは漁民です。山の神がすなわち海の守り神になっている。

こういう例は他にもかなりあります。それは、皆さんがよく知っておられる京都の嵐山、いまは西京区と申しておりますが、皆さんの知っておられる寺院で申しますと、天竜寺。天竜寺においでになって、渡月橋という橋を渡って、保津川の南側をずっと左へいかれますと、松尾大社という、旧官幣大社があります。この松尾大社は紛れもなく新羅系の秦氏が大宝元年（七〇一）に創建した古社です、この松尾の神のことは『古事記』の上巻に載っています。松尾大社は現在も祭神は大山咋《おおやまくい》の神です。「大山咋神、亦の名は山末《やますえ》の大主《おおぬし》の神」。『古事記』が出来上がったのは、和銅五年（七一二）の正月二十八日ということに太安万侶の書いた序文ではなっています。八世紀の初めに出来上がった我が国の代表的な古典です。「此の神は近つ淡海の国の日枝の山にいます」。この社は大津坂本の日吉大社です。日吉大社の祭神は、今も大山咋神。「亦、葛野の松尾にいます」。これは松尾大社です。松尾大社のことは『古事記』にもはっきり書いてあるわけです。「葛野の松尾にいます鳴鏑《なりかぶら》を用ゐたまふ神なり」と書いてあります。

ところが、山の神である松尾の神の祭神は大山咋神なのですが、宗像三女神のイチキシマヒメという女神を同時に祀っているのです。宗像三女神というのは、福岡県宗像郡（現・宗像市）の有名な沖ノ島の祭祀遺跡のある沖津宮、大島の中津宮、玄海町（現・宗像市）の辺津宮の神々です。沖ノ島遺跡からは私どもが海の正倉院と呼んでいる貴重な祭祀遺物が出土しました。タキリヒメ、イチキシマヒメ、タキツヒメという宗像三女神を漁民をはじめとする人びとが深く信仰いたしました。その三柱の女神のなかのイチキシマヒメという海の神です。大山咋神という山の神にあわせて宗像の海神を祀っている。

対馬海流というのは、黒潮の分流です。ですから、玄界灘から山陰の沖を通って能登半島に至っている。たとえば石川県能登の輪島市の古社・重蔵《じゅうぞう》神社の特殊神事に、おやっと思う南方系の信仰が重なっているのです。たとえば海幸・山幸の神話にたいへん似たような、九州南方の隼人の皆さんの信仰として『古事記』や『日本書紀』に書かれている神話に類似する神事がある。これはどうしてかというと、黒潮分流の対馬海流によって能登半島に伝わっているのでしょう。

宗像三女神の分布を調べてみたことがあります。『延喜式』は延喜五年（九〇五）から編纂が始まりまして、延長五年（九二七）に完成した五〇巻の書物です。その巻九と巻十に、当時の政府が公に認めていた社が約二八〇〇、神様の数で三一三二座の神社のことが書いてあります。『延喜式』に載っている社ですから、式内社と呼んでいることは皆さんもよくご存じだと思います。宗像の社はもちろん瀬戸内海沿岸にもありますが、北ツ海側はどうなっているか。『延喜式』では、伯耆国。これは鳥取県ですが、会見《あいみ》郡に二座。その一座、字はちょっと違いますけれども、同じ胷形神社があります。これは『延喜式』の北ツ海側の例です。『延喜式』に載っていないのですが、宗像系の古い神社が福井県にもあります。

前に申しました、石川県の輪島市河井町に重蔵神社という古社が鎮座します。この社から舳倉島を拝む。もとは舳倉神社でした。それを当て字で、重蔵と書くようになる。私は舳倉神社という神社があると思っておりまして、重蔵をヘクラと読むのだと思っていたものですから、石川の私の友人に電話をして、「ヘクラ神社に参詣したい。あなたは知っているか」と言ったら、「そんな神社は輪島にありませんよ。どんな字を書くんですか」「重なる蔵です」「これはジュウゾウと読むんです」「あ、そうか」ということで、初めてジュウゾウと読むことを知ったわけです。この古社はアメノフユキヌノカミが主神ですが、同時に、ここでも、宗像三女神を祀っているわけです。そしてその夏祭には南九州系のまつりが重なっています。ですから、北ツ海の神々の世界については従来あまり研究されておりませんが、私は北ツ海における信仰のありようにも注意すべきだと思っています。

海の守護神は山の神

だいたい山陰、北陸の地域を裏日本などと申しますが、裏日本という用語が使われるようになるのは、明治二十八年の頃からです。江戸時代に裏日本などという言葉はありません。明治三十三年頃から表日本が先進的で、裏日本が大変後進的であるとする用語になります。表が進んでいるというので、いわゆる黒潮の海上の道ばかりを注目して、北ツ海文化をないがしろに軽視していたのでは、日本文化の実相は明らかにならないと考えてます。

ここで山の神が海の守護神であるという実例を史料にそって申します。この史料はほとんど注目されておりませんが、『続日本後紀』の承和七年（八四〇）の例から申したいと思います。「出羽国飽海郡正五位下勲五等大物忌神従四位下を授け奉る。ほかに神封二戸」。神封は神戸《かんべ》とも申します。神様の位を神階と言いますが、日本では天平三年（七三一）から神々に位を朝廷が贈る形態が具体化してくる。越前国の気比神に神階従三位を贈った例が早い。ところで大物忌神に神戸二戸と神階を贈った。これはどうしてかというと、これに関しては、次のような天皇の詔が出ております。「遣唐使第二船の人等廻り来たりて申さく」。ご承知のように承和五年（八三八）の遣唐使が最後です。その遣唐使が帰国してくるわけです。四船で行っておりますが、その第二船が瀬戸内海を帰ってきたときに、「去年八月」というのは承和六年の時です。南海の海賊が出現してきて襲撃された。その時に戦う人数が少なく、海賊のほうが多い。ところが、神の助けがあった。その神は実はいまは山形県遊佐町に里宮が鎮座しますが、秋田県と山形県の境に鳥海山という秀麗の山がありますが、その山頂にあるのが奥宮、その大物忌神という山の神。山の神が南海の海賊に襲われた遣唐使の船を助けるのです。それを受けて、朝廷が大物忌神に位を贈るという大変興味深い史料です。これは山の神が遣唐船を守っている例なのです。山は航海のめじるしでヤマダテあるいはヤグラなどともいいます。

こういう例をあげてきますと、海のみなもとは山へとさかのぼる。山が荒れたのでは海も川も荒れる、それを結んでいるのが森と林です。『万葉集』に「御諸《みもろ》は人の守る山」という歌がありますが、「御諸」は神奈備《かんなび》（神体山）で朝鮮語のmoriは山です。「ハヤシ」は「生やす」の名詞形、人工の加わったハヤシはウッドwood、モリはforestに当たります。山と森と林と海。このつながりを私どもは改めて検討する必要があるのではないかと考えています。

銘文研究二十年と古代史

稲荷山鉄剣銘文一一五文字の中から、明らかになったものは何か。多くの問題がありますけれども、まず注目すべき第一の点は「治天下」「大王」の実像がより明確になった、ということだと思います。

「大王」という王者の称号は日本の古代の王者だけが使ったものではなく、会場に高麗神社蔵の好太王碑の拓本が掲げてありますけれども、碑文には好太王と記してあるように、「太王」が用字されています。長寿王二年（四一四）に建てられた碑です。五世紀の始めに高句麗の王者が「大王」という称号を用いていたことは、この好太王碑においてもわかります。

さらに、韓国の慶州の瑞鳳塚から銀製の合わせ壺（銀合杅）が出土しており、それにも延寿元年（四五一）の銘があり、「太王」とあります。慶州瑞鳳塚出土の、銀合杅の大王は高句麗でしょう。新羅の王者も大王という称号を使っていた例は、例えば新羅の真興王という王者の黄草嶺及び磨雲嶺の「巡狩碑」に「太王」とあります。当時の年号で太昌元年と記してありますから西暦五六八年です。新羅の王も「太王」「大王」という称号を使っていたことは確かです。

加耶においても「大王」の称が存在したことは、忠南大学校所蔵の高さ一六・八センチ、蓋の直径一〇・八センチの大加耶式の有蓋長頸壺の銘に「大王」とあるのにたしかめられます。

倭国の王者が大王を使っていたことは、熊本県和水町の江田船山古墳出土の大刀銘、これにも「治天下大王」とあります。それから、和歌山県橋本市隅田《すだ》八幡宮が伝えてまいりました人物画像鏡の銘文にも、大王という称号が使われておりますけれども、稲荷山鉄剣銘によって「大王」がより明確になりました。

銘文の読み方は、私は少し変えた方がよいと思います。「天下を左治す」と読んでいる説が多いけれども、「治天下」を「佐《たす》け」と読むべきで、やはり「治天下」の用語として読む方がいいと考えています。たしかに治天下大王という称号が使われていたということです。

この「治天下大王」という用語はたいへん重要な意味を持っています。この「天下を治める」「治天下」という用語は、基本的には中国の「皇帝」が使う用語です。東夷の倭国の王者が「治天下」を称するということは、きわめて珍しい。朝鮮半島の三国、あるいは、加耶を含めての四国でもこういう銘文はまだみつかっておりません。中国の古典、たとえば『漢書』や『孟子』あるいは『三国志』の『魏書』や北魏の『魏書』などを読めば、「治天下」は中国の皇帝が使う用語であったことがわかります。それを東夷の倭国の王者が使っているということは、きわめて重要です。

こういう用例は、聖徳太子のことを書いた『上宮聖徳法王帝説』が伝えられていますが、それにも「治天下」、あるいは、現在のところわが国でたしかなもっとも古い墓誌は、船王後《ふねのおうご》の墓誌ですが、これは天智七年と考えていいと思っています。六六八年すなわち七世紀の半ばの墓誌の中に、はっきりと「治天下」という用語を使っています。それから京都市左京区上高野という所に早良親王を祀っている崇道神社が鎮座します。その神社の近くの山から墓誌がみつかっています。小野毛人の墓誌ですが、「治天下」と記しています。

つまり、「治天下」という用語は、五世紀の後半から六世紀・七世紀と日本の王者が使ってきた。そして、「大宝律令」が実施された大宝元年（七〇一）から、治天下という用語が「御宇」という用語に変わります。倭国の王者がかなりの間「治天下」を称していたわけです。辛亥の年は四七一年でよいと考えていますが、五世紀の後半から六世紀・七世紀の段階まで、倭国の王者が治天下という用語を使っているということは、きわめて注目すべき点です。

ワカタケルはやはり雄略大王と考えるべきです。これは有名な倭の五王にかんする『宋書』の伝えの倭王武で、倭の五王は四二一～四七八年までに一〇回にわたって、中国南朝、宋に朝貢しています。そして、倭王武の段階になって、やっと「安東大将軍」という軍号を中国王朝から認められるわけです。

当時の東アジアにおける倭国の王者の地位は、必ずしも高くはない。例えば、百済王余映は四二〇年に鎮東大将軍を中国王朝から与えられています。高句麗王高璉はやはり四二〇年に征東大将軍、これは安東将軍より一ランク上です。

倭国の王者の珍王は安東大将軍を自称しましたが安東将軍どまり、済王も興王も安東将軍でした。百済・高句麗の方はそれより一ランク上の大将軍号を与えられているわけですから、国際的認知は百済の王や高句麗の王よりは低いわけです。そして、高句麗は四六三年に一番上の開府儀同三司という称号を中国南朝から与えられます。

ところで、大変注意すべきことがあります。たとえば、『宋書』の「夷蛮伝」倭国の条に、倭王武、つまりワカタケル大王のことですけれども、高句麗がすでに開府儀同三司を与えられておりますので、倭王武は自称するわけです。「自ら開府儀同三司を仮し」と記しています。

その次はたった五字ですけれども、「其餘咸仮授《そのよもみなかじゅ》」と書いてあります。それは、どういうことかと申しますと、「開府儀同三司」は与えられてはいなくて自称しました。中国王朝には倭国王だけが朝貢しているのではなくて、「并除所上二十三人」と書いてありますように、中国王朝に倭王のもとにいる首長たちも朝貢しているわけです。それは「倭隋《わずい》等十三人」が軍号を要求している例でもわかります。

中国南朝と倭国の交渉は、讃・珍・済・興・武の王だけがやっているのではなくて、倭国王のもとにいる有力支配者層も中国に軍号を要求しているわけです。「其餘咸仮授」というのは、そういう有力首長らに倭王武が勝手に称号を授けるという記事です。

倭王武の段階に、「治天下」を称し、そして、自ら開府儀同三司を称し、自分の配下の首長層に軍号を与えているという状況は、もはや中国王朝の冊封体勢から離脱していく。言い換えれば自立していく方向を示しています。

事実、倭王武以後、中国王朝へは朝貢していません。中国との交渉が再開されるのは西暦六〇〇年のことです。したがって、稲荷山鉄剣の銘文の中に「治天下」という用語があり、「大王」という用語のあることの意味は重要です。これまで、すでに注目されていた隅田八幡宮の人物画像鏡の銘文、あるいは江田船山古墳の大刀銘文だけではなお不明確であった点が、稲荷山鉄剣銘文によって、さらにその内容が明らかになりました。

第二の点は、「杖刀人首」杖刀人の首長という　ヲワケの臣に関しての表現が出てくるということです。この「杖刀」という用語は日本の文献にも出てきます。例えば、天平勝宝八年（七五六）の『東大寺献物帳』、東大寺正倉院にある貴重な史料ですけれども、「杖刀」二口《ふたふり》が出てきます。あるいは「養老令」の注釈書ですが、『令義解』という書物にも「杖刀」について書かれておりまして、これらは「杖刀」が「王者を守る儀杖用の刀」であることを証明します。

千葉県市原市稲荷台一号墳、この銘文はわずかな銘文です。ここにも「廷刀」と記されています。表の「王賜」という文字にくらべて裏では二字下げているわけです。これは抬頭《たいとう》の書式をふんでいるのです。王という言葉に対して、二字下げて文章を書く、明らかに抬頭という書き方を心得た人が書いている銘文です。

稲荷山古墳の鉄剣銘に「廷刀」という表記があります。それから江田船山古墳の大刀銘文にも、「廷刀」がみえます。「廷刀」という用字は「杖刀」という用字とならんで、宮廷の刀、つまり儀杖用の刀を指すと考えられますが、稲荷山鉄剣銘には、「杖刀人」と書いてありますが、他方、熊本県の江田船山古墳大刀銘には「典曹人」と書いてあります。この「典曹」という用語は、すでに指摘されているように、中国の文献に出てくる職名です。例えば、有名な『三国志』は魏・呉・蜀の歴史を書いておりますが、『蜀志』正しくは『蜀書』というべきですが、普通は『蜀志』といっていますが、典曹という職名がでてくるのです。典曹というのは、文書に携わる職名です。わかり易くいいますと稲荷山鉄剣銘文には、武官的軍事的な「杖刀人」、杖刀の官人とある。江田船山古墳大刀銘には文書の記録や管理などに関係のある人、つまり文官的「典曹人」と記してある。これらの銘文は大化前代の倉の出納事務にたずさわった人を「倉人」とよび、服飾の仕事にかかわった人を「服人」と称したような官人制の存在を明確に物語っています。

しばしば朝廷、朝廷と申しますけれども、朝廷という用語は、もちろん、中国の古典に使われている言葉であって、内廷と外朝の略語が朝廷です。王者の機構は内廷、つまり宮中だけでは朝廷とは呼べません。外廷、官僚機構・政府の機構、すなわち府中が備わらなければ朝廷とは呼べないわけです。

たとえば、一九六七年に『大和朝廷』（角川書店）という本を書きましたけれども、四世紀の奈良盆地東南部の政治勢力を三輪王権と位置づけました。王権と王朝は区別する必要があると考えてきたからです。五世紀の河内を基盤とする王朝に河内王朝という用語を使ってきたのには、それなりの理由があります。そしてあえていえば「杖刀人首」となったオワケの臣は内廷官人の首長であり、「典曹人」は外交なども関係した外朝官人ではないかと推定しています。

つまり、稲荷山鉄剣銘文によって、いわゆる倭国の朝廷の成立すなわち第一次朝廷のなかみが明確になったと考えられます。この稲荷山鉄剣銘が判明する前、一九七三年に小学館から『大王の世紀』という本を出しました。その中で、「倭王武の段階に至って大王としての名実が備わった」というように書いたことがありますが、稲荷山鉄剣銘文は、大王としての内実が整って来たことを、裏付ける貴重な銘文です。

そして、第三の点は、「意富比垝《おおひこ》に始まる八代の系譜」がこの銘文に記されているということです。これは、私どもがいろいろ指摘してきました原旧辞《くじ》の究明にもつながる問題です。

『古事記』や『日本書紀』が出来る前に、王室の伝承を中心とする「帝紀」というものがあった、各有力氏族の伝承を記録した「旧辞」というものがあった。そして、その「帝紀」や「旧辞」が記録化された時期については、津田左右吉博士の説が学界で支持されてきたのですけれど、欽明・敏達朝、つまり六世紀の中頃であった、というのが通説でした。

私はなお検討を要すると『大王の世紀』にも書いておきましたが、祖先の系譜伝承の記録は、「もっと早く」、五世紀の後半のころから「記録化が始まっている」と考えてきました。稲荷山鉄剣銘文は四七一年の段階に、八代にわたる祖先の系譜を「タテの系譜」としてはっきり書いている。これは倭国における祖先伝承、「口から耳へ、耳から口へ」と語り伝えられた祖先伝承が、いつごろから記録化されたかという問題をきわめて明確化したといえます。

これは倭国における系譜伝承、「耳から口へ、口から耳へ」と語り伝えられた口頭伝承、たとえば神話や伝説などがどのようにして文字化されるかという問題についても、大きな示唆を与える資料です。

そして、人名の表記の仕方、これは史部《ふひとべ》流といわれるものにつながります。朝鮮半島から渡ってきた人びとが史部といわれる記録に関係する職務に多く従事したということは学界で認められています。その史部流の書き方で「意富比垝《おほひこ》」とか、あるいは以下「多加利足尼《たかりすくね》」等と書いておりますが、こういう人名表記は『百済記』の那加比跪《なかひこ》・沙至比跪《さちひこ》などと書いている表記と関連する同類の書き方です。

それればかりではない。「七月中記」というこの「中」という書き方を時格といいます。「七月において」の意味です。こういう書き方を調べてみますと、漢代の居延漢簡の竹簡の中に二四例あります。「〇〇中」という時格は中国、漢代にはじまっている。秦代の竹簡にも若干の例がありますが。時格の用法が中国ではじまったことは間違いないでしょう。ところで朝鮮半島の金石文はどうか。「〇〇中」という書き方をしている例がかなりあります。高句麗の長安城の城壁の石刻にも、私は実物を見ましたが、はっきり「中」とある。あるいは、中原高句麗碑、新羅の蔚州川前里書石、丹陽赤城碑など、朝鮮半島の金石文の中には、「〇〇中」と書く時格の用法が使われている例は多い。

倭国ではどうか。江田船山古墳大刀銘にも「八月中」、これは時格です。「八月に」ということです。兵庫県八鹿町の箕谷二号墳出土の鉄刀銘の「五月中」、これも時格です。あるいは有名な法隆寺釈迦三尊の光背銘文の「三月中」などもその例です。

こういう時格の用法を使った人は、どういう人たちか。渡来系の人にちがいない。つまり稲荷山鉄剣銘文を書いた人は渡来系の人物の可能性が高い。稲荷山鉄剣銘文には明確に時格の用法を使っている。そしてわずか一一五の字の中に「記」という字が初めと終わりに二回、重出する。

他にもこういう例があるか。群馬県高崎市山名町の『山ノ上の碑』です。これは短い文章なんですが、その中に「辛巳歳集月三日記」、最後に「母為記定文也」とある。こういう書法もいわゆる史部流です。

さらに私が注目しているのは、八代にわたる祖先系譜に、「上祖」と書いている点です。このような表記は『日本書紀』の神代の巻にも「中臣連の上祖」と記しています。けっして稲荷山鉄剣だけが使っているわけではありません。

そして、第四に、文字の使用を、それ以前にさかのぼって確かめうる資料が次々に出ています。もちろん、稲荷山のように一一五文字のような見事な文章ではありませんけれども、私はこれは当然だと考えています。例えば三重県の貝蔵遺跡の墨書土器、片部遺跡の「田」この田の字を疑問視する説は多いのですけれども、私も実物をはっきり見ましたが、ああいう例はほかにもあるのです。下が欠けている田。角が欠けてるのはおかしいという議論もあります。

松江市の岡田山一号墳の大刀銘の「額田部臣」の田の用字例をみると、下がない田。「字画が整っていないからあれは文字ではない」というわけにはいかない。近くの貝蔵遺跡からは墨書の土器が四点出ている。墨を使っている事は明確です。私はその墨書土器も重視すべきだと思っています。福岡県前原市の三雲遺跡出土の土器にヘラ書きで「竟（鏡）」、熊本県玉名市の柳町遺跡出土の木製短甲の留め具に「田」、あるいは長野県木島平の弥生土器のヘラ描き「大」など、呪字を含めての文字資料がつぎつぎにみつかっているのも偶然ではありません。

そこで、『三国志』の邪馬台国と魏の交渉は台与を入れて六回行われている。景初三年だけではありません。その内容は魏の使節が二回来ている。卑弥呼女王の時だけで少なくとも三回使節が行って台与の時に一回行っているわけですから、合計六回。そしてその外交は文書外交でした。たとえば、「倭王使によりて上表し」と書いてある。上表文を出している。魏の側は詔書を持ってきている。このように文書外交が行われています。三世紀前半の邪馬台国の外交は、文書を使って行われていた。『魏志』の外交記事を信ずる限りそう言わざるを得ない。

私が注意しているのは、「魏志倭人伝」の中に邪馬台国女王卑弥呼が派遣した「大夫難升米《なしめ》、次使都市牛利《つしごり》」という人物がいます。この都市牛利は『魏志』に三回でてくる。最初だけ都市牛利で後は牛利という二字表記、難升米は三字、都市は職名です。市を管理する職名。この人は渡来人の可能性が高いと考えています。

三世紀の外交は文字を使って外交をしているわけですが、例えば、都市牛利のような人が、その上表文の制作に当たった可能性があると思っています。そのように考えてまいりますと、少なくとも三世紀の頃から文字は日本列島で使われていた。稲荷山鉄剣銘文をはじめとして多くの銘文は渡来系の人が、その文字を使っていた可能性が強い。江田船山古墳大刀銘文では、はっきり最後に「書者は張安なり」と書いています。この張安は中国系か朝鮮系かはわかりませんが、渡来系の人であることは間違いない。

稲荷山鉄剣銘文の書者は私は渡来系の可能性が非常に高いと考えています。こうした文字使用の伝統が山の上碑、金井沢碑、多胡碑のいわゆる上野三碑につながる。七世紀の段階にあれだけの文字資料をもっている地域はこの東国以外にはありません。

稲荷山古墳の礫槨《れきかく》から出土した鉄剣の銘文がどこで書かれたのか、被葬者ヲワケが大和派遣の人物か、在地豪族か、辛亥銘鉄剣が稲荷山古墳の粘土槨の被葬者とは別の礫槨の被葬者の副葬品であったことを含めて、いろいろの検討すべき問題はありますが、稲荷山鉄剣銘文が日本古代史のまさに定点、ベースになる金石文として、現在もなお、大きな価値をもっています。辛亥年銘文のX線による検出二十年のおりのこの報告が、十年後の三十年のシンポジウムに向ってのひとつの問題提起ともなれば幸いです。

鎮守の森と南方熊楠

鎮守の森の歴史と伝統

神社といえば本殿・拝殿あるいは神楽殿など、いわゆる神社建築を連想するけれども、神社建築は後の造営であって、その原像は神籬《ひもろぎ》・磐座《いわくら》・磐境《いわさか》・神奈備《かんなび》などにあった。そして樹林そのものがカミの鎮まる神社として仰ぎまつられてきた。

『万葉集』にたとえば〝木綿《ゆふ》かけて斎《いわ》ふこの社《もり》越えぬべく思ほゆるかも恋の繁きに〟（一三七二）とか、〝山科の石田《いわた》の社《もり》に幣《ぬさ》置かばけだし我妹《わぎも》に直《ただ》に逢はむかも〟（一七三一）というように、社の字が「モリ」と訓《よ》まれたり、『出雲国風土記』の秋鹿《あきか》郡女心《めごころ》高野の条に、「上の頭《ほとり》に樹林あり、是《これ》則ち神社なり」とみえているのも、樹林そのものが神社とみされていたことを物語る。『万葉集』には〝三諸《みもろ》は人の守る山　本辺《もとべ》にはあしび花咲き　末辺《すえべ》には椿花咲く　うらぐはし山ぞ　泣く子守る山〟（三二二二）の歌が収められている。三諸は神奈備で、神体山（そこには樹林がある）そのものが人びとによって守られてきた信仰が反映されている。

「鎮守」という言葉は中国の古典にもたびたび使われてる。たとえば『三国志』の『魏書』（『魏志』）（二）には「鎮守の重臣」とある。前にも述べたとおり、中国では北魏以降、軍隊の駐屯地を「鎮」とよび、唐ではいわゆる「辺境」の地域には「鎮」という軍政区を設けた。日本でもたとえば『続日本紀』の天平元年（七二九）の九月十四日の条に「陸奥鎮守（府）将軍」などと述べる。「鎮守」が一定の地域を守護するカミまたは社を「鎮守」と称した用例として古いのは、『本朝世紀』の天慶二年（九三九）正月十九日の条の「鎮守正二位勲三等大物忌明神」である。しかし「鎮守の神」という言葉が、国民の間にひろまったのは、小学唱歌「村まつり」によってであった（〝村の鎮守の神さまの　今日はめでたいおまつり日……〟）。

モリ（母理）とハヤシ（拝志）はヤマト言葉では、かつては区別されていた。モリは原生林フォレスト、ハヤシは人工林ウッドであった（ハヤシは生やすの名詞形）。たとえば山奥のモリと里山のハヤシに鎮守の森が存在する。鎮守の森はカミとヒトとの接点であり、自然と人間の共生の場であった。奈良時代の村々の人びとが春や秋のまつりで「郷飲酒の礼」を行ったことは、「大宝令」の注釈書である『古記』などにもうかがわれるが、南北朝のころには、荘園制の枠をこえた惣村《そうそん》・惣郷《そうごう》の結合の場として、鎮守の森が大きな意味をもつようになった。そしてその祭祀団体である宮座・宮ノ党などが結成される。神前で村々の掟《おきて》をつくり、「一味神水」・「一味同心」の盟約を結んだ。まつりにはさまざまな芸能が奉納され、鎮守の森は娯楽を共にする自治と寄合の場となった。鎮守の森の歴史と伝統は形を変えながらも現在に生きつづいている。

二十世紀は自然の破壊がいちじるしく進行し、環境の汚染がきわめて顕著となった時代であった。異文化の相互理解・多文化共生が強調されているが、自然と人間の共生が二十一世紀のあらたな課題になっている。鎮守の森の本来のありようは、新世紀における自然と人間の関係の再発見に必ずや寄与するにちがいない。

ところが、バブル経済のなかの土木開発あるいは都市の開発による団地の造成や道路の拡幅・増設など、さらに産業廃棄物や残土のすて場、加うるに農山漁村の過疎化による氏子の減少など、鎮守の森をめぐる状況は、都市はもとより農山漁村においても楽観を許さない。そして合理主義・便利主義・エゴイズムの風潮がたかまって、鎮守の森に対する「オソレ」や「ツツシミ」も希薄化の道をたどっている。

保存とは放置することではない。その活用が保存に役立つ。鎮守の森の実態調査の成果にもとづいて、地域住民の理解と協力を増進し、その整備と活用の方途をみきわめてゆく必要がある。

神社合併と南方熊楠

南方熊楠はすでに指摘されているように、明治四十一年（一九〇八）の稲成村糸田の猿神祠合祀問題から神社合併に強い関心をいだき、翌年の九月から神社合併反対の意見を表明して活動を積極化する。だが神社合併は明治三十九年四月下旬の地方官会議の指示（「神社合祀勧奨ニ関スル件」）、同年四月二十八日の府県社以下神社の神饌幣帛料供進に関する勅令（九六号）、同年八月九日の神社仏堂合併跡地の譲与に関する勅令（二二〇号）とその付随省令・訓令・通牒からはじまったのではない。神社合併の動きは明治三十四年（一九〇一）のころから具体化した。

神格の格づけ（社格）は、天武朝のころからの「天つ社」・「国つ社」がそのはじめだが、神祇官の台帳記載の官社と「神祇官に在らざる社」の、いわゆる官社・民社の差がより明確になったのは、明治政府の神道国教化政策によってであった。明治四年（一八七一）には官国幣社（大・中・小）の官社と府藩県社・郷社が設定されて、その格差がはっきりとしてくる。明治五年からは別格官幣社、府社・県社・郷社・村社の社格が明確となり、明治六年には無格社という社格もきめられた。

そのはじめは府県社神職の給禄は官給、郷村社の神職の俸給は氏子中に課されていたが（明治五・二・二十五太政官符）、ほどなく郷村社神職の給料民費課出は廃止となり（明治六・二・二十二太政官符）、府県社神職の月給は廃止となって（明治六・七・三十一太政官符）、「人民・信仰ニ任セ適宜給与」、その進退は「氏子共帰依之者」に委ねられた（明治八・五・十五教部省達）。さらに神職の等級も廃され、その扱いは住職同様となった（明治十二・十一・十一太政官達）。そして明治十七年以降祭典費用さえが民費課出費廃止となった。

このような状況のなかで神社界のなかから府県郷村社に対する公費支出の復活を要望する声がたかまり、「国家の宗祀」（明治四・五・十四太政官布告二三四号初見）の名実を求める動きが活発となった。そして府県社は府県、郷社は郡または市、村社は市または町村による神饌幣帛料の供進が帝国議会で論議されるようになった。明治二年の七月に設けられた神祇官は明治四年八月に神祇省となり、明治五年三月に教部省が新設された。明治三年七月には民部省に社寺掛を置き、明治四年八月に大蔵省に社寺課を設けていたが、教部省の新設にともなって、教部省が社寺を所管することとなった。明治十年正月教部省廃止、内務省社寺局が設置されたが、明治三十三（一九〇〇）社寺局は神社局と宗教局の二局に分けられる。そして新設間もない内務省神社局が、神社合祀をその施策の一つとし、明治三十四年十月には和歌山県では「神社の合祀を誘導するの件」を指示した。

こうして神社合併が各地で進行することになる。たとえば明治三十五年の七月二十六日には、「郷村社無格社ニシテ其所在町村ノ氏子若クハ信徒ニ於テ神職ヲモ置ク能ハス到底維持、見込ナキモノハ廃止若クハ他神社へ合併ノ儀出願セシムヘシ」と訓令している。三重県では明治三十六年のころからはじまり、明治三十七年四月には都市長会において神社整理の問題が提出されている。三重県においては明治三十六年には六社、明治三十七年には五一社・明治三十八年には六〇社が減少している（森岡清美氏『近代の集落神社と国家統制』、吉川弘文館、一九八七年）。

明治三十九年の二勅令などをうけて、全国各地で神社の統廃合が進行するが、内務省じたいは神社合併を直接に規定した法律や省令をだしていなかったことも改めて注意する必要がある。明治三十九年八月十四日の両局長通達でも「神社、体裁備ハラス、神職ノ常置ナク、祭祀行ハレス、崇敬ノ実挙ラサルモノ」は「成ルヘク合併ヲ行ハシメ」と述べている。しかしその決断は府県知事に委ねられたために、各府県によって大きなひらきが生じることとなった。和歌山県では明治三十九年の十二月十七日に郡市長宛依命通牒（第七五九九号）「神社ノ存置合併標準」をだし、三重県とならんでもっとも神社合併を強行した。

湊村の三社の合併（とりわけ磯間の日吉神社、神子浜の神楽神社）に注目した南方熊楠は（明治四十二年八月十五日）、九月から十月にかけて日吉神社と神楽神社に六度おもむいて、神社関係者を訪ねている（橋爪博幸「神社合祀と史跡の滅却」、『熊楠研究』第二号）。そして明治四十二年の九月二十七日に神社合併反対の意見を表明した（『牟婁新報』）。さらに二度目の投書でも楠見郡長を鋭く批判した。

その反対運動は政府に向けられ、有田郡・日高郡選出の中村啓次郎代議士による帝国議会での質問となった（明治四十三年三月十八日）、しかし三月二十二日の「政府ハ質問書ニ記載スルカ如キ弊害アルヲ認メサルヲ以テ神社合併ヲ中止セシムルノ要ナシト信ス」との全面拒否をうけて、同日再度質問演説となし、翌日「十分ナル監督指導ヲ尽サンコトヲ期ス」の答弁書をみるにいたった。

さらに政府は明治四十三年四月、平田東助内務大臣は地方長官会議での訓示をだした。明治三十九年には一九万あまりあった神社は、大正六年（一九一七）までに約八万（明治三十九年から明治四十四年までで約六万）減少し、昭和十六年（一九三一）末で一〇万九七一二社となったが（京都府と宮崎県の減少率はもっとも低い）、南方熊楠の活躍がなければ、神社数はさらに激減したと考えられる。明治四十三年八月二十一日の田辺中学における紀伊教育会主催夏期講習会への乱入事件による十八日間の拘留にもめげず反対運動はつづく。明治四十四年八月の植物分類学の大家松村任三宛の書簡が、柳田國男によって「南方二書」として刊行され識者へ配布された。さらに明治四十五年の二月には、植物病理学の権威白井光太郎宛に書簡を届け、さらにこの書簡をもとに明治四十五年の四月から六月にかけては『日本及日本人』に南方熊楠の「神社合併反対意見」が連載された（河東《かわひがし》碧梧桐《へきごとう》の紹介による）。そしてその後も熊楠は活動をつづけた。

こうした南方熊楠の神社合併反対の思想と行動については、さまざまな評価がある。生物学の観点から展開された公害反対運動とみなす見解もあれば、史蹟破壊を深く憂慮した行動を重視する考察や、熊楠の主張は多様であって、自然保護の理想のみが特権的な重要性を保っていたのではないとする考えも提起されている。明治四十四年（一九一一）以後、住民に直接働きかけ、説得する運動家としての姿をみることはできず、神社のもつ宗教としての側面を喚起したことに注目する説もある。そして神社や神社の樹林のみを強調することは、逆に環境全体に対する視野を狭めることにもなったという。

たしかに南方熊楠の神社合併反対運動に限界はあったが、熊楠が白井光太郎宛で書いた「神社合祀に関する意見」の反対理由は、(1)神社合祀で教神崇祖を高めたりとは、政府当局が地方官公吏の書き上げに欺れ居るの至りなり。(2)神社合祀は民の融和を妨ぐ。(3)合祀は地方を衰微せしむ。(4)神社合祀は国民の慰安を奪ひ、人情を薄ふし、風俗を害する事おびただし。(5)神社合祀は愛国心を損ずることおびただし。(6)神社合祀は土地の治安に大害あり。(7)神社合祀は史蹟と古伝を滅却す。(8)合祀は天然風景と天然記念物を亡滅す、の八項目の内容にもとづくものであった。「自然保護」もその問題提起に含まれてはいたが、神社の喪失は地域にとっての重要な社会問題とする視座がその主張の重点として構成されていた。白井光太郎宛の書簡の冒頭に、

万一中村氏も演じてくれず、また貴方にも誰も演じ手がなしとなれば、止むを得ず小生はこの書を今一度書き直し、『日本及日本人』へ出さんと存じ候

とあるとおり、実際に『日本及日本人』に発表することになる。そのおよそは白井光太郎宛の書簡と同じだが、未完のために(8)を欠き、たとえば(4)の「国民」が「庶民」に、(5)の「愛国心」が「愛郷心」に、(6)の「治安」が「治安と利益」に書き直されるというような補訂もあった。とく

に⑵の「合祀は民の融和を妨ぐ」が、「合祀は人民の融和を妨げ、自治機関の運用を阻害す」と改められて、その内容はより簡潔になっていた。「自治機関」の内容についての言及はないが、鎮守の森が自治と寄合の場であったのに鑑みてもその補訂は興味深い。

神社合併の強行に対する帝国議会での反対質問は中村代議士らのほかにもあった。明治四十二年二月二十三日には貴族院予算分科会第三分科において、高木兼寛《たかぎかねひろ》・江木千之《えぎかずゆき》議員らが行なっている。そして大正三年（一九一四）の三月にも高木・江木両議員は貴族院で神社合祀廃止を主張した。南方熊楠はその『日記』に「高木兼寛・江木千之二氏神社合祀絶対に廃止を主張し、一同之に賛成せし観あり、余此事を言出して九年にして此吉報あり、本日甚だ機嫌よし」と書きとめている。神社合併の強行に反対したのは南方熊楠のみではなかった。合祀は経済を主として教神の観念なしとする者、官僚的画一的合祀であるとして反対する者、人民の自治的経営権を侵害する合祀であると批判する者、合併のもたらす弊害を指摘する者、珍動物を滅し勝景史蹟を破壊するとみなす者、合祀によって私利を貪る者ありとする意見など、いろいろな論説があった（森岡清美前掲書）。

しかし柳田國男が「箇々の問題で修羅を焼し給うはいかにも精力の不経済に候」として、「願わくは立ちもどり自然研究者の冷静なる観察点に立ち給うべく候」と諫めたほどに（『柳田國男・南方熊楠往復書簡集』明治四十四年八月十四日、明治四十四年十一月十九日）、南方熊楠は執拗にしてしかも粘り強く反対意見を表明しつづけた。南方熊楠のように、明治四十二年九月から神社合併反対の論陣を張り、大正七年（一九一八）に衆議院で「神社合併無益」の決議がなされるその時まで行動しつづけた研究者は南方熊楠のほかにはなかった。大正七年の衆議院における神社合併無益の決議が採択されたその最大の功労者は南方熊楠であった。

ひとりひとりが文化財を守る

文化の都、京都平安京

一九九五年の一月十七日に阪神・淡路大震災が起こりました。当時、私は大阪府立の女子大の学長をしておりましたけれども、私どもの大学の国文の女子学生とご両親がお亡くなりになるという大変残念な事態がございました。大学にすぐ駆けつけて救援のための派遣をしたのですが、体育関係の先生を中心に四名で救援隊を組織して駆けつけていただいたことなど、私の悲しい痛恨の思い出になっています。

震災によって、いかに近代都市の都市構造が脆弱であるか、戦後の日本の都市計画が、重要な防災の視点を欠落してつくられてきたか、また、防災施設がいかに整備されていないか、いろいろ貴重な教訓を学ばされたわけですが、そのことは文化財についてもいえます。

京都には全国の国宝の約二〇%があります。わが国の国宝指定の第一号は、京都市の太秦にある広隆寺の宝冠思惟弥勒像ですが、このわが国国宝第一号指定をはじめとして約二〇%が京都にあります。国の重要文化財についても、約一五%が京都に存在しています。

延暦十三年（七九四）の十月二十二日に都が長岡から京都に遷りました。そして、同年の十月二十八日に遷都の館の詔があり、ついで十一月八日にも桓武天皇による詔が出たわけです。

十一月八日の詔はいろいろな意味で重要なのですが、その詔のなかで「この都は平安京と号すべし」と。つまり、都が葛野の地に遷ったときに「平安京」という都市の名前が桓武天皇の詔によって命名されている。今、香具山の南の都を藤原京とか、あるいは大阪の難波京とか、あるいは平安京の前の、向日市がその中心地ですが、長岡京とか、都の名前をつけておりますけれども、これは後の史料にあったり、あるいは歴史家たちが後につけている都の名前でしたが、平安京はできたときに天皇の詔で命名されているのです。

平安にあらざる都

平安の都という名前は、「平安楽土」を願ってつけられた都の名前ですけれども、内実は「非平安京」でした。平安京は平安にあらざる都であった。ところが、平安の首都は平らかで安らかなみやびの王朝文化であるというようなことを一般的にいう人が多いのですが、これは誤れる都市の記憶です。

たとえば、平安時代の末ですが、源平の戦いがありました。年号をとって治承・寿永の内乱とよんでいます。

平安の都は、源平の戦いでかなりの部分が炎上しました。有名な鴨長明の『方丈記』は、治承・寿永の内乱の前の安元三年（一一七七）四月、平安京の二万余家が焼亡していく姿を描いていますね。消防のみなさんは『方丈記』を読んでください。消防のテキストとしても、参考になります。

それから、応仁の乱などと申しますが、大体こういうふうに京都人がいっているからいけません。応仁はたった二年間しかないんですね。応仁元年すなわち一四六七年、細川勝元、山名宗全の東西両軍が戦火を交えまして、文明九年まで約十一年間続くのです。大きな被害を受けたのは文明に入ってからです。

京都市の出版物でも応仁の乱などと書いてある。いつも「そんなのはあかん。応仁・文明の大乱と書いてほしい」といっているのは、京都が大きな被害を受けたのはむしろ文明に入ってからです。〝なれや知る都は野辺の夕ひばり　上がるを見てもおつる涙は〟と飯野六左衛門が歌っておりますが、京都は戦火のなかで大変な被害を受けました。

それだけではありません。元治元年（一八六四）の蛤御門の変。これは俗に禁門の変と申しておりますが、京都の古老のみなさんは今でも禁門の変のことを、「どんどん焼け」、あるいは「鉄砲焼け」とおっしゃっています。このときに、長州藩が攻めてくるわけです。薩摩・会津が中心になって京都御所を守ります。このときにも京都はものすごい被害を受けています。

「火事は江戸の華」と申しまして、江戸ではたびたび火事が起こっておりますが、京都でも大火がたびたびあるのです。とくに天明八年（一七八八）の大火では大被害を受けています。

そういう非平安の都が、国宝の約二〇％をいまも伝えている。重要文化財の約一五％が京都にある。これはどうしてかということを考える必要があります。これらの文化財は寺社の関係者はもとよりのこと、地域の住民が中心になって守ってきたのです。

また、京都にもたびたび地震があります。よく慶長大地震と言いますが、これもちょっと命名が間違っている。地震の起こったのは文禄五年（一五九六）の七月、慶長に続いたのは余震です。一番被害を受けたのは慶長に年号が変わる前ですから、私は「文禄大地震といわないかん」といっているのですが、大概の本には慶長大地震と書いてあります。しかし、あれは文禄五年の大地震。この地震でも京都は大変な被害を受けております。

平安京は決して平安の都ではありませんでした。平安にあらざる都であった。にもかかわらず、全国国宝の二〇％、重要文化財の約一五％が残っている。

ただし、中心部にはあまり残っていないのです。残念ながら、中心部は火災に遭いました。火災といっても戦災が多いのですが、しかし、周辺部を中心に国宝、重要文化財が残っている。したがって、世界文化遺産に、二条城を含む十七の神社・寺院が登録されるということにもなっているわけです。

京都を守った力

ここで、三都の問題を京都を例にちょっと考えてみたい。いま、関西で三都といっているのには神戸が入っておりますけれども、江戸、京都、大坂、これがかつてのいわゆる三都ですね。いずれも幕府の直轄都市でした。

大坂には城代がおります。大坂城目付、大坂目付がおります。東と西に東西奉行所があります。ご承知の大塩平八郎はその与力で、与力は大坂では東西に三〇人ずつおりますから、合わせて六〇人。同心が五〇人ずつ、一〇〇名。江戸時代、もっとも栄えたころの大坂の人口は約四五万人。どれぐらいの武士がいたかというと、司馬遼太郎さんは『花神』のなかで三〇〇〇名ぐらいと書いておられますが、これはやや多過ぎる。大坂にいた侍は一〇〇〇名ぐらいです。町の消防は誰がやったのか。その中心は、総年寄、その下にいた年寄が消防を担当していたわけです。

京都はどうか。京都には平安時代以来ずっと朝廷があり、京都御所があります。京都を古都なとというのに私は反対です。古いだけが京都の値打ちではないのであって、古くて新しい、伝統と創生の都でした。

慶応四年（一八六八）の九月八日、年号が明治に変わり、同年十月十三日に江戸城は東京城と改められましたが、首都にするという詔勅は出ておりません。江戸は非合法に首都になったといえるかもしれない。しかし、事実上、東京が首都になったのは、明治天皇の即位は京都御所で挙行されましたが、大嘗祭は東京城で執行されたからなのです。京都で大嘗祭が執行されていたら、もう少し状況は変わった可能性もありますが…。

京都には朝廷があり、所司代がありました。そして京都にも東と西に奉行があるんですね。そして、ご承知のように奉行のもとに与力、同心がそれぞれいます。大坂よりは少ないのですが、与力が二〇、東・西合わせて四〇。同心が五〇、合わせて一〇〇名でした。

ところで、京都には朝廷とのつながりで、約一五三の各藩が藩の屋敷を持っていました。大坂は商業都市ですから、有力藩の蔵屋敷がありまして、そこにも武士はいるわけですが、京都には藩の屋敷があります。全体から見ると、大坂よりは京都の方が武士人口は多い。

実際の防火は誰がやったのか。江戸のような大名火消《ひけ》しや町火消しはおりません。町組が中心です。中京区ができるのは昭和四年（一九二九）で、それまでの京都は双子都市でした。上京と下京から成り立っていた。平安時代の一〇世紀の初めのころで、京都の都市人口は約一二万人です。応仁・文明の大乱で、大被害を受けましたから、京都はそのころで約五万人。江戸時代はどれぐらいか。多いときで三〇万人ぐらいです。江戸は一〇〇万都市になるわけですけれども。京都の実際の防火、消防の中心は町民がおもに担っていたのです。

江戸はどうか。江戸は将軍のおひざ元ですから大名火消しがいます。また、定《じょう》火消しがいます。とりわけ明暦の大火以後は、ご承知の新門辰五郎が有名ですが、いろは組の町火消しができる。たびたび火事がありますから、最初は四七組ですが、後に四八組になる。

しかし、江戸は直轄都市のなかでも、将軍のおひざ元ですから、幕府が江戸の消火、防災には力を入れているのですが、京都は江戸にくらべるとおろそかに扱われてきたといえます。町民がみずから年寄や月行事を選んで町組を組織して町を守ってきた。これを今後の文化財保存の一つのヒントとして、もう一度考えておく必要があるのではないかと思っています。

京都では町組が番組という名前に変わります。全国に先駆けて、明治二年、番組が小学校をつくったんですね。六四の小学校が全国に先駆けて京都ではできました。その番組小学校の内容を調べてみると、たいがいは町会所を中心に学校をつくるわけです。もちろん教育を実施しておりますが、小学校に消防ポンプがあるんですね。町組火消しの伝統を小学校が受け継いでいる。その伝統は今も残っています。

一九九八年の十一月、京都市は学校歴史博物館をつくりまして、番組小学校をはじめとする約八〇〇〇点の資料を収蔵して、オープンしておりますが、そこには小学校にあった消防の車ポンプを並べています。これを見ても町組火消しの伝統のありようを伺《うかが》うことができます。

文化財を生かす

明治五年（一八七二）、京都へ来た福沢諭吉が、『京都学校記』を書いて、大変感激しているのも偶然ではありません。

そこで、文化財を守るというのはどういうことなのかということを改めて考えてみる必要があります。

「文化財」というような言葉が使い出されたのは、昭和二十五年（一九五〇）、文化財保護法ができてからですね。何で文化財保護法ができたかというと、前の年、昭和二十四年の一月二十七日に法隆寺の金堂の壁画が燃えた。そこで、時の政府関係者、また、文化財の将来を憂えるわれわれの先輩が中心になって、文化財保護法という法律を昭和二十五年につくったわけです。昭和二十五年の五月三十日に施行されました。「文化財」という言葉がそれから一般化します。

その内容は四つに分かれています。一つは有形の文化財。たとえば、建築物とか、彫刻をはじめとする美術、工芸品、あるいは文書、記録のたぐいも有形文化財に入っています。それから無形文化財、これは二番目ですが、演劇、芸能、あるいは音楽、そういうたぐいです。それから伝統技術です。彫刻をされる方、彫金、彫り物をされる方、そういう方の伝統技術、これも文化財のなかに入っておりまして、無形文化財……。この名前はおかしい。形がないという表現ですけれども、固定していないだけで、それなりの「かたち」はあるわけです。それから民俗文化財、これには有形と無形がありますが、これが三番目です。無形には民俗芸能や年中行事なども入ります。そして四番目が史跡、名勝、天然記念物です。これらを文化財といっているわけです。

もちろん芸能とか、演劇とか、そういうものも大事でなんらかの被害を受けますが、震災によって直接に被害を受けるのは、いわゆる有形文化財です。伝統技術者が震災の被害で亡くなるというような場合ももちろんありますから、震災と無形文化財は無関係だということはできませんし、民俗文化財も震災と関係がありますが、最も被害を受けるものは有形文化財です。仏像・神像とか神社・寺院の建築とか、あるいはすぐれた陶芸品、焼き物など。

しかし残念ながら、形あるものは滅びるのです。そこで保存が必要になってくるわけです。修理しなければならない。ところが、保存というのはそのままにしておくことだと思っている、とんでもない方もいるのです。放置は保存ではありません。ほっておいたら滅びはますます進行します。形がありますから。虫も食いますし、変化もしてゆきます。日本の神社建築、寺院建築は木造が多い。耐震効果は鉄筋よりも木造の方が強いらしいのですけれども、保存しなければ、日ごろから活用しなければ、形がありますから滅んでいくわけです。

震災と文化財の問題を考えましたときに、いざというときすぐに守る用意がいる。それはあたりまえのことですが大事なことです。東本願寺の前に大噴水がありますね。あれは琵琶湖の疏水の水を引いてそれを活用して噴水にしているわけです。あれは東本願寺を守る防災の役割もしています。

たとえば、京都には琵琶湖疏水が流れておりますね。それから高野川、賀茂川。その合流点に下鴨神社すなわち賀茂御祖《かもみおや》神社があるでしょう。あそこはいわゆる小倉百人一首に出てくる「風そよぐ奈良の小川の夕暮れはみそぎぞ夏のしるしなりける」の奈良の小川や瀬見《せみ》の小川が流れています。あれは高野川から水を引いて流している小川です。高野川と賀茂川が下鴨さんのところで合流する。合流する前は賀茂川、合流してからが鴨川です。それから堀川がある。ところが、全然水を流していなかったのです。これは地元で「臭い臭い」といってとめてしまった。堀川通に沿って南流し、西の紙屋川（西堀川）に対して東堀川ともよびました。水をずうっと誘導して流しているんです。これを今度流すことになりました。堀川の水は有名なんですが、京都御所の水もこの鴨川から水を引いているわけです。

これらの水を防火の水にできないか。いざというときには、鴨川や堀川ばかりではない。嵯峨の方では、上流は保津川で、下流は桂川ですけれども、ここに桂離宮もありますし、この近くには、大宝元年（七〇一）に創建された松尾大社、さらに西芳寺（苔寺）などもありますね。この自然の川の流れなどを京都の山紫水明の水を防災に利用できないか、過去の歴史に学んで京都盆地の水を活用する必要があります。

大事なのは、日ごろから地域の住民のみなさんがその文化財の価値を知っていてくれなければ、いざというときに守れない。文化財を守るための前提には、文化財を活かすという運動があってはじめて守れるわけです。私はそういうように考えています。

日本の歴史、心を守るために

よく京都の町衆《まちしゅう》といいますが、正しくは「チョウシュウ」なんですけれども、俗に「マチシュウ」と申しております。町衆が京都の防火を担ってきました。つまり、かつては地域と寺、地域と神社が結びついていたのですね。

ところが、明治以降は、国あるいは地域の自治体が、町民がやってきたのを全部やるようになりまして、すべてお上に任せるようになってきた。したがって町組の伝統はいまは稀薄です。あるとすれば消防団ぐらいですね。京都の消防団には町組の伝統が背景にある。町ぐるみでという視点も、活用がないと保存ができないということになります。凍結は保存ではない。これは下手をすると放置になる。文化財を守るためには、日ごろからその重要性をそれぞれの地域のみなさんが認識して、日ごろから文化財と親しむ。いざというときには、防災設備ももちろん完備していないと、役には立ちえませんが、文化財の保存と活用には、地域を欠落させてはいかんというのが私の基本的な考え方です。

ですから、それぞれの土地で見つかった発掘品はなるべく地元で展観してほしい。何でも東京の博物館へ持っていったり、京都や奈良の国立博物館へというのでは、これは文化財の中央収奪になります。地元で生きてきた文化財は地元で活かす。もちろんそのためには文化財を守る施設がいりますね。たとえば震災に耐えうる収蔵庫がなければ、社寺のなかの有形の文化財を守るといったって、それはなかなか難しい。お金はかかりますけれども、地域力で収蔵庫をつくっていくという姿勢や知恵がいる。もちろん、国の保存に対する責任がある。国の宝ですから。しかし、できるかぎり地元で保存という姿勢が望ましい。そして日ごろから親しみ活用していただくということが、いざというときに役立ち、結果として文化財を守ることになる。

なぜ文化財を守らなければならないかといえば、もちろん日本の宝であり、アジアの宝であり、世界の宝ですけれども、そこにはわれわれの祖先以来の歴史と文化が集約されているからです。

日本の歴史と文化が日本の文化財に反映され集約されている。もっと一般化していえば、文化財が滅びるということは、日本の心が滅びるということです。だから、日本を愛し、日本の文化で世界平和に貢献しようとのお考えのみなさんは、文化財を守るということは他人ごとではないのです。しかも、それらは地域のなかで守り、活かされてきた文化財です。たまたま国宝に指定され、たまたま国の重要文化財になっているものばかりではなく、まだまだ指定されていない貴重な文化財もたくさんあります。

そのためには日ごろから文化財についての理解を深める活動がいりますし、その文化財を地域で活かす運動がいる。そして、一番大事なのは、震災が起こったときに、最初が大事ですから初動の活動、そのためには道路の整備や防災の施設は不可欠になります。

京都は幸いにいろんな水があります。大阪もそうだと思いますけれども、文化財の災害対策として、都市のなかの水を活用すべきだというのは一つの提案です。しかし、それだけではなくて、初動の活動をちゃんとできるように道路の問題も考えておかないと、消防の車が入れないようなことではどうしようもないわけです。

そして空です。空からの防災。空路の問題。これは神戸の大震災のおりの教訓ですが、海水です。海水をどう利用するか、そういう問題もあります。そして、震災の情報をいち早く発信しなければなりません。そのネットワーク化も必要です。

そしてそれには都道府県を超えた体制がいる。京都で起きたら、それは京都のことだといって大阪の人は知らん顔をするのではなくて、府県を超えた防災の体制がいる。そのためには、自治体が防災計画を文化財についてもあらかじめ立てておくことが肝要です。ましていわんや、国宝や国の重要文化財を指定をしている国が、指定だけして、その防災についての経済的援助をしないというようなことでは、なんのための国宝、なんのための国の重要文化財かわからなくなりますから、国は文化財についても十分に防災の体制をとっていただくよう指導・助言・補助をしなければなりません。

ことが起こったときにすぐ動けるような体制をととのえる必要がある。そして、地域のみなさんにも、その保存と活用の歴史を知っておいていただくことが大切です。たとえば、京都の国宝や重要文化財は江戸幕府が守ってくれたんじゃない、町組が守ってきたのだということ、その伝統をもう一度自覚して、地域がこの防災体制に積極的に参加することが必要ではないでしょうか。

そしてさらに災害社会史がいるのではないか、ということも提案したいと思います。どういう地震がいつ起こったか、そういう研究はいっぱいあるわけですが、同時にそのときにどういうふうな活動で守ったか、あるいは再建したか、そういう災害社会史を今後調査し、研究を深めていくことが文化財を守る上でもますます必要になってくると考えています。

Ⅳ

地域史の再発見

地域史を見直すということで、私には「地域史の再発見」というテーマで話をしてほしいという依頼がございました。

地方と地域の違い――地方史研究から地域史研究へ――

大概、この種の研究会は「地方史」の研究会と呼ばれております。いま、政府が地方分権ということを強く申しておりますが、この「地方」ということばがよく使われるんですけれども、気比史学会では「地域」ということばをお使いになっている。いわゆる郷土史の研究に取組んでおられる多くの皆さんと、一つも二つも、歴史を見つめておられる視座あるいは立場が違うということは、地方史ではなく地域史として研究しておられることにも象徴されています。

「地方」と「地域」というのは違うんですね。現在使っている「地方」ということばは、中央を前提にする用語です。中央があって地方があるという考え方。ですから地方分権ということばには、私は大変抵抗を感じているわけです。あらたに「地方分権一括法」という法律を定めて、各自治体に国の行政上の権限の一部を、譲るということになりましたが、これでは本当の地域の分権にはならないのではないか。中央あっての地方ではなくて、地域から――それぞれの地域から――敦賀の気比史学会の皆さんの場合は敦賀という地域から、東京を考える、あるいは大阪を考える。アジアを考える。地域に立脚して歴史を見つめ直すということが地域史の立場です。中央を前提にする地方史では充分な地域の解明はできません。

地方ということばは、私の書いた論文などをご覧になるとお解りになると思いますが、私はなるべく使わないようにしています。私は地域ということばを早くから使ってきました。これには意味があります。中央を前提とした地方という捉え方では、結果として「中央史観」になってしまいます。卑近な例で恐縮ですけれども、今は郵政関係の皆さんも気づかれて流石にそんなポストはありませんが、昔は、東京都のポストは「都内」、「地方」と、投函する口が別れていたんですね。これも中央を中心にした発想です。

私は古代史の専門で、お亡くなりになった東京大学の教授であった井上光貞先生と、公の場で激しく論争したことがあります。しかし、それが京大と東大との学閥の対立のように、松本清張さんなどはいい話題として面白おかしく書かれましたが、そういう学閥の対立ではないのであって、井上先生の学問を高く評価しているがゆえに、また私よりも年長で、学問の先輩なんですが、井上先生の考えにどうしても賛成できないところがあるので、胸を借りるつもりで論争したことがあります。プライベートには学会の後で一緒に酒を飲んだりして、親しくしていました。

東大で歴史学の学会があって、偶々井上光貞先生が議長をしていた。それで、関東の諸君をずうっとあてていって、「それでは只今から、地方の方にご発言願います。京都大学の上田教授」と私が指名されたんです。ですから、私、ムカッとしました（笑）。

そのときは春の学会で、秋には京大で学会があったんです。偶々私が議長になりまして、そのとき意地悪をしまして、最初に関西の諸君をあてていって、「それでは只今から地方の方、ご発言願います。東京大学の井上教授」とやったところ、会場の皆さんがわーっと笑いました。

中央から日本を見る、こういう歴史の見方、考え方を、私は中央史観と呼んでいます。例えば、飛鳥時代の歴史を考えるときに、奈良県の明日香を中心に、明日香から吉備を論ずる、明日香から出雲を論ずる、明日香から上毛野を論ずる。それもいいかもしれませんが、ミヤコから放射線状に、いわゆる中央から地方へという視座に立って、日本の歴史を見たり、考えたりするというだけでは、偏った歴史の見方に陥るわけです。そのことを私は気付いておりましたので、もう随分前になりますが、「読売新聞」に、「中央史観の克服」というテーマで書いたことがあります。昭和四九年（一九七四）の四月三十日版がそれです。

例えば、平安時代の越前の歴史を、平安京から論ずる。あるいは平安京から能登の歴史を論ずる。そういう視点だけでは、本当の地域の姿は明らかにならないのではという疑問があります。こういう考え方は、中央に対し地方が遅れている、中央が進んでいて、地方が未開発であるという見方に根ざしているからであり、したがって東北の蝦夷《えみし》の皆さん、あるいは南九州の隼人《はやと》の皆さん、こういう人々は辺境の人達であるという歪んだ見方になります。文化というものは、中央から地方へ伝わるんだ。そういう考え方になり易いのですね。そうではなくて、出雲から、あるいは若狭から、あるいは越前から、ミヤコを考える。つまり、中央から歴史を見るというだけではなくて、単眼で見るのではなくて、複眼で、地域から歴史を見るという姿勢が要るということを考えてゆきたい。中央あっての地方ではないのです。

例えば、江戸時代の歴史を見ると、将軍のお膝元であった江戸を中心に考える。それは一つの見方ですけれども、それだけでは江戸時代の内実は明らかにはなりません。先ず第一に、江戸は最初から中心であったのではありません。徳川家康が江戸城を築くまでは一介の漁村に過ぎなかったわけですけれども、後に江戸八百八町と言われますように、政権の所在地であったために江戸が繁栄して発展していくわけで、初めから中央であったのではない。いわゆるヤマト朝廷の歴史を論じた本はたくさんございますが、ヤマト朝廷の立場からだけで、例えば出雲の問題を論じてはなりません。それでは中央中心の偏った、歪んだ歴史の見方、考え方になっていくわけです。

地域から日本を考える。地域からアジアを考える。地域から世界を考えるという発想が大変重要になってくると思っています。気比史学会の誕生の方が早いかもしれませんが、昭和五五年、一九八〇年頃から、「地域学」が提唱されるようになりました。

私はこの提唱に大賛成で、各地域の研究をしておられる先生方が横浜に集まったんですね。地域学連絡協議会が横浜で開かれたときに、私も参加しましたので、昭和五五年という年を今でもよく覚えています。

決して今までの郷土史の研究がすべて間違っているわけではない。今までの地方史の研究の成果は評価しなければなりませんけれども、これまでの郷土史、従来の地方史に決定的に欠けていた点があります。

郷土の研究をすることは極めて大事なことです。地元の方にとって、地元の過去を考えるということは大事ですが、ややもするとお国自慢になってしまう。わが故郷はこんなに素晴らしい。わが故郷からはこんなに立派な人物が出ている。つまり地域エゴイズム・郷土ナショナリズムになりがちです。なぜ、そのようになってしまうかというと、比較の視座が欠けているからだと思います。

例えば、御当地、敦賀。私も先ほど御紹介にありましたように、気比史学会の講演には二回来ておりますが、他にも、敦賀市役所の主催の講演にも二回来ております。そして気比神宮、西福寺、常宮神社など、敦賀には素晴らしいお宮やお寺がございます。西福寺さんにも貴重な文書がたくさんありますね。そういうものを見せていただきますと、確かに敦賀には良いところがたくさんあることがわかる。けれども、敦賀には弱点もあるはずです。足りないところもあるわけです。それがどうしてわかるかというと、よその市町村と比較して初めて、どこが進んでいるか、どこが遅れているかということを見出すことができます。

敦賀の事だけを調べていたのでは、本当の敦賀の姿をみきわめることはできない。郷土史の研究が決して間違っていたのではありませんけれども、従来の郷土史研究、従来の地方史研究に決定的に抜けているのは、あるいは抜けていなくても軽く見られていたのは、比較の視座が欠落あるいは軽視されていたということです。

実は、こういうことを言われた先輩に、柳田國男先生がおられます。日本民俗学の育ての親である柳田先生が、昭和六年（一九三一）に郷土科学を提唱されました。郷土を科学する。郷土科学講座と言う柳田先生を中心とする講座ができました。シリーズで出版されておりますが、柳田先生は郷土生活研究法という方法論についての論文も書いておられます。

その中で、従来の郷土史研究は、比較の方法を軽く見る、あるいは比較の視座が欠落していると言うことをはっきり指摘しておられます。

江戸時代、「地方《じかた》」ということばがありました。これは今、私どもが使う「地方《ちほう》」という意味とはかなり違います。「地方三役」とか「地方書」とかの「じかた」は、在地を意味しています。

その土地に密着すると言う意味が非常に強いのですけれども、今、私どもが地方分権とか、あるいは地方史というように軽く使っている「地方」ということばは、明治四年（一八七一）の廃藩置県以後の、どうしても中央を前提にして考える地方です。それでは中央史観を克服することはできないのではないか。こういう疑問が、私には、ずうっとあります。

中央からだけで歴史を見ていたら実相は明らかになりません。地域に立脚して中央のあり方を考える。そういう歴史の見方、考え方をもう一度つくっていくためには、たんなる郷土史では駄目です。中央を前提にする中央史では駄目だと思うようになりまして、初めてそのことを活字にしましたのが、さきほど申しました昭和四七年の頃です。

今、政府が言っている地方分権の場合は、あくまでも中央が上で地方が下なのです。これでは、分権にはなりません。中央と地域とが対等であるという関係でないと。国の権限の一部を地域に譲ったって、そんなことだけでは地方分権とは言えません。地域が主体になって、国がそれを補完する。そういう状況が、本来あるべき地域分権の姿であって、そういう地域分権に密着した地域主権型の社会をつくっていくのを本気でやるのが地域分権です。地域史に学ぶということはただ単に、何年何月、どういうことが起こったか、ではありません。

先ほどお聞きしますと、鳥浜貝塚。縄文時代の素晴らしい博物館が出来ているそうですね。私の友人の梅原猛さんが、そこの館長になっておられるそうですが、頑張ってもらいたいと思いますけれども、ついこの間、東京の出版社大和書房から『日本という国——歴史と人物の再発見』という、梅原猛さんと私の対談の本が出ました。梅原さんは、古代史にも大変関係が深い方ですね、法隆寺を怨霊の寺と位置づけて『隠された十字架』などを書かれているとおり、いろいろと古代史についても発言をしておられますが、梅原さんの古代史研究の方法と私の方法は大分違いますが、昨年の暮れ、お互いに忙しいものですから、なかなか日が取れなくて、やっと十二月の二九日と三十日に二日間を充《あ》ててぎっしりと二人で討論をしたわけです。

最初は古代史を中心にやりまして、かなり激しい論争になりましたが、二十一世紀をどう生きるかという話では、私の考えと梅原さんの考えが大変共通しているところが多く、心強く思った次第ですが……。

梅原さんが、縄文とかアイヌとかいうものに関心を深く持っておられるのは、日本文化の原点をはっきりさせたいという梅原さんなりの情熱と構想があるからです。単なる趣味や単なる関心で、縄文の土器を見つめているのでもなければ、また縄文の土偶を見つめておられるわけでもないですね。

歴史を学ぶということは、歴史の過去をよくみきわめて、現在をどう生きるか、明日をどう展望するかという。歴史の学習というのは後ろ向きではなくて、前向きでやってほしいと私自身も考えています。余談になりましたが、地域の研究とは、これからますます高まる地域分権のなかで、大切な学問になってきます。二十五周年を迎えられた気比史学会も、この敦賀の地域の究明にこれまでにも多くの御苦労がたくさんあったと思いますが、今後その蓄積を大いに発揮していただくことを期待している一人です。

グローカルな視座——ローカルとグローバル——

敦賀という地域もローカルな地域です。ローカルなんですけれども、ローカルであってグローバルでなければならない。これを略してグローカルと、私どもはよんでおります。これからの地域研究は、ローカルであってグローバルでなければならない。最近もアメリカの学術雑誌に〝glocal〟という言葉が載っていました。アメリカ人も使うようになったらしい。地域に立脚して地域だけを研究していたのでは駄目です。時間軸だけでも駄目です。空間軸も必要になる。地域の研究には過去、現在、未来という時の流れがある。これは縦軸といってもよい。その史脈は勿論必要です。現在は過去の集積ですから、過去をきみわめることなしに、未来を展望することはできません。しかし縦軸だけではだめで、横軸、空間軸、地域そのものの空間的な横の拡がりもみきわめなければなりません。

例えば越前と能登はどう違っているのか。越前と若狭、あるいは但馬。この周辺の日本海沿岸地域をめぐっての比較が必要になります。どう違うのか、そういう比較は横の広がりで、空間軸と私は申しております。そういう分野をやろうとしますと政治学とか経済学とか、社会学とか、もちろん地理学とか、場合によっては自然科学の植物学とか生物学とか、あるいは地質学・地震学など隣接科学の提携も必要になります。おそらく越前の植物と、同じ日本海沿岸地域でも出雲の植物とはかなり違うと思いますし、動物にも差異があるだろうと思います。

どこが共通して、どこがどう異質であるかという比較が大切です。これが私の言うグローカルな地域史研究です。つまりローカルだけになりますと、どうしてもお国自慢になりやすい。わが故郷はいかに愛されるべきか。愛すべきか。そういうことにとどまってしまいます。

「郷土」ということばは、中国の古典にはいろいろと出てまいります。中国の古典に出ている「郷土」の用語のなかで、すごく大事だと思っている例を皆さんに紹介しておきます。御承知のように中国の「前漢《ぜんかん》」、日本では前漢と言いますが中国では「西漢《せいかん》」と言いますね。そして王莽《おうもう》の「新《しん》」があって、これは短い王朝です。次に「後漢《ごかん》」、これは「東漢《とうかん》」といってますね。

そして「魏《ぎ》・呉《ご》・蜀《しょく》」の三国。皆さんよく知っておられる『三国志《さんごくし》』は、魏・呉・蜀の歴史を西晋《せいしん》の陳寿《ちんじゅ》が書いたものですね。所謂「魏志倭人伝《ぎしわじんでん》」というものが載っている本は陳寿が書いた『三国志』の『魏書』です。その魏の後を受けて「晋《しん》」という王朝が樹立される。最初は「西晋《せいしん》」といいますね。それが南に下って「東晋《とうしん》」という国になりますが、この晋の歴史を書いた本が『晋書《しんじょ》』。この中の音楽のことを書いている「楽志《がくし》」の中に、「郷土同じからず」という文章があります。郷土、郷土と言うけれども、その郷土は決して同じではないのです。「郷土同じからず」……敦賀の郷土と但馬の郷土は違うのです。これは当然です。地域には地域の独自性がある。どこが独自なのか。もちろん共通性もある。どこが独自か、つまり地域の個性といってもいい。どこが共通しているのか。地域の普遍性と言ってもいい。地域における〝個〟と〝普遍〟。これを具体的に究明するためには、比較の視座をしっかり持っていないと、私のいうグローカルな地域史を構築することはできないと思います。

ここで、中央史観がいかに間違っているかということを、具体的な例をあげて若干お話したい。現在の日本の学界でも、まだまだ、中央からの歴史を組み立てている場合が多いからです。

私は、島根県とは大変御縁があって、平成元年（一九八九）からの澄田知事さんの依頼で、島根県の文化の問題について、色々と提言を行ってまいりましたので、出雲を例にお話したいと思います。島根県にはたびたび調査に行っておりまして、調査の指導、助言も行っております。

昭和五十九年ですから一九八四年のことです。弥生時代をやっている考古学者であれば腰の抜けるような大事件がありました。同年の夏。島根県の斐川町《ひかわちょう》。その場所は神庭《かんば》サイダニという場所ですね。地名はすごく大事です。この〝神の庭〟という、今も神庭という、これは古代からの地名です。サイダニはおそらく塞谷でしょう。そこの一箇所から銅剣《どうけん》が、なんと三五八本も出土したんです。びっくりしました。弥生時代の銅剣です。全国の各地で銅剣は出土していますね。

朝鮮半島に近い北九州などではたくさん出るのですが、全国の弥生時代の銅剣を集めても、日本全国でトータルした数が約三〇〇本です。それなのに一箇所から三五八本も出土した。「前から予想していた」なんて、そんなことを言った人もいましたが、それでは嘘つきになります。

連絡を受けて、島根県の文化財保護課に電話して「本当に三五八本出たんですか」と聞いたら、「本当です」というので、すぐに現地に行った。

そして、翌年、やはり調査をしましたら、すぐそばで銅鐸《どうたく》が六個、そして銅鉾《どうほこ》が一六本みつかったんですね。残念ながら銅戈《どうか》は出なかったですが。

これはものすごいできごとでした。銅鉾は、北九州系統の銅鉾です。銅鐸六個の一つ、一号鐸と名付けられたのは出雲で作られた可能性がありますが、あとの五個は、いわゆる畿内系の銅鐸だと思います。しかしこの銅剣は、明らかに出雲を中心とする地域で作られたと考えられます。

さらに平成八年、一九九六年ですが、十月十四日、今度は島根県加茂《かも》町（現雲南市）岩倉、この地域には実際に磐座《いわくら》があるのです。神の霊が宿ると考えられる大きな巨石のある場所ですから、岩倉という地名が早くからついていた。その地域から銅鐸がなんと三九個出たんですね。

それまでに出雲で出ている銅鐸、神庭遺跡からは六個出ていますね。これ以外に見つかっている銅鐸、あるいは出雲で見つかったと伝えられている銅鐸を加えると、現在、出雲で見つかっている銅鐸は五四個です（伝三個を含む）。全国でもっとも多く、銅鐸の見つかっている場所が出雲ですね。

考古学の分野では、二大青銅器文化圏という考え方がまだまだ根強い。近畿を中心に銅鐸の文化圏がある。北九州を中心に銅剣・銅鉾・銅戈の文化圏がある。これが二大青銅器文化圏説です。出雲は、この両方の文化圏の接点の一つに過ぎなかった。この説を提起されたのは哲学者の和辻哲郎先生です。『日本古代文化』の改定版（一九二五年）で二大青銅器文化圏説を提起されたわけです。この説は未だに根強い。

私の言うグローカルな地域史の研究の立場からすれば、ここにもうひとつ、出雲を中心とする青銅器文化圏を描くべきです。中央から歴史を見ておりますと、地域の持っている独自性が消えて行くんですね。ややもすると中央中心の歴史になりがちです。

ただし、出雲は凄いぞと、出雲が日本の中央だみたいなこと言うてたら、これでは比較の視座がどこかへ行ってしまう。出雲ナショナリズムになってしまいますね。ローカルだけでは本当の地域史は語れません。グローバルな普遍性にローカルな独自性を加えての比較が肝要です。

私が申し上げたいのは、中央から見ている歴史観だけでは、地域が正当に評価されないということです。明治四年、一八七一年に廃藩置県がありました。ちょうど二〇〇一年は、藩が廃止され県ができてから一三〇年になります。一三〇年の日本の歴史は、中央集権の歴史であったといっても過言ではありません。歴史の見方、考え方も中央史観によって書かれ、その歪みが反映されてきたことは否定できないでしょう。

その歪みを、地域から問い糺していく必要がある。例えばアイヌの皆さん、あるいは東北の蝦夷《えみし》の皆さんを辺境の人々である、未開で遅れているなどという考えで歴史を認識してはなりません。蝦夷の本当の姿というものは、蝦夷の側から見なければ解けない。中央の貴族や官僚の立場で描かれた史料で、蝦夷の研究をしておっても、本当の蝦夷の姿は明らかになりません。私は蝦夷のことも大変関心があります。いわゆる中央の史料にも、農耕をしていた蝦夷もいますね。これを田夷《でんい》という。山夷《さんい》つまり狩猟や漁撈をやっていた蝦夷もいます。そればかりではない。史料によると海外貿易をやっていた蝦夷もいるんです。史料にはそういう名前はでてきませんが、「海夷《かいい》」の存在です。実際に、東北の蝦夷の側から調べてみますと、辺境などという理解で、蝦夷とよばれた皆さんの歴史を解き明かすことはできないと思います。

そういう視点から、あらためて比較の視座を確立する必要があると思います。

北ツ海文化を見直す――青銅器・鉄・交流史――

次に、「北ツ海」の問題に入ります。私は日本海ということばは余り使わない。

日本海という名称が、何時ごろから使われたか。文化二年（一八〇五）にロシアの海軍提督、クルーゼンシュテルンが長崎へ参ります。そしてウラジオストックへ帰っていった。世界を一周してクルーゼンシュテルンが書いた本が『世界周航記』です。一八世紀の前半、この本が書かれたなかに「日本海」とみえる。ですから、「日本海」という名称は、ロシア海軍のクルーゼンシュテルン提督がつけたのだという説が流布していますが、これは間違いです。

日本人で、最初に「日本海」という海の名前を使った人物は山村才助《さいすけ》という蘭学者です。山村才助はすぐれた蘭学者で、新井白石が書いた『采覧異言《さいらんいげん》』という本を補訂しましたのが、『訂正《ていせい》増補采覧異言《ぞうほさいらんいげん》』という書です。この本の出版は享和二年。西暦一八〇二年です。クルーゼンシュテルンの『世界周航記』よりは早く山村は、日本海と書いております。私は、才助が偉いと思うのは、太平洋を「東洋」と書いていることです。敦賀の皆さんは、毎日、日本海を見ているわけです。そして太平洋を東洋と呼ぶべきだなどと、一度でも考えた人があるでしょうか。おられたら、その人は尊敬に値する。日本海を中心に日本の歴史を考えている。日本海から太平洋を見る。だから、東洋ということになります。これは、やはり日本海側地域というものを、才助が非常に重視したからだと思われます。

もっとも日本海と名称を使っている確実な人物はイタリアの宣教師マテオ・リッチです。彼は一六〇二年に北京で「坤輿万国全図《こんよばんこくぜんず》」を作成しました。その地図に漢字で日本海と記し、太平洋を小東洋と書いています。

だいたい、そもそも裏日本ということばがいつ頃から使われるのか、調べてみましたら、明治二八年、日清戦争の頃からですね。しかしこの裏日本――辺境という意味はありません。実際に地域格差、地域的な差別的偏見で、このことばを使っているわけではない。今と同じように、裏日本が差別的な偏見にもとづく言辞としては、明治三三年の頃から使われております。日露戦争よりも前に、裏日本ということばが実際に使われていることがわかるんですけれども、その裏日本イコール日本海側というような考え方は、山村才助は全く持っていなかったのですね。

山村才助のような考えは、やっぱり、ローカルでグローバルな歴史の見方、考え方に立ったうえでないと、出てこないわけです。

古代の人々は「日本海」などという名称は勿論使っていない。それならどう呼んでいたのか。「北ツ海」と呼んでいたことが解ります。

御存じの『日本書紀』垂仁天皇二年是歳の条に、意富加羅《おおから》国の「コニキシ」つまり大伽耶《かや》国の王子であった都怒我阿羅斯等《つぬがあらしと》が、敦賀に渡来する話があります。その代は崇神天皇の時の話ということになっています。

「一《いっ》に云《いわ》く。御間城天皇《みまきすめらみこと》の世」というのは、崇神天皇のことです。これ、よく間違えている人がいますね。垂仁天皇の二年の時に都怒我阿羅斯等が来たと伝えているのではなくて、垂仁天皇の前の、御間城入彦《いりひこ》の代にやってきた、というふうに書いているのです。嘘かまことか、別に検討したことがありますが（『天日槍』いずし但馬・理想の都の祭典実行委員会、一九九五年）、最初から敦賀へ来たのではありません。まず出雲へ寄ってるのです。出雲へ先ず行って、そして敦賀に来たということが書いてある。「北ツ海を廻りて、出雲の国を経て、ここに到る」と書いています。

敦賀へ直行して来たんではなくて、先ず出雲へ行って、そしてそこから気比の角鹿へやってきたと書いていますが、出雲を経ている。ここに出雲と越前の敦賀と記すのは重要です。そして、ここに「北ツ海」の表現があります。

つぎに注目すべきは『出雲国風土記《いずものくにふどき》』です。『出雲国風土記』というのは貴重な本で、和銅六年（七一三）の五月、当時の政府が諸国に、いわゆる「風土記」の編纂を命じた。「風土記」という書名が使われるようになるのは、平安時代になってからですが、各国々の国司、今でいえば各県の知事さんが中央へ上申したもの。例えば「出雲国」の「解《げ》」ですね。これを俗に『出雲国風土記』と呼んでいるわけです。これは天平五年、西暦で七三三年の二月にまとめられたものです。和銅の官命によるいわゆる『風土記』で有名な風土記が五つあります。『常陸国風土記《ひたちのくに》』、今でいう茨城県。『播磨国風土記《はりまのくに》』、今でいえば播州赤穂浪士で知られておりますように兵庫県の南部、播磨の国。それから『肥前国風土記《ひぜんのくに》』、佐賀県が中心ですね。それから『豊後国風土記《ぶんごのくに》』、今でいえば大分県。そこへ『出雲国風土記』を入れて五つになりますから、五風土記と言いますが、始めから最後まで全部わかる唯一の完本は『出雲国風土記』だけです。それだけでもこの『出雲国風土記」は貴重です。

今、古代の出雲のことを色々、他の地域よりも詳しく調べることができるのは、どこの郡も欠けていない。どこの村も全部記述しているからです。原本は残っていません。写本なんですけれども（細川家本がもっとも注目されます）、非常に貴重なものです。『出雲国風土記』がなければ、出雲の国の研究は大変不自由するに違いありません。知事さんが「島根県は経済力も弱くて人口も少ない。古代の文化で、先生、島根県を活性化できるでしょうか」という依頼で、「島根県古代文化活性化審議会」という知事の諮問委員会を作られました。私もそれに招かれて参加したのが平成元年です。

そこで、澄田信義知事さんに、一番最初に進言したのは、本気で島根県の古代の研究をやって下さい。県立の研究所を作って下さい。知事さんは、わかりましたといって、最初三名でスタートしたんですが、今ではセンター長ほか一七名で古代文化センターを構成しています。四部門に分かれて活動していますが、その全体のキーワードは「北ツ海」を媒介にする「出雲の文化」、これを研究の重点目標にしています。考古学の分野は勿論ですが、『出雲風土記』だけの研究グループもあります。『出雲国風土記』については、一番研究が進んでいる地域です。写本がいっぱいありますからね。全国の古写本のうちの一〇〇くらいを全部マイクロフィルムに収めて、そしてどの系統の写本がどういう字を使っているかなど、精密に調査・検討しているところです。

『出雲国風土記』について、基礎研究が出来上がりつつあるのは、こういう研究機関があるからです。それから、出雲には神楽もたくさんあります、芸能の部門。出雲大社を初めとする神社や鰐淵寺など寺も重要です。考古学はもとより、社寺の研究グループもあります。私は古代文化センターの運営委員会の委員長をつとめていますが、今、四部門を中心に取組みを続けていただいているところです。

これらは、まさに私のいう「地域学の観点」から調査と研究を進めている。その研究を媒介に、島根県には青銅器がたくさんあるから、どうぞお出かけ下さいなんてばかり言うていてもあかん。「古代出雲文化展」という展覧会を東京でやる。いわゆる中央の偏見を問い糺さなければいけません。知事さんはやってみようと、五年かかって一〇億円を貯えて東京の東武美術館を皮切りに、大阪市立美術館、そして松江で展覧会を実施しました。

私は言い出しっぺだから、入場者が少なかったら、県民の税金を一〇億無駄遣いしたことになると思って、団体を連れて三回行きましたが、おかげさまで、実際に入場料を払って見てくださった方が、約五〇万人。一〇億以上の収入があったんです。これが失敗していたら、知事さんに申し訳ないだけではなく、島根県民にお詫びしなければならない。一種の賭けでしたが、大成功を収めました。

もう一つ提言していたのは、島根県には歴史博物館が無いのです。「古代出雲文化展」は成功したのですが、知事さんに、さらに博物館を作ったらどうですか。しかも、これはありきたりの博物館では成功するはずがない。とかく歴史博物館というと、古代から後の時代へと満遍なく展示せんといかんと思うておられる方が多い。しかし個性と独自性が大事です。古代中心の博物館を造る。いわゆる中世も、近世もやったらいいんですが、出雲には古代的精神が、出雲の中世や近世にも生きているわけです。だから、古代を中心にする博物館、県立の古代出雲歴史博物館を造ろう。国宝の銅剣三五八本や銅鐸三九個を並べただけでも圧巻ですね。それに出雲大社から巨大な杉の柱が三本、金輪で巻いた巨柱が出土したでしょう。あの発掘には私も三度立会いました。発掘は宇《う》豆柱《ずばしら》と東南の側柱と心の御柱（磐根の御柱）の三箇所です。これで全体の柱組みはわかります。「心御柱《しんのみはしら》を掘るとは何事か！」とか、「神様に畏れ多い」とかの批判もありました。宮司さんがえらい。毅然としておられて、「先生、やりましょう」と。初めてですね、心の御柱を発掘したのは。

これで高さ一六丈、復元すると四八メートル。今の御社の高さが八丈、二四メートルです。現在の出雲大社の、その倍ぐらいの高さがあったということが推定できるようになりました。青森県の三内丸山遺跡より見映えがいいですね。そこで、いよいよ大社町に博物館を作ることになって、私はその構想の委員長をつとめました。

つまり、実際にこうした北ツ海の文化があって、出雲のあの銅剣・銅鐸の文化とか、出雲大社のああいう巨大な社殿も、北ツ海の文化を背景に理解すれば、けっして「裏日本」でないことが史実としてわかる。

ところで、『出雲国風土記』の毘売埼《ひめさき》の条には、「すなはち北ツ海に、毘賣埼あり」と書いてあります。さらに嶋根郡にも神門郡の凡条にも「北ツ海」と記しています。

日本海を「北海」と書いている例は他にもあって『備後国風土記』逸文にも「北ツ海」と表記しています。古代日本人は日本海を「北ツ海」と呼んでいたことはたしかです。

これは御当地の松原客館の問題とも関係がありますけれども、例えば今で言えば北朝鮮、朝鮮民主主義人民共和国、当時の高句麗《こうくり》の使節は、その多くは北ツ海ルートで北陸へ来ています。

例えば欽明天皇の三十一年、西暦でいえば五七〇年、高句麗の使節が、これは今で言えば富山県あたりの越の国から上陸して大和へ参ります。

敏達天皇二年の使節、天智天皇七年の高句麗使節も、すべて北ツ海ルートです。

それから、越前とも関係の深い渤海《ぼっかい》。渤海の使節は、七二七年から九一九年まで、三四回にわたって来日しています。実はその後（九三〇年）にも、もう一回来ているんですが、これは東丹《とうたん》国（渤海が滅びたその次の国）の使節ですから渤海使には入りません。この東丹国の使節は、丹後の国に上陸しています。

三四回のうち、二八回は日本海側から上陸したことが、はっきりわかっています。

加賀・越前は多いですね。合わせて六回になります。ですから能登には迎賓館として能登客院、気比には松原客館が設けられました。

しかし、今までの「北ツ海」を媒介にする研究にも弱点があります。従来の研究は、交渉史の研究にとどまっていたこと、これは朝日新聞社の日韓フォーラムにおける私の基調講演でも言及しました。韓国の考古学の先生、文献、歴史学の先生をお招きして、大阪でやりました。二〇〇二年に開かれたのですけれども、その基調講演でもはっきり申しました。

従来の日本と朝鮮、日本と韓国、日本と中国の研究は、交渉史にとどまっている。これでは不充分で交渉史から交流史へと研究を深めなければならない。そして今やそういう研究が可能になってきたということを話しました。

何故旧石器の捏造事件が起きたのかというと、遺物中心の考古学をやっているからです。遺物は動く。「モノ」は動くのです。人間の考古学をめざすべきです。ああいう捏造の旧石器が見抜けなかったことも問題ですが、旧石器を使った人間集団がいたわけです。住居の跡があるわけです。そういう点を何の詮索もしないで、出てきた石器だけで議論しているから、捏造が見抜けない。「モノ」中心の考古学では歴史の内実をみきわめることはできません。遺物よりも大事なのは人間の遺跡です。

例えば、仏教の伝来と言うでしょう。今日ここに来られた年輩の方では、皇紀は紀元二六〇〇年で習った方が多い。仏教伝来といえば、欽明一三年は紀元一二一二年ですから、「イチニ、イチニと仏教伝来」などと暗記しましたね。これはつまり西暦五五二年です。五五二年に六六〇足したら一二一二年です。我々はBC六六〇年に、神武天皇が橿原宮《かしはらのみや》で即位されたというふうに習ってきたものですから。しかし、『日本書紀』の五五二年説よりも有力なのは『上宮聖徳法王帝説《じょうぐうしょうとくほうおうていせつ》』などに書いてある。すなわち五三八年説です。

今、試験問題が出て五五二年と書いたらペケですね。五三八年と書かないと正解にならないでしょう。どのように『上宮聖徳法王帝説』に書いてあるかというと、仏像と教典が来たということなのです。それなら、四世紀の後半、例えば京都府の園部町《そのべ》（現南丹市）の垣内《かいと》古墳から仏様を鋳造した仏獣鏡《ぶつじゅうかがみ》みつかりました、仏像をはっきり鋳造している。仏獣鏡が伝わっているから仏教伝来と言わないと矛盾します。仏獣鏡は、やはり四世紀後半の奈良県広陵《こうりょう》町の新山《にいやま》古墳からも出土しています。

仏像や教典が伝わったということは大事なことですが、仏教の伝来と言うのは、その仏教の教えを説くお坊さんや尼さんが来た年が一番大事です。仏様は「カタチ」です。その教典を説く人が来たときが一番大事ではありませんか。仏教を文物の伝来と錯覚している。このような仏教伝来説は人間不在の文化論です。おわかりでしょうか。仏像や教典だけをみたって、教えを理解していなければ全然わかりません。お坊さんが来たときが一番大事です。そこで、私は五四八年説を支持しています。この頃には道深などのお坊さんが百済から来ているのです。五四八年説は百済の聖明王の即位年のどれが正しいかをみきわめることとも関連します。詳しくは『聖徳太子』(平凡社、一九七八年)で述べましたが、この五四八年説は聖明王の即位年・五二三年から数えても正しいのです。人間不在の文化論では真実はみきわめられません。

例えば、朝鮮の焼き物、高麗青磁《こうらいせいじ》や、李朝《りちょう》の白磁《はくじ》は素晴らしい。私も大好きですが……。京都の祇園のお金持ちが、「先生、私、高麗青磁のええのん買うたんで観て下さい」と言われてね……。

高麗青磁を作ったのは、朝鮮の陶工たちです。これを、モノとして見ている。この焼き物を作った陶工はどこかへ行っちゃっている。ベートーヴェンの第九はいいけれど、ベートーヴェンはあかんなどという人はいないでしょう。高麗青磁は素晴らしいけれども、朝鮮半島の人はあかんと言う人はね、その見方じたいを疑いたい。人間不在の「モノ」しかない歴史観。こういう歴史観が認識を歪めるのです。

人間欠落の考古学や歴史学では不充分になります。銅鐸の考察もいいけれど、これは何のためにどう使ったのかということが一番肝心です。様式も大事だけれど、人間が作って人間が使ったわけですから、人間を抜きにした考古学や歴史学では、銅鐸の実相は浮かびあがってきません。

例えば、敦賀はたんなる対外交渉通過点だと言う人もいます。日本海側から上陸したといっても、ほんの一過性。二、三日泊まっただけじゃないか、と言う人もあります。北ツ海を重視してきた私などが申しますと、皮肉を言う人がいます。通過点に過ぎないじゃないかと。そういう考えは、単なる交渉史にとどまっているからです。

最近の弥生時代以降に関する北ツ海沿岸地域の発掘成果を見ても、その交流の史脈は、明らかとなります。『三国志』の『魏書《ぎしょ》』、これは『魏書』というのが正式の書名です。『三国志』の『魏書』を『魏志《ぎし》』と呼んでいますが、『三国志』に『魏志』という本はありません。

『魏書』という書は少なくとも三つあります。一つは三国の魏の王沈《おうしん》が書いた『魏書』、それから北魏《ほくぎ》、南北朝の時代に、北の方に魏という国がありますね。この北魏の歴史を、魏収《ぎしゅう》という歴史家が書いたものが、やっぱり『魏書』と言うんですね。ですから『魏書』と言ったら紛らわしいので、『三国志』の『魏書』は、俗に『魏志』と言ってるわけです。その中には『東夷伝《とういでん》弁辰《べんしんの》条《じょう》』。弁韓《べんかん》、辰韓《しんかん》の弁辰ですね。「国、鉄を出す。韓、濊《わい》、倭――これ倭人です――みな従ってこれを取る。諸市買うに、みな鉄を用う」と書いています。朝鮮半島南部に倭人が出かけているという記事です。倭人がいて、鉄を採って、それで市場でものを買うときに、鉄挺《てってい》を使って、鉄の板、延べ板の鉄挺をお金の代わりに使って買物をしているという記事です。

今まで、鉄の文化というと、北九州ばかりが注目されてきました。北九州から、弥生時代に鉄が入ってひろがったと考えてきました。ところが、最近は、北ツ海沿岸地域、鉄の関係の遺跡がつぎつぎにみつかっている。京都府の丹後にあります岩滝《いわたき》町の大風呂《おおふろ》南遺跡。鉄剣が一四本出土しました。それから鳥取県青谷《あおや》町の上寺地《かみじち》遺跡。これも重要な弥生時代後期の遺跡ですが、ここからは鉄製品が約二七〇点。それから大山《だいせん》町から淀江《よどえ》町にかけて、弥生後期の環濠の集落として注目されましたが、保存が決定した妻木晩田《むきばんだ》遺跡。ここからも鉄製品が約二五〇点以上。島根県の宍道《しんじ》町の上野Ⅱ遺跡。宍道湖に臨んでいる町ですが、鍛冶炉《かじろ》、つまり鉄を作る鍛冶の炉です。鍛冶炉のある集落の跡がみつかっている。それから木次《きすき》町平田遺跡、安来《やすぎ》市の塩津山《しおつやま》遺跡群。ここからも鍛冶炉がみつかっています。このように相次いで日本海側で鉄の遺跡が見つかっており、鉄器もたくさんみつかっている。これらの遺跡は朝鮮半島南部と、実際に交渉があったことを物語っています。

　では、朝鮮半島の場合はどうか。近時の韓国の発掘調査によって、金海《キムヘ》府院洞《ブウオンドン》貝塚、釜山の東萊《トンネ》貝塚、東萊温泉洞《トンネオンチョンドン》というところから大量に、出雲で作られた土器、あるいは北陸で作られた土器が大量に出てきているのです。実際に北陸の人や出雲の人が、朝鮮半島に出かけて行って住んでいたことも出土人骨の調査でわかってきました。今までの日韓の考古の関係と言えば、いわば朝鮮半島からの渡来の波ばかりを強調してきました。海賊が朝鮮半島へ侵入したとか、そういう時期もありましたけど、倭人が向こうへ出かけて、実際に向こうで交流したという点は指摘してこなかったのです。ところが最近、朝鮮半島南部で倭人の関係の遺物や人骨、あるいは関係の遺跡が、次々に見つかっている。やっと交渉史から交流史への発展を、論ずることができるようになってまいりました。

御当地の松原客館の実態はなかなかわからないのですが、渤海使節との交流はあったに違いない。これは『三代実録《さんだいじつろく》』に書いてあるのですが、渤海の使節が、金沢の辺りに来ている。畝田《うねだ》遺跡から渤海の使節が実際に腰に巻いていた帯金具が、締麗でものすごく見事な帯金具が出土しました。宿泊して置き忘れたのか、あるいは誰かにあげたのかわかりませんけれども。そしてこの港に役人がいたという、「津司」という役所の木簡が畝田遺跡からみつかっています。

例えば渤海の人達が参りますと、この人達は藤原冬嗣が申しておりますように、商売で来ている人もいる。向こうから持ってきたものを都の東西の市場で売ったりしたことはもちろんですが、あるいは各地の有力な官僚や豪族が買い上げる。渤海使のなかには商旅の人々もいたわけです。そして、全ての使節が順調に都に入ったのではなくて、入京を拒否されている使節もいます。都へ入れなかった。そういう人達は地域に滞在する。一番いい例は出雲です。出雲では、かなり長期間滞在している。そういう人々は実際にそれぞれの地域で、交流しているわけです。

こういう例もありますから、日本海から上陸したことを重視するのは間違いで、単なる通路で一過性に過ぎないという議論は、私はやはり間違いだと思っています。

そしてまた、帰国するおりの状況もみのがせない。日本から渤海へ、帰国の場合も、日本海ルートで帰るのが圧倒的に多い。加賀とか、出雲もそうですが、帰国のルートでも通りますね。

わが国から渤海へ行く使節は遣渤海使で一五回行ってます。やはり「北ツ海」から、出発している例が圧倒的に多い。渤海使が帰国するときに一緒に行きますから、遣渤海使は同時に送渤海使の役をになっている。一五回のうち一二回も渤海使を送っていくという任務も帯びていることも注目すべきです。

これは越中の国の例ですけれども、渤海の使節が滞在して、渤海のことばを土地の皆さんに教えたという、高多仏《こうたぶつ》という名前の人物のことが書いた例もあります。

このように実際の交流もしているわけです。「北ツ海」の交渉史から交流史へ。人間と人間の交わりを、これからの地域史研究の中で明らかにしていっていただきたい。

「モノ」の研究から人間の研究へ。例えば、この鏡は明らかに朝鮮半島で作られた多紐細文鏡《たちゆうさいもんきよう》ですけれども、これは中国の鏡ではありません。中国鏡ではなくて、紐《ちゆう》が二つあるいは三つあります。中国や日本の鏡ですとひとつだけ紐がある。朝鮮の鏡はここに二つあります。場合によっては三つある。紐がたくさんありますから、多紐、といいますね。文様が物凄く細かい幾何学文様なので、多紐細文鏡とよぶ。多紐細文鏡が黒潮に乗ったり、親潮に乗ったりして、漂着するはずはありません。鏡が季節風に乗って勝手に飛んでくるわけでもありません。こういう多紐細文鏡が出るということは、朝鮮半島に住んでいる人間と、日本列島に住んでいる人間との間に交わりがあったから、こうした鏡も出てくるわけです。多紐細文鏡が出たというおりは、多紐細文鏡だけの研究をするのではなく、その鏡を媒介に人間の交流があったというところまで、視野をひろめて考察を是非進めるべきでしょう。

「モノ」の交渉史から人間の交流史へ、地域史の研究がますます前進するよう期待しています。

倭国から日本国へ

古代国家成立の三つの段階

日本古代国家の成立がどの時点でそれをどのように考えるか。その内容をめぐって、今もなお論争がつづいています。

ある方は三世紀の邪馬台国の段階を重視する、ある方は五世紀とりわけその後半の雄略朝を重視する、ある方は七世紀後半の天武・持統朝を重視するというように、偶然ですが七世紀、五世紀、三世紀と三つの時代が論議の対象となっていますので、私どもは多少皮肉をこめて、古代国家をめぐる「七五三論争」といっています。

それなら、あなたはどのように考えるのかと問われることになるわけですが、〝ローマは一日にしてならず〟と申しますように、日本古代国家も一挙に七世紀後半に成立したわけではありません。そこには長い歴史と文化の発展のプロセスがありました。

私はこの三つの段階を次のように理解しています。三世紀のいわゆる邪馬台国の段階は、原初国家の段階、プリミティブな国家の形態が具体化してくる萌芽の段階であり、五世紀の後半、とりわけ雄略朝を私も重視していますが、この時期に日本の古代国家が完成したわけではなく、この時期は第一次の古代国家が成立した段階と考えています。そして、六六三年の白村江の戦い、六七二年の壬申の乱、その後の天武天皇の飛鳥浄御原宮の時期と持統天皇の藤原宮の時期を経て、大宝律令の完成に向かう七世紀後半の時代を、日本古代国家の成熟段階とうけとめています。

そして、いずれの段階においても、私が一九六〇年代から一貫して主張してまいりましたように、アジアとりわけ東アジアとの関連を視野に入れて考えなくては、その実像はみえてこないと思うのです。

「大和」と「朝廷」

ところで、古代史の研究者の間で、歴史的用語の概念が、今もなお、きわめて曖昧に使われている場合が多く見受けられます。ここでは、その例を二つあげたいと思います。

一つは、「大和朝廷」「大和王権」「大和国家」というように、「ヤマト」という言葉に「大和」という字をあてている例が、講座や論文のテーマなどでも今もなお見受けられることです。この「大和」という用語は、いったいいつごろから使われたのか、ということを確認しておく必要があります。

『古事記』や『日本書紀』では「大和」という文字は一切使われておりません。史料③の『日本書紀』崇神紀六年条に「倭大国魂」とあります。これは「ヤマトノオホクニタマ」と読みますが、「ヤマト」には「倭」という漢字をあてています。また、史料①の『古事記』でも神武天皇の「カムヤマトイハレヒコ」の「ヤマト」には「倭」という文字を使っています。

①『古事記』(神武天皇の条)

神倭伊波礼毘古命、自レ伊下五字以レ音。与二其伊呂兄五瀬命一上伊呂二字以レ音。二柱、坐二高千穂宮一而議云、坐二何地一者、平聞三看天下之政一猶思二東行一即自二日向一発、幸三行筑紫一。

②『日本書紀』(神武天皇即位前紀)

神日本磐余彦天皇、諱彦火々出見。彦波瀲武鸕鷀草葺不合尊第四子也。母曰二玉依姫一海童之少女也。天皇生而明達。意確如也。年十五位為二太子一長而娶二日向国吾田邑吾平津媛一為レ妃。

③『日本書紀』(崇神天皇六年の条)

六年、百姓流離。或有二背叛一其勢難二以レ徳治一レ之。是以、晨興夕惕、請二罪神祇一。先レ是、天照大神・倭大国魂二神並二祭於天皇大殿之内一然畏二其神勢一、共住不レ安。故以二天照大神一、託二豊鍬入姫命一、祭二於倭笠縫邑一。

④○大倭国正税帳　字面ニ「大倭国印」アリ○正倉院文書

『続日本紀』（天平九年十二月の条）

○丙寅《廿七》。改《メテ》二大倭国《ノヲ》一為《ス》二大養徳国《ト》一。

⑤『続日本紀』（天平十九年三月の条）

○辛卯《十六》。改《メテ》二大養徳国《ノヲ》一依《リテ》レ舊《ニ》為《ス》二大倭国《ノト》一。

⑥「田令」

凡畿内置二官田一。大和・摂津各卅町。河内・山背各廿町。毎二一町一配二牛一頭一。

それもそのはずで、「大和」という文字が使われるのは「養老令」の「田令」からなのです。史料⑥に「凡畿内置官田。大和……」とあるのが「大和」という用字の初見です。「大宝律令」が施行されたのは大宝二年（七〇二）、「養老令」が施行されたのは天平宝字元年（天平勝宝九・七五七）の五月です。したがいまして、七五七年以後のわが国の史料には「大和」という字はたくさん使われていますが、それ以前には使われていません。

史料④の「大倭国正税帳」は天平二年のものですが、ここでも正倉院文書に残っているとおり「大倭国印」という印が押してあります。同じく史料④の『続日本紀』の天平九年十二月二十七日の条をみると「大倭国を改めて大養徳国と為す」とあり、史料⑤の天平十九年三月十六日の条では「大養徳国を改めて旧に依りて大倭国と為す」と、もとの表記に戻しています。天平の段階でも「大和」という字は使われていないわけです。

三世紀、五世紀、七世紀の段階の王権あるいは国家に対して「大和」という字を用いるのは、その用字において厳密さを欠いているといわざるを得ません。歴史教科書でも、ほとんど「大和政権」とか「大和朝廷」「大和国家」などと書かれています。私が三十年ばかり前から、「倭国家」「倭政権」などの表記を用いてきたのはそのためです。

次に「朝廷」という言葉を考えてみたいと思います。これはいうまでもなく、中国の「外朝・内廷」の略です。内廷はすなわち宮中、外廷はすなわち府中です。したがって、王権に内廷が存在しているだけでは朝廷と呼ぶことはできません。わが国の古典の「朝廷」という用例では、「外朝・内廷」としての厳密な意味で使われていない場合もありますが、学問的用語として「朝廷」という言葉を使う場合は、その概念を明確にして使う必要があるのではないでしょうか。

これは「ダイナスティ」すなわち「王朝」という言葉の使い方についても同様です。「王朝」という概念を明確にしないで、「吉備王朝」「出雲王朝」「筑紫王朝」などと、無限定に「王朝」という言葉を使うことは、学問的な概念規定としてきわめて曖昧で、非科学的になると考えています。

治天下大王から日出ずる処の天子へ

今回はおもに五世紀から七世紀の段階、すなわち倭国から日本国への段階を、私がどのように認識しているのかということを中心に述べたいと思います。

よくご存じのように、『隋書』の東夷伝倭国の条には、大業三年（六〇七）に、わが国の使節が中国へ行って提出した国書に「日出ずる処の天子、書を日没する処の天子に致す、恙《つつが》無きや」と書いてあったので、隋の煬帝《ようだい》が激怒し、鴻臚卿（対外事務・朝貢のことなどを掌る）に「蛮夷の書無礼なるものあり、もって聞するなかれ（南蛮や東夷の夷狄の国の国書に無礼なものがある。よって、今後取り次ぐな）」といったという有名な話があります。このことについて、隋を「日没する処」と呼んだので煬帝が怒ったとする通俗の解釈もありますが、それは誤りです。天平五年（七三三）の遣唐使が唐を「日入国」と表現している例がありますし、中国側にも中国を「沈陽」の地域だとしている例もあるからです。

煬帝が怒ったのは、東夷の倭国の王が「天子」を称したということにありました。

私は七世紀はじめの推古朝の外交担当者は、倭王が天子を称すれば、煬帝が激怒するということは予想していたに違いないと思います。にもかかわらずあえて「天子」と書いたのは、外交上の大きな冒険だったにちがいない。しかし、それは成功しました。煬帝は激怒したのですが、答礼の使節裴世清《はいせいせい》を倭国に送って「両段両拝」の礼をとりました。このときの外交は成功したとみなしてよいのではないでしょうか。

ところで、なぜ七世紀の倭国王が「天子」を称するようになったのでしょうか。そこには前提があったと考えられます。

史料⑦は埼玉県行田《ぎょうだ》市の稲荷山古墳の礫槨《しっかく》から出土した鉄剣の銘文です。西暦四七一年に金象嵌された一一五の文字は、日本古代史を考える上で多くの問題を与えてくれていますが、そこに「治天下」や「獲加多支鹵大王」という言葉が見えます。また、史料⑧の熊本県菊水町（現和水町）の江田船山古墳出土の銀象嵌大刀銘には「治天下□□□鹵大王」とあります。当初は福山敏男先生をはじめとする説によって「タジヒノミズハワケ大王」と読む説が有力でしたが、稲荷山鉄剣銘の検出により、今日ではこれも「ワカタケル大王」と読んでさしつかえないと思います。

⑦稲荷山古墳鉄剣銘

（表）辛亥年七月中記乎獲居臣上祖名意富比垝其児多加利足尼其児名弖已加利獲居其児名多加披次獲居其児名多沙鬼獲居其児名半弖比

（裏）其児名加差披余其児名乎獲居臣世々為杖刀人首奉事来至今獲加多支鹵大王寺在斯鬼

宮時吾左治天下令作此百練利刀記吾奉事根原也

⑧江田船山古墳大刀銘

治天下□□□□歯大王世奉□典曹人名无□弖八月中用大鐺釜并四尺廷刀八十練六十捃三寸上好□刀服此刀者長寿子孫注々得其恩也不失其所統作刀者伊太加書者張安也

ここにみえる「治天下」という用語ですが、これは中国皇帝が使う用語です。『漢書』や『孟子』、あるいは『三国志』の『魏書』（『魏志』）、北魏の『魏書』などの中国の古典をみると、「治天下」とは皇帝の徳が天下にあまねくおよぶということを意味している皇帝の用語です。「治天下」を東アジアの「夷狄」の王が使った例は他にみつかっておりません。「大王（太王）」は、高句麗好太王碑文（史料⑨）や新羅の瑞鳳塚銀合杅銘（史料⑩）や大加耶式長頸壺大王銘など、いくつかの例はありますが、「治天下」は東夷のなかでは倭国のみが使っているとみなされます。このことはきわめて大きな意味をもっています。

⑨好太王碑文

（第一面）

惟昔始祖鄒牟王之創基也出自北夫餘天帝之子母河伯女郎剖卵降世生而有聖□□□□□□命駕

巡幸南下路由夫餘奄利大水王臨津言曰我是皇天之子母河伯女郎鄒牟王為我連葭浮亀応声即為連葭浮亀然後造渡於沸流谷忽本西城山上而建都焉不楽世位因遣黄龍来下迎王王於忽本東岡履龍首昇天顧命世子儒留王以道興治大朱留王紹承基業□至十七世孫国岡上広開土境平安好太王二九登祚号為永楽太王（下略）。

⑩瑞鳳塚銀合杅銘

延寿元年太歳在卯三月中
太王敬《（教?）》造合杅用三斤六両（蓋内部）
延寿元年太歳在辛
三月□《（中?）》大王敬造合杅。

ご承知のように、『宋書』倭国伝には、四二一年から四七八年までの一〇回にわたる南朝宋への遣使が記されています（『南斉書列伝』には四七九年、『南史列伝』には五〇二年の使節派遣記事がありますが、私の著書『大王の世紀』（小学館、一九七三年）や『倭国の世界』（講談社現代新書、一九七六年）でくわしく論証したように、歴史的事実ではありません）。次の遣使は六〇〇年の遣隋使までありません。つまり、四七八年から六〇〇年まで対中国の公の交渉は一切しておらず、冊封体制から倭国の王者が離脱してゆくのです。その前提には、治天下大王という自覚があったと思います。

その後も倭は、六〇〇年から六一四年までの間に、少なくとも五回の遣隋使（『日本書紀』は三回しか書いていませんが、『隋書』によって他の年にも使節が派遣されてることがわかります）や遣唐使を送り、中国からも使節を迎えていますが、その際に、使節はともかく、わが国の大王や天皇が爵号の類を与えられた例はありません。これは百済や高句麗や新羅などとは異なっています。つまり、倭国は東アジアにおいて独自の歩みを五世紀の後半からはじめており、そのような前提にたって「日出ずる処の天子」という自覚が誕生したと考えるべきだと思うのです。

このような国家意識の高まりのなかで、六六〇年の唐・新羅連合による百済滅亡と復興軍の決起に対し、倭国は百済救援を名目に出兵し、六六三年に白村江で大敗北を喫するわけです。この敗北はすでに中国冊封体制からの離脱を目指していたわが国の支配者層にとって、日本国への国家意識をさらに高め、その頂点に位置する王者を「天皇」と称するに至らしめる重要な契機になったと考えています。

日本国と天皇の成立

次に、「日本国」という国号と「天皇」という称号がいつ使われたのかについて考えてみたいと思います。

⑪「公式令」
明神御宇日本天皇詔旨云云。咸聞。
明神御宇天皇詔旨云云。咸聞。
明神御大八州天皇詔旨云云。咸聞。
天皇詔旨云云。咸聞。
詔旨云云。咸聞。

⑫『新唐書』東夷伝日本の条
咸亨元年、遣使賀平高麗、後稍習夏音、悪倭名、更号日本、使者自言、国近日所出以為名。

⑬『三国史記』(新羅本紀・文武王十年十二月の条)
倭国更号日本、自言近日出所以為名。

史料⑪の「大宝令」の「公式令」には「明神御宇日本天皇」とはっきり書いてありますので、「大宝令」の段階では「日本」という国号が対外的に使われていたことはまちがいありません。大宝二年の粟田真人《あわたのまひと》を執節使(代表)とする遣唐使が、「日本国使」を名乗っていたことは中国側史料によってもわかりますし、留学生の一人だった山上憶良《やまのうえのおくら》も、『万葉集』に「日本挽歌」

を残しています。私は「大宝令」の成立は大宝元年（七〇一年）と考えていますので、「日本国」成立の下限は七〇一年までです。

これに対し、上限を示す史料が史料⑫の『新唐書』東夷伝の日本の条です。「咸亨元年、使を遣わして高麗平ぐを賀ぐ」と高句麗滅亡のことを記していますが、そのあとに、「後稍夏音に習い、倭の名を悪《にく》みて、更に日本を号す」とあります（「稍」は「しょうしょう」と読み「徐々に」という意味でしょう。また、咸亨元年は西暦六七〇年です）。史料⑬は『三国史記』新羅本紀の文武王十年十二月の条ですが、ここにも「倭国更に日本を号す」とあります。文武十年は六七〇年です。ただ、この文は中国の史料をもとに書いている可能性があります。

いずれにしても、上限は六七〇年です。下限は七〇一年ですから、六七〇年から七〇一年の間に日本国という称号を使うことがはじまったことはほぼまちがいありません。さらに、高句麗の僧道顕が『日本世記』という書物を書いていますが、その成立は天武朝と考えてよいので、少なくとも天武朝には日本国という称号は存在していたと思われます。

もっとも、『日本書紀』の天武天皇三年（六七四）三月の条には、対馬で銀が産出して、朝廷に献上したことを「凡そ銀の倭国にあることは、初めて此の時に出《み》えたり」と記載しています。このことは六七四年のころの原史料においては、まだ「倭国」の用字であったことを示唆します。したがって道顕の『日本世記』も天武天皇三年以後にまとめられたと考えられます。

「天皇」の称号はどうかといいますと、私は史料⑭の船王後《ふねのおうご》墓誌銘に注目しています。これはわが国の墓誌では最も古く、天智天皇七年（六六八）のものですが、ここには「治天下天皇」という用語が四カ所出てきます。ただ、この墓誌については、のちに埋納されたものであるとの説が学界の一部にあり、墓誌が書かれた時点がはたして天智七年かどうかについては議論があります。しかし、少なくとも天武朝に天皇という称号が使われていたことは、飛鳥池遺跡から出土した天武朝の木簡に「天皇聚露」と記されているのにたしかめられます。

⑭　船王後墓誌銘
〔銅板表面〕
惟船氏故　王後首者是船氏中祖　王智仁首児　那沛故
首之子也生於乎娑陀宮治天下　天皇之世奉仕於等由羅宮
治天下　天皇之朝至於阿須迦宮治天下　天皇之
朝　天皇照見知其才異仕有功勲　勅賜官位大仁品為第
⑮小野毛人墓誌銘
〔銅板表面〕
飛鳥浄御原宮治天下天皇　御朝任太政官兼刑部大卿位大

錦上
〔裏面〕
小野毛人朝臣之墓　営造歳次丁丑年十二月上旬即葬

私は、日本国という国号と、天皇という称号の使用はペアであると考えた方がよいと思っています。そのはじまりについては、天智朝の可能性があると考えていますが、少なくとも天武朝には、天皇という称号と日本国という国号が使われていたことは、誰もが認めなければならない事実だと思われます。

頻繁な遣唐使派遣の目的

そこで、改めて当時の東アジアの国際関係をふり返ってみる必要があります。遣唐使の第一回は舒明天皇二年（六三〇）で、最後が西暦八三八年です。全部で一五回行っていることになっていますが、正式の遣唐使は一三回です。一五回のうちの一回は、藤原清河が中国からなかなか帰ってこれないので迎えにいった迎入唐使であり、一回は唐からの使節を送って行った送唐客使です。正式の遣唐使はおよそ二〇〇年の間にわずか一三回なのです。

よくこの時代を「遣唐使時代」などと言いますが、じつは、当時の外交は唐とだけ行われていたわけではありません。統一新羅とは頻繁に交渉が行われていますし、渤海ともさかんに交渉が行われていました。七二七年から九一一年までの間に、正式の国書を持ってわが国に派遣されてきた渤海使節は、なんと三四回で、わが国から行った遣渤海使は、送渤海使を含めて一五回です。ですから、七世紀から八世紀の外交を遣唐使時代と命名することには問題が残ります。中国との交渉はきわめて大事でしたが、はるかに密接な関係にあったのは新羅で、六二三年から八八二年までの間に遣新羅使は三九回、新羅使は六一〇年から九二九年での間に七五回を数え、また渤海との交渉が頻繁であったことは前述したとおりです。

ところで、この数少ない遣唐使の派遣のなかで、第二回の六五三年、第三回の六五四年と連続して遣使し、さらに六五九年の斉明天皇五年にも行っていることは注目すべきです。後には二十年に一回が目安であるのに、この時期にこれほど頻繁に行われたのはいったいなぜでしょうか。『旧唐書』や『資治通鑑《しじつがん》』などをみると、唐の皇帝高宗が永徽二年（六五一）に非常に重要な政策をうち出していたことがわかります。それは「まず新羅を助けて百済を撃ち、ついで新羅と手を結んで高句麗を撃つ」という政策です。事実そのとおりになったわけです。このような朝鮮三国に対する重要な高宗の東夷政策の情報がわが国の政府に入ったことが、このような頻繁な遣唐使派遣を実現させた背景であったと考えています。

日本版中華思想の芽生え

斉明天皇五年（六五九）の遣唐使は、蝦夷《えみし》を人質として貢献していますが、これは、すでに日本版中華思想が具体化していたことを示しています。

日本は中国からみれば東の蝦夷ですが、その東夷のなかの中華であるという考えをもっていました。例えば、史料⑯の『続日本紀』文武天皇三年（六九九）七月条には、多褹《たね》、夜久《やく》、奄美《あまみ》、度感《とかむ》の人達が朝廷にやってきたことが書かれていますが、「其の度感嶋、中国に通じる、是に始まる」とある「中国」は唐ではなく日本国を指しています。史料⑰も『続日本紀』ですが、養老六年閏四月条の太政官奏にある「蓋し中国を安んじるを以てなり」の「中国」も、唐ではなく日本です。

⑯『続日本紀』（文武天皇三年七月の条）

秋七月辛未《十九》。多褹。夜久《ヤク》。奄美《アマミ》。度感《トカム》等人従テ二朝宰ニ一而来テ貢ス二方物ヲ一。授ケレ位ヲ賜フレ物ヲ各有リレ差。其ノ度感嶋通スル二中国ニ一於是ニ始マル矣。

⑰『続日本紀』（養老六年閏四月の条）

閏四月乙丑《廿五》。太政官奏シテ曰。廼者《コノコロ》。辺郡ノ人民。暴カニ被フリ二寇賊ヲ一。遂ニ適テ二東西ニ一。流離分散ス。若不ンハレ

加《へ》二矜恤《ヲ》一。恐《クハ》貽《サン》二後患《ヲ》一。是《ヲ》以《テ》聖王立《テ》レ制《ヲ》。亦務実《スル》レ辺《ヲ》者。蓋《シ》以《テナリ》レ安《ンスルヲ》二中国《ヲ》一也。望請《ラクハ》。陸奥《ノ》按察使管内。百姓《ノ》庸調《ハ》浸《クニ》免。勧二課《シ》農桑《ヲ》一。教二習《シ》射騎《ヲ》一。更税助辺《ノ》之資《ハ》。使《メン》レ擬《セ》二賜《フノ》レ夷《ニ》之禄《ニ》一。其《ノ》税者《ハ》。毎卒一人。輸《ス》レ布長一丈三尺。濶一尺八寸。三丁《ニ》成《セ》レ端《ヲ》。其《ノ》国授刀《ノ》兵衛々士及《ヒ》位子張内資人。仟《ニ》防閤仕丁。采女仕女。如レ此《ノ》之類《ハ》。皆悉《ニ》放還。

⑱「賦役令・集解」

凡辺遠国。有二夷人雑類一謂。夷者夷狄也。雑類者。亦夷之種類也。釈云。夷。東夷也。拳レ東而示レ余。推可レ知雑類。謂二夷人之雑類一耳。古記云。夷人雑類謂二毛人。肥人。阿麻彌人等類一。問夷人雑類一欤。二欤。答。本一末二。假令。隼人。毛人。本土謂二之夷人一也。此等雑三居華夏一謂二之雑類一也。一云。一種無レ別。之所。応レ輸二調役一者。随レ事。

⑲「公式令・集解」

明神御宇日本天皇詔旨。謂。以二大事一宣二於蕃国使一之辞。釈云。宣二蕃国大事一辞。古記云。御宇日本天皇詔旨。対二隣国及蕃国一而詔之辞。問。隣国与二蕃国一何其別。答。隣国者大唐。蕃国者新羅也。

このように日本国が東夷のなかの中国であるという考えは、斉明天皇のころから具体的になっていたわけです。なぜ、蝦夷を連れていったかというと、日本国には夷狄がいて服属しているということを実証するためでしょう。

さらにみていきますと、史料⑱は「賦役令」の集解ですが、ここに「古記に云く」とあります。「古記」とは「大宝令」の注釈書で、天平十年（七三八）の正月から三月の間に書かれたものですが、そこに「夷人雑類は、毛人、肥人、阿麻彌人等の類を謂ふなり」とあります。史料⑲は「公式令」の集解ですが、「古記に云はく、御宇日本天皇詔旨、隣国と蕃国に対して詔するの辞」とあることに対し「問ふ、隣国と蕃国の其の別いかむ」と聞いています。これに答えて「隣国は大唐なり」としていますので、「大宝令」に「隣国」と書いてあるのは、朝鮮半島でも渤海でもなく、中国だということがわかります。また、「蕃国は新羅なり」とありますので、新羅は「蕃国」と位置づけられていたことがわかります。渤海も「蕃国」とみなされていました。

このように、律令体制の支配者の意識に、明らかに日本版中華思想があったことは、いくつもの史料から論証することができます。そして、そのような考えは斉明朝にはすでに具体化しており、天智朝に受け継がれたと考えられます。

酒船石遺跡・庭園遺構・石神遺跡木簡

そういう視点で、最近の発掘成果を省みると、いろいろな意味で重要な問題が浮かんできます。奈良県明日香村酒船石遺跡の第十二次の調査で、丘の北側から閃緑石英岩でできた亀形の石造物が出土しました。あれがいったいどういう遺跡かということはまだ謎ですが、私は聖なる祭りの庭、あるいは祭りの苑「祭苑」あるいは「禁苑」だったのではないかと思っています。東西にある階段には貴族・官僚が立ち並んだのではないでしょうか。

斉明天皇二年是歳の条に、石上山の石を運んで来たとありますが、遺跡から出る砂岩も天理市の石上《いそのかみ》神宮付近で採れる天理砂石なので、『日本書紀』の記事と符合しています。なお、この遺跡を両槻宮《ふたつきのみや》とする説もありますが、これは間違いでしょう。両槻宮は多武峰に造ったとあります。『日本書紀』をよく読むと、この遺跡は「宮の東に石山の丘を築く」とあるのに対応することがわかります。

また、その酒船石遺跡の西側、飛鳥寺の南の地点から、南北二〇〇メートル、東西七〇メートル以上の庭園の遺構が出てきました。推古天皇三十四年（六二六）五月の条には、蘇我馬子が飛鳥の島の庄にあった屋敷の池に中の島を築いたので、馬子のことを「島大臣」と呼んだという記事があります。私はこの記事をはじめとして、古くから庭園遺構に関心をもっていたのですが、なかなか中の島の遺構は見つかってきませんでした。

今回、この庭園遺構から私が考えていたよりもはるかに大きな中の島が見つかりました。下の層は斉明朝、上の層は天武朝の築造であることが土器などによって判明しています。おそらく、『日本書紀』にある「白錦後苑《しろにしきのみその》」のことだと思いますが、では、なぜそのような大規模な苑池を築く必要があったのでしょうか。それは、当時の国際関係のなかにあって、外国の使節をもてなす場所としても巨大な苑池を築く必要があったからではないかと考えられます。

国評問題についても、石神遺跡から出土した天智称制四年（六六五）の木簡に「三野国ム下評大山五十戸」とあり、天智朝には国、評、五十戸の行政組織があったことはまちがいありません。なぜ、そのような行政組織が整備されたのでしょうか。その背景には、今申し上げたような日本国の国家意識、あるいは天皇号を称する意識、そしてその裏腹に存在する夷狄観を考えておく必要があります。

東アジアから古代を考えるということ

高松塚古墳の壁画、高句麗好太王碑文、そして、稲荷山鉄剣など、さまざまな注目すべき古代の遺跡や遺物がいろいろと議論されてきましたが、どれ一つをとっても東アジアの関係を抜きに論ずることはできません。

近時話題になっているキトラ古墳もそうです。高松塚古墳には、神功二年（六九八）の唐の独《どく》孤《こ》思《し》貞《てい》墓と同笵の海獣葡萄鏡が副葬されているので、だいたい七〇〇年代、ひょっとしたら七一〇年位までに絞られてきます。キトラ古墳はそれよりも古い七世紀後半あるいは七世紀末ごろと思われます。

ところで、六六九年から七〇一年までは、遣唐使が派遣されていない時代です。この時期、最も頻繁に交渉をもったのは新羅です。キトラ古墳の築造年代である七世紀後半に最も頻繁に交渉をもったのは新羅と考えられますから、キトラ古墳を国際関係から論ずる場合には、新羅との関係も注目すべきではないでしょうか。朱鳥元年（六八六）四月には新羅の使節が屏風を献じています。何にも書いてない屏風なんてあり得ません。そこに絵が書いてあった可能性（あるいは四神の類か）も考えられます。新羅を媒介とするつながりも考慮すべきではないでしょうか。

一九六〇年代から東アジアのなかの日本史を究明する重要性を繰り返し指摘してきましたが、その場合留意すべき点があります。海外からの文化が、どこからどのようにして日本列島に伝播したか、そのルーツ論（起源論）にあわせて、海外からの文化が、受容のプロセスでどこでどのように変容するか、ルート論（形成論）の考察もなおざりにすることはできません。そしてさらに、日本列島の文化が海外へどこにどのように波及していったかという点も、今後さらに究明すべきだと期待しています。

歴史のなかの聖徳太子像

聖徳太子虚構説について

「聖徳太子の謎にせまる」というテーマで基調講演をすることになりました。特にいま、このテーマが選ばれた一つの理由には、最近、歴史学界のなかで『日本書紀』に描かれている聖徳太子像は実際には存在しない、厩戸皇子はいたであろうが、『日本書紀』に描く太子像は実在しなかったというたいへんショッキングな問題提起があったからでしょう。そればかりでなく、厩戸皇子そのものも存在しなかったのではないかという問題提起もなされております。いま日本の古代史の学界では太子像の問題をめぐって大きな波紋が巻き起こっている最中です。

一九七八年に平凡社の『日本を創った人びと』という企画の第一巻に、聖徳太子をあてるので書いて欲しいという依頼を受けました。最初はわりあい軽い気持ちで引き受けたのですが、改めて検討しますと、聖徳太子の活躍を確実に証明する史料が極めて少なく、悪戦苦闘した経験があります。どれが本当に信頼できる太子の確実な史料なのか。私自身がそういう体験をしておりますので、いま改めて太子の実像について新しい視角から問題が提起されているのは、ある意味では当然だと思います。

養老四年（七二〇）の五月二十一日に、正しくは『日本紀』と言うべきですが、ご承知の『日本書紀』三十巻が完成して奏進されました。編纂は舎人親王が中心になって、当時の政府の関係者が総力を挙げて作った三十巻の書物です。そして『紀』三十巻・系図一巻が「奏上」されましたが、その三か月後に亡くなったのが有名な鎌足の子の藤原不比等です。

私の説は、『日本書紀』の編纂には、舎人親王を中心とする多数の当時の歴史関係者が執筆に携わったのですが、その背後には藤原不比等が大きな影響を与えたというものでした。このことは、すでに朝日新聞社から出した『藤原不比等』でも書いています。

ところが、最近の説は、藤原不比等だけでなく、長屋王や養老二年（七一八）に唐から帰国した僧の道慈も加わって、『日本書紀』を編纂したというわけです。『日本書紀』の太子像は文飾だけではなく、作り上げられた虚像であるという説が注目されています。

この説自体には、私はあまり驚いておりません。なぜなら『日本書紀』に描かれている聖徳太子像には潤色がある、編纂者の手によっていろいろモディフィケーションがなされている、作為があるということは、すでに明治時代の先生方以来、いろいろと指摘されてきているからです。

たとえば皆さんよくご存じの憲法十七条には「国司」という用語があります。後に「大宝令」という法律が完成します。「大宝令」はいつできたか。ふつうは大宝元年（七〇一）に完成と言っておりますが、もう一年早い、文武天皇四年（七〇〇）完成説もあります。律が加わって「大宝律令」となりますが、その完成は共に大宝元年と考えてよいと思います。実施されたのは翌年の大宝二年からですが、この国司という国の長官の制度ができるのは「大宝令」からで、大宝令以前には国司は存在しません。にもかかわらず、憲法十七条には国司と書いてある。そのほかにも憲法十七条の用語のなかには後の知識が入っている箇所もあります。つまり、『日本書紀』に書かれた憲法十七条をそのまま信頼することはできないということになります。

その点を指摘された先学のひとりが、早稲田大学の教授であった有名な津田左右吉先生です。昭和十五年、一九四〇年に津田先生は、不敬罪で早稲田大学を追われたと書いている本もありますが、それは間違いです。出版法違反の容疑で東京地裁第五部法廷で判決が下り、禁固三か月の処分となったのですが、先生は上告されずにその罪を受け、早稲田大学を辞職されたのは、起訴以前の昭和十五年の一月でした。日本の歴史学者で戦後いち早く文化勲章を受章されたのは、皮肉にも津田先生でありました。

『日本書紀』に書いてある憲法十七条がそのまま太子が作った憲法であるなどということは、私どもの多くは信じておりません。ですから、そうした潤色を指摘されても私は別に驚きません。

聖徳太子に関連した文献史料について

蘇我馬子と太子が「天皇記」「国記」「百八十部并公民等本記」を作ったと『日本書紀』に書いてあります。ところが「天皇記」もまたいろいろ問題があります。それは天皇という称号がわが国でいつから使われたのか。推古天皇の時代に天皇という称号があったのかどうかという点ともかかわります。これも大きな問題ですが、確実な用例は天武朝からです。

「国記」はあった可能性が強いと私は思っておりますが、「百八十部并公民等本記」などという書があるはずがない。まず公民《おおみたから》です。戦前の教育ではいわゆる大化改新の詔の四か条は日本の歴史の教科書にみな書いてありましたから、ご年配の方はよくご存じだと思いますが、公地公民制とも言いますね。公民という用語が確実に使われるのは天武朝からです。それについては詳しく論証した私の論文があります。公民の中心は公戸です。この公戸が具体化するのも天武朝です。ですから、「国記」はともかくとして「天皇記」「百八十部并公民等本記」といった書ができたということは、学問をしている人だったら疑うのが当然です。

それだけではありません。太子の作という有名な『三経義疏』にも問題があります。法華経・維摩経・勝鬘経ですね。亡くなられましたが、京都大学におられた藤枝晃先生は、敦煌文書をたいへん詳しく研究なさった方ですが、敦煌本のなかに「勝鬘経本義」が見つかりました。これは推古天皇の時期の少し前ですが、六世紀後半、中国北朝時代の写本です。その文章と太子の『勝鬘経義疏』の文章を比較して、その七割が同文であること、したがって、太子の『勝鬘経義疏』は太子が自ら書いたと言うわけにはいかないという説を早く提出されています。もっとも、遣唐使が日本から唐へ持参した書物のなかには、太子作という『勝鬘経義疏』や『法華経義疏』があり、『勝鬘経義疏』には唐僧が注釈を加えたと伝えられています。仏典の注釈書では、大部分は過去の注釈を引用する場合が多く、『維摩経義疏』とは異なって、唐へ持参された『勝鬘経義疏』などには独自の要素もあったのではないかと思われます。

金石文では、法隆寺には薬師像がありますが、その後背の銘文、あるいは有名な釈迦三尊像の後背の銘文についても、たとえば建築史の権威であった京都大学の福山敏男先生、同じように建築がご専門の村田治郎先生など、銘文の書かれた時期の時代は下がるとおっしゃっています。

そのように、聖徳太子について詳しく書いてある『日本書紀』、あるいは関係のある金石文をそのまま頭から信用して利用することは、私ども学問をしている者からいえば許されません。

ですから、そういう疑問点を出されても、私はあまり驚きません。しかし、長屋王や道慈が『日本書紀』に書いてある聖徳太子像を作り上げたのだという結論には、賛成することはできない。ただし道慈のもたらした新訳の金光明最勝王経を『日本書紀』の編纂者らが参照しているところはあります。

それなら、太子の最も確実な史料はどれか。たとえば『日本書紀』には、厩戸皇子がわが子の山背大兄王に言った言葉があります。これは確実だと言う先生が非常に多い「諸悪莫レ作《もろもろのあしきことなすなかれ》」という言葉です。『日本書紀』の天武天皇四年二月の詔にも、これと同じ言葉が出てきます。この言葉の原典は涅槃経で、その言葉を『日本書紀』編者が使っていることもたしかで、私などは果たしてそうかなと、この言葉も疑問視しています。

天寿国繡帳の製作時期

このようにいろいろな説が出されていますが、ここで申し上げておきたいのが天寿国繡帳です。もちろん現在、中宮寺にある天寿国繡帳は、その残欠であって繡帳の全部はわかりませんが、『上宮聖徳法王帝説』によって天寿国繡帳の銘文のおよそがわかります。ところが最近、天寿国繡帳が作られたのは天平期である、推古天皇が亡くなってすぐできたのではなく、もっと後に作られた繡帳であるという説が出されています。

もしも天寿国繡帳が天平期の作ということになりますと、太子を論ずる場合の有力な史料が使えないことになります。これは大問題です。『上宮聖徳法王帝説』にある天寿国繡帳の銘文を読んで、まず気づくのは天皇という用語です。「斯帰斯麻宮《しきしまのみや》治天下《にあめのしたしろしめし》天皇《すめらみこと》」、すなわち欽明大王を指しています。天皇という用語が三か所ばかり出てきますが、これは全部欽明大王に対して使われています。

天皇という用語が使われるのは持統朝以後だと言う説がありますが、そうではないでしょう。飛鳥池の発掘調査は富本銭が見つかって有名になりましたが、その飛鳥池出土の天武朝の代の木簡のなかに、「天皇」とはっきり書いた木簡が見つかりました。天武朝に天皇という用語が使われていたことはたしかでしょう。日本で現在までに見つかっている最も古い墓誌、天智七年（六六八）の船王後《ふねのおうご》の墓誌に「治天下天皇」という用語が使われています。しかしこの墓誌も、後から墓に追葬したのだと言う説があります。しかし私は追葬説に疑問をもっており、天智朝のころの天皇という用語使用の可能性はあると考えています。

ところで天寿国繡帳には天皇という用語が使われているわけです。そこで天寿国繡帳の製作の時代を下げる考えもあります。しかし、その銘文に出てくる「阿米久爾意斯波留支比里爾波乃弥《あめのくにおしひらきひろにはのみ》己等《こと》」は和風の謚《おくりな》ですが、その下に「巷奇大臣《そがのおおおみ》」という字が書いてあります。あるいは「椋部《くらべ》」と記しています。このような用字は推古朝の時代に使われていたと考えられます。天平のころにこのような字が使われたとは思われません。推古朝遺文と申しておりますが、非常に古い推古朝の遺文の用字と矛盾しない用字が使われている。天平のころにこのような用字を使うかどうか、まず問題だと思います。

厩戸皇子の橘大郎女への「世間虚仮唯仏是真（せけんはこけにしてただほとけのみこれまこと

なり）」という有名な言葉があります。この太子の遺語として確実だと言われている史料も、天寿国繡帳の銘文に出てくる言葉です。これが天平のころにできた繡帳とすると太子研究にとっての大きな問題となります。

中宮寺の「額装断片」は、当初の繡帳断片と建治二年（一二七六）に作成された新繡の断片を貼りまぜたもので、亀甲図の銘文はわずか四字です。中宮寺の別の断片や正倉院蔵の断片銘文をあわせても、四〇〇字の銘文のなかで、三〇字たらずしか原銘文をたしかめることはできません。『上宮聖徳法王帝説』の銘文は、狩谷掖斎も指摘しているように、後人のあやまった復原の部分のある可能性も考えておかねばなりません。

銘文では「尾治大王」・「我大王」と表記しているところがあるのに、欽明大王のみをとくに「天皇」とするのは、推古大王とその王統の始祖が欽明天皇であったことを強く意識しての表記であると考えられますが、ここで注目すべきは、この繡帳が天武天皇によって法隆寺に寄進されたと思われる点です。

『法隆寺伽藍縁起并流記《るき》資財帳』は天平十九年（七四七）に作られたものです。そこに「合通分繡帳二張　其帯廿二条　鈴三百九十三」とあります。天寿国繡帳には縁に平組帯を着けて鈴の付いていたことがわかりますが、この二張とは天寿国繡帳のことです。そして「右納賜浄御原宮御宇　天皇者」、天武天皇によって法隆寺に寄進されたと明記してあります。もしも天平に作られた繡帳であるなら、『法隆寺伽藍縁起并流記資財帳』に出てくる史料をどう解釈するのか。少なくとも天武朝以前に繡帳があったと考えざるを得ません。中宮寺を再興した信如尼が法隆寺の網封蔵で繡帳を見つけた繡帳の状況ともこの記載内容は一致します。

もっとも天寿国繡帳が推古朝末年か、天武朝修補のものか、いろいろ検討しなければなりません。私は、天寿国繡帳に天皇が使われているから、素朴に推古朝に天皇号が使われていたというような意見には同調しませんけれども、天寿国繡帳を天平の製作などと言う説は、納得できません。

その図柄についても椋部秦久麻《くらべはたくま》が「令者」になって、東漢末賢《やまとのあやのまけん》、高麗加西溢《こまのかせい》、漢奴加己利《あやのぬかこり》といった百済・加耶系、高句麗系の人々が下絵を描いて、采女が刺繡をする。実際のリーダーは新羅系の秦久麻であったと書いています。あの繡帳は共同製作であり、その製作には明確に朝鮮半島三国渡来の関係者が加わっていたと考えていいと思います。

人物とその図柄が重要です。そこには雲気文という独特の文様があります。すでに指摘されているように、この雲気文は高句麗の壁画、真波里一号墳などに描かれています。繡帳の屋根は錣葺《しころぶき》という独特の屋根を描いております。こうした屋根の絵は高句麗の古墳壁画、敦煌莫高窟の二八五号窟南壁の壁画などにも描かれています。このような図を天平の画師が描いたでしょうか。

もしも天平の光明皇后の段階で描かれ、作られた刺繡であるならば、『法隆寺伽藍縁起并流記資財帳』に書かれているように、天武朝までにあったとする重要な史料をどう解釈するのか。人物や服装の解釈はどうか。繡帳断片上段右部分の男子像姿は高句麗の双楹《そうえい》塚の男子像と類似し、近時発見された法隆寺の阿弥陀如来台座の墨書人物と同じスタイルです。女子像は五世紀の高句麗の修山里《しゅうざんり》や徳興里《とくこうり》の壁画古墳などの服装とよく似ています。あのような図柄を天平まで下げるわけにはいかないと考えています。

それだけでなく『日本書紀』に書いてあることが全部偽りかというと、そう単純には言えません。『日本書紀』は厩戸皇子が推古二十九年に亡くなったと書いているのは間違いで、推古三十年ですが、新羅の真平王が太子を弔って、朝鮮半島の新羅から御仏（仏像）、ミニチュアの金塔、観頂幡などを送ってきた。仏像は太秦の葛野秦寺《かどのはたでら》に納め、金塔のミニチュア、観頂幡などは四天王寺に納めたと書いてあります。これは厩戸皇子が亡くなったときの追悼の贈り物であって、これらも疑うわけにはいかないと思っています。

聖徳太子と当時の東アジア情勢

確実な史料が少ないものですから、私が一九七八年に『聖徳太子』を書いたときにはどうしたかというと、太子の周りにいた人物の史料からみきわめていくという手法をとりました。たとえば秦河勝や鞍作止利《くらつくりのとり》についても実在しないなどと言う人がいるかもしれませんが、そのようなことは言えないでしょう。もう一つは、当時の東アジアの情勢のなかで太子の実像をたしかめるという方法です。この二つの立場からあの書物を書いたわけです。

聖徳太子の問題を論ずるときには、当時の東アジアを視野に入れなければなりません。内なる日本列島、倭国のなかの太子だけを論じていたのではその実態は明らかにできないのではないでしょうか。私は一九六〇年以来今日まで日本の古代史を考察するときには、この島国日本のなかだけで古代を論じていてはダメだと一貫して主張して、現在に至っておりますが、太子の実像と虚像にせまるためにも、やはり当時の東アジアの情勢をその背景として理解しておく必要があると考えています。

太子が生きた七世紀前半という時代は、東アジアの激動の時代でした。中国は五～六世紀、北朝と南朝とに別れ、互いに争っていました。それを隋が統一し、強大な隋帝国が誕生します。これが西暦五八九年、六世紀の末です。隋は朝鮮半島北部にある強大な国、高句麗への遠征を三回続けざまに行います。しかし高句麗が反撃して失敗します。朝鮮半島南部には加耶という国がありましたが滅び、東側に新羅、西側に百済があって、高句麗、新羅、百済の三国が互いに勢力争いをする。三国抗争の時代でした。

つまり、東アジア激動の時代が推古天皇の代であり、厩戸皇子の生きた時代です。そういうなかで、遣隋使が派遣されたということも理解しておく必要があります。

実は最初から平和外交をやっていたのではありません。推古天皇十一年までは、時の政府は新羅征討計画を立てています。そのために北九州に約二万あまりの大軍を結集したと『日本書紀』にも書いています。

二万という数が本当にその通りかどうかは疑わしいですが、大和の飛鳥は留守になります。その留守をぬって、蘇我氏が東漢直駒《やまとのあやのあたひこま》たちをテロリストとして崇峻大王を暗殺します。日本の大王家や後の天皇家の歴史で、王者が暗殺された確実な例は崇峻大王だけです。そういう大事件が起こっている。その後に豊御食炊屋姫《とよみけかしきやひめ》、すなわち推古女帝が擁立されるわけです。

国内的にも国際的にもたいへんな激動の時代でした。そうした東アジアの状況のなかで厩戸皇子の生涯を考えないと、倭国の国内だけで、限られた史料のなかだけで論じていたのでは、太子の実像にせまることはできないのではないでしょうか。

太子の讃美や太子の信仰が『日本書紀』から始まるという説は、あやまりでしょう。

『播磨国風土記』がありますね。そもそも風土記などという書名は奈良時代にはありません。風土記という書名がつくのは平安時代になってからです。これは各国の国司が中央に上申した文書で解《げ》といいます。古写本には『国解』と書いてあります。和銅六年（七一三）の五月二日、各国々に、四項目を中心にという命令を、太政官ではなく弁官が下します。太政官の命令ではないという点もまた問題なのですが、そこで各国々が編纂をします。九州では大宰府が中心になって編纂をしました。

そしていちばん早くできたのが『播磨国風土記』です。これが霊亀三年（七一七）三月までに完成したことは間違いありません。和銅六年に命令が出て、霊亀三年三月までにできているわけですが、その『播磨国風土記』の印南郡の条に「聖徳王の御代」とあります。『日本書紀』以前に厩戸皇子を聖徳と呼んでいるわけです。

それよりももっと早い史料は、法隆寺、中宮寺の東方に法起寺というこれも太子と縁の深い寺があります。その法起寺の塔の慶雲三年（七〇六）の露盤銘です。

『日本書紀』に書いてあることで信用できないところもたくさんありますが、信用できるところもあります。たとえば富本銭が出たではないですか。あれは天武天皇十二年の詔に書いてあるわけです。「必用銅銭、莫用銀銭（必ず銅銭を用ゐよ、銀銭を用ゐること莫れ）」という詔に対応する、富本銭が出土しました。そういう信用できる箇所も『日本書紀』にはあります。

明日香村酒船石遺跡の亀形石造物は、天寿国繡帳の亀甲図の亀とよく似ていますが、この遺跡は『日本書紀』の斉明天皇二年是歳の条の「石山丘」の記事と符合します。明日香村出水《でみず》の苑池遺構も、『日本書紀』の天武天皇十四年十一月の条の「白錦後苑」と対応します。『日本書紀』に書いてあることが全部デタラメだなどというのが科学的だというわけにはまいりません。

話を元に戻しますが、法起寺の塔の露盤銘は慶雲三年（七〇六）です。そこに太子のことを

「聖徳皇」、聖徳のすめらぎと書いています。太子を聖徳の王として讃える信仰が『日本書紀』以前に存在したこともたしかだといえましょう。

冠位十二階について

太子が行った事績を批判する説では、冠位十二階の制度はどうなるのか。

中国の『隋書』東夷伝・倭国の条があります。これも「倭国伝」などという本があるわけではありません。東夷伝・倭国の条です。『魏志』倭人伝などという本も本当はないのです。『三国志』のなかに『魏志』などという書はありません。あれは『三国志』のなかの『魏書』です。『隋書』東夷伝・倭国の条、俗に言う倭国伝は、唐の魏徴《ぎちょう》という歴史家が書いた本です。いつできたかは残念ながらわかりません。しかし、魏徴がいつ死んだかはわかっておりまして、七世紀前半に書かれた歴史書であることは間違いない。七世紀前半の日本のことを、ほぼ同じ時代に書いている史料ですから、「同時代史料」として貴重です。

もちろん『隋書』に書いてあるから全部正しいなどと言うわけにはまいりませんが、日本の文献、『日本書紀』や『古事記』に厳しい目を向けて言っている人が、中国文献になると途端にその論鋒が弱くなって、中国の本に書いてあることはみんな正しいと言うようでは学問をしているとは申せません。私は『隋書』に書いてあるから正しいと言っているのではないのです。

『隋書』にも間違いはあります。『隋書』に「内官有十二等、一曰大徳次小徳次大仁次小仁次大義次小義」とあります。大仁小仁の次は礼、大礼小礼ですが、続いて「次大礼次小礼次大智次小智次大信次小信」と書いています。正しくは礼、信、義、智ですから順番は違っていますが、冠位十二階のことははっきりと書いています。『日本書紀』だけに記載してるのではないのです。これは認めなければいけないでしょう。

冠位十二階が行われたことは後の史料でもはっきりわかります。厳密な意味での戸籍ではありませんが、天智天皇九年に編纂された『庚午年籍』にも出てまいります。全国的には冠位制は施行されておらず、いわゆる畿内及びその周辺を中心に冠位十二階が施行されたことがわかっています。推古朝のころに畿内などという制度はなく、畿内制ができたのは天武朝です。『日本書紀』の改新詔第二条も、畿内を四至の範囲で書いていますから、「大宝令」ではなく、「飛鳥浄御原令」のころの畿内でしょう。

蘇我氏は冠位をもらっていません。蘇我氏は十二階の上にいるわけです。冠位十二階の内容を見てみますと、身分の低い人でもわりあい高い位をもらっています。先ほどの船王後は大仁の位をもらっています。また薬師の慧日も大仁です。明らかに氏姓制にとらわれない人材登用をめざしていたことは、その冠位をもつ人物を挙げてみるとわかります。蘇我氏は別格になっていますが、旧来の中臣氏、物部氏などといった、氏姓《うじかばね》にとらわれない人材登用であったことは間違いない。

重要なのは冠位の冠が帛冠《はくかん》であったことです。藤ノ木古墳などを見ても金銅冠です。五、六世紀ごろの日本の有力な首長の墓からは金銅冠が出土していますが、冠位十二階の冠は布で作って、あやぎぬで縁取りをした帛冠です。

一九九〇年からスタートしました四天王寺ワッソでは、私はその企画顧問をつとめまして、亡くなったソウル大学の金元龍先生、日本では猪熊兼勝さんなどの協力を得て衣裳の考証をいたしました。あそこに出てくる聖徳太子像は、私どもが考えた太子像です。かつての一万円札の太子像とはずいぶん違うわけです。

ですから、冠位十二階以後の日本の古墳からは金銅冠は出てきません。鎌足の大織冠、阿武山古墳出土の冠も帛冠でした。それならそういう冠位制をどうして作ったのか。

遣隋使の派遣について、『日本書紀』では六〇七年からと書いていますが、そうではなくて、六〇〇年から六一四年までに少なくとも五回、中国に使節が行っています。これがまた重要です。わずか一四年の間に五回。なぜそれほど頻繁に隋との外交を展開したのでしょうか。遣唐使は六三〇年から八三八年までの約二〇〇年間でたった一五回です。しかも正式の遣唐使は一三回です。ところが遣隋使は、一四年間で五回も行っている。時の朝廷がいかに隋との外交を重視したかがわかります。

百済も新羅も高句麗も、しっかり位階制を敷いています。ところがわが国はそれまで氏姓制にもとづく政治をしていたわけです。私は、冠位十二階は遣隋使外交の状況のなかで考えたほうがいいと思っております。当時、百済は官僚の位が十六階。新羅は十七階、高句麗は十二階です。日本がなぜ十二階にしたか。私は高句麗を意識していた要素が強いと考えています。

「太子」の称号と「厩戸」という名前

また、太子という名前は後の皇太子の用語で、『日本書紀』編者が作ったのだと言う人もいますが、朝鮮の歴史をもう少し勉強したほうがいいですね。太子制は朝鮮半島のほうが早いわけです。たとえば高句麗の琉璃王の太子は無恤《むじゅつ》という人物です。百済の古い時代の温祚王の太子は多《た》婁《ろ》という人です。これらは太子と記されています。

厩戸太子ともいいますが、これは仏教のシッダルタの太子ではないか。いや、後の皇太子の知識で書いているのではないかなどと諸説があります。

実は太子の用例は朝鮮に早くからあって、大事なことは、単なる「ヒツギノミコ」ではないということです。『日本書紀』は摂政と書いていますが、後の摂政とは違います。大王代行の意味です。太子という称号は、私の知っている限りでは百済あるいは高句麗に例があり、兵事、軍事の権限を持つ王位の後継者を太子と呼んでいたことがわかります。律令制の皇太子の知識で太子という称号がついたなどという説には、賛同できません。

厩戸の名称も虚構という説もあります。『日本書紀』では、太子のお父さんは用明大王、お母さんは間人皇女です。母親が妊娠中に、飛鳥朝廷の馬官《うまのつかさ》の視察におもむく。扉の戸に当たってにわかにお子さんが誕生した。キリストが厩で誕生する聖母マリアの話によく似た伝えです。

キリスト誕生説との関係は早く「神道は祭天の古俗」と言われた久米邦武先生をはじめ、たくさんの方がおっしゃっています。シリアのネストリウスが唱えた教えは、四三一年、ローマ法王庁から異端の扱いを受けることになりますが、ネストリウスの信者たちはネストリアンと言われ、中国では景教と呼ばれています。中国にまでずっと広まるわけです。遣隋使、遣唐使が行っておりますから、こうしたキリスト誕生の説話がわが国にも伝わり、『日本書紀』の編者によって厩戸皇子の誕生説話ができたのではないか。たいへん興味深い説です。

いや、そうではない。これは仏教の弥勒転生、転輪法王の思想がある。世直しの信仰、つまり弥勒信仰が太子の誕生説話を作ったのだという考えもあります。

厩戸皇子は四十九歳で亡くなります。四十九年という短い生涯でいろいろと活躍したわけですから、厩戸皇子は聖徳と崇められるに値する人物とされたのでしょう。

四天王寺ワッソのメインは聖徳太子です。推薦委員会があって選ぶのですが、私は三回目に選ばれました。四回目が梅原猛さん、五回目が江上波夫先生、全部四十九歳以上です。江上先生は

八十五歳ぐらいで聖徳太子をされた。もっと若い人を選ばなければいけないですね。(笑)

厩戸皇子が生まれた年は敏達天皇三年(五七四)が正しいと思います。これは干支で甲午です。午年の生まれなので、それで厩戸と言ったのではないかという説もあります。

また、古代の人物の名前は、乳母の氏や姓をつける場合もありますし、出身の土地の名前をつける場合もあるので、厩戸は地名ではないかという説もあります。

私が一九七八年に書いた『聖徳太子』では、ほかの先生とは少し違う意見を書いています。推古朝のウマノツカサは馬官という字を書きます。これは『続日本紀』にも出てきますし、『庚午年籍』にも出てきます。推古朝に馬の役所があったことはたしかです。

馬を飼育する馬飼という集団があり、馬飼は朝廷にも隷属していました。馬というと何か軍事だけを想像しますが、そうではありません。交通の手段としての馬もあるし、商売をするための物を運ぶ交易の馬もあります。朝廷に隷属している馬飼の集団は、リーダーの馬飼造が支配しています。これは圧倒的に渡来系の人々が多い。

私は厩戸皇子の厩戸については、この馬官のグループの問題との関連も考えたほうがいいのではないかという説を小著『聖徳太子』に書いておきました。

厩戸皇子と隋の関係

厩戸という名前自体が疑わしいとなりますと、太子は生まれながらに疑われる人間になってしまいます。私はそうではないと思うのです。厩戸皇子という人物は実在した。そして、たとえば冠位十二階制に見られるような政治があったということはたしかです。後の太子信仰だけでは解けない問題があります。

しかも、『隋書』には次のようにあります。これは『日本書紀』には書いていないことです。大業三年（六〇七）に使いが来て「其国書曰日出処天子致書日没処天子無恙云云（その国書にいはく日出づる処の天子書を日没する処の天子に致す、恙《つつが》なきやと云々）」。それに対し「帝覧之不悦（帝これをみて悦ばず）」、帝とは煬帝《ようだい》です。そして「謂鴻臚卿曰（鴻臚卿に謂いていはく）」、鴻臚卿とはわかりやすく言えば外務担当の大臣です。そして「蛮夷書有無礼者勿復以聞（蛮夷の書、無礼なるものあり、またもって聞するなかれ）」と言っています。ここのふつうの読み方は間違っていると思っています。「蛮夷の書の無礼なるものあらば、これからはもう取り次ぐな」と読んでいるのですが、しかし、すでに煬帝は読んでいるのですから、「無礼なるものあり」と読まないと、文章の意味が通じません。

しかし翌年、文林郎裴世清《はいせいせい》が日本へ来たと書いています。このことは『日本書紀』にも書いてありますが、国書のことは書いていません。東の夷の国、倭国が自分の国を「日出処」と言い、強大な隋を指して「日没処」と言ったので中国皇帝煬帝が怒ったのだと今もなお言っている方がいます。

天平の入唐使の史料では天平五年（七三三）に唐を「日入国」と書いている例があります（『万葉集』四二四三）。中国東北部の瀋陽、今の字は違いますが、元は沈む太陽、つまり沈陽と書いていました。倭国から見て隋は太陽の沈む地にあたります。怒ったのは「天子」を名乗ったことです。これは注目すべき点です。

埼玉県行田市の稲荷山古墳から一一五字の金象嵌銘のある鉄剣が見つかって、たいへん話題になりました。もちろん国宝になっています。その辛亥年（四七一）の銘文を見ると、ワカタケル大王、すなわち雄略大王ですが、「治天下」「大王」と記されています。熊本県菊水町（現和水町）の江田船山古墳は五世紀後半の前方後円墳ですが、その出土の大刀の銀象嵌の銘にも「治天下」「大王」とあります。

この「治天下」は中国の皇帝が使う用語です。夷狄の王者が使う用語ではありません。これは『漢書』あるいは『孟子』あるいは『三国志』の『魏書』・北魏の『魏書』などの用例をみてもわかります。「治天下」の例は朝鮮の百済や新羅、高句麗でも、今のところその用例はありません。五世紀後半の倭国の王者が「治天下」という表現をはっきりと使っていたことは、たいへん重要な意味をもちます。

この「治天下」「大王」がやがて天皇になり、「治天下」という言葉は「大宝令」では使われなくなります。『法隆寺伽藍縁起并流記資財帳』にも書かれていますが、「治天下」の代わりに「御宇」を使っています。これは宇宙を統御するということですから、治天下よりも広い概念です。

そしてもう一つ大事なことは、四七八年から以後、六〇〇年の遣隋使まで中国王朝には遣使をしていないことです。推古大王のときから遣隋使を派遣します。しかもその遣隋使は、中国の王や皇帝から、軍号や爵号をもらっていないのです。それまでの倭王武や邪馬台国の女王卑弥呼もそうですが、中国皇帝に貢ぎ物をもって朝貢するだけではなく、その代償として位をもらう。沖縄の琉球王朝は、中国の明・清の王朝に朝貢しておりましたが、中国の皇帝から中山王という称号を与えられていました。

遣隋使、遣唐使も朝貢使です。対等外交などと言うけれども、朝貢外交でした。倭国は七世紀後半から日本を名乗ります。飛鳥朝廷以後、朝貢はしていますが冊封体制からの自立をめざし、使者は官爵などを与えられますが、天皇は爵号などは受けない冊封関係へと推移します。

そのような状況のなかで「治天下」「大王」という称号を生み出す。つまり、東夷の倭国の王者は、天下を治める大王だという認識がすでに五世紀後半からあって、金石文にも反映されています。それを前提に、推古朝廷の外交で「天子」を名乗る外交が具体化するのでしょう。にわかに「天子」などと言うはずもないし、言えるはずもない。

私は、これはすごい賭けだったと思っています。国書に「天子」などと書いたら、外交問題になるに決まっています。事実、中国皇帝は怒ったのですが、隋使裴世清が来ました。ただし、小野妹子の大礼という位に対し、裴世清の位は文林郎で九番目の位です。大礼は五番目の位ですから、同じように五番目ぐらいの位の者が来なければいけないところを、文林郎の裴世清が来た。激怒はしたのですが、答礼使は来た。これが重要です。

裴世清は推古大王の前で両段再拝を行っています。中国の文献を見ますと、隋や唐の時代には、柏手を打って礼をするのは上古の遺風と書かれています。『魏書』（いわゆる『魏志』）の倭人の条にも、「大人の敬する所を見れば但手を打って跪拝」と書いてあるように、目上の人に柏手を打って拝んでいました。後の代のことですが、渤海使が参加している朝廷の儀式で、拍手を打つことを禁じている例もあります。両段再拝は当時の中国では野蛮だと言われていたのに、「両段再拝」を行っている。いま四天王寺ワッソの作法は、両段再拝で行ってもらっています。両段再拝は古代日本の最高の礼です。それに裴世清が従っている。これも遣隋外交の成功を示す。言うべきことは言う、聞くべきことは聞く。その外交にはたいへん注目すべきものがあることを『聖徳太子』にも書いています。

湯岡の碑文と今後の太子研究のあり方

太子について論ずるとき、『日本書紀』だけで論究するわけにはまいりません。天寿国繡帳もありますし、いろいろな金石文もあります。また、湯岡《ゆのおか》の碑文もあります。これは『伊予国風土記』の逸文にみえています。

その湯とは伊予の道後温泉の湯です。高句麗僧の慧慈も一緒に行った。そして湯岡に碑文を建てたと書いてあるわけです。その文章には道教の信仰も反映されています。

注意して欲しいのは、ここに高句麗僧の慧慈が出てくることです。これは重要です。『万葉集』の註釈を著した僧、仙覚という方がいます。仙覚も湯岡の碑文を引用しており、慧（恵）慈と書いています。

ところが、『釈日本紀』といって、鎌倉時代の末に卜部兼方親子が中心になって『日本書紀』の註釈を集大成した貴重な書物があります。それにも湯岡の碑文が引用してありますが、『釈日本紀』の湯岡の碑文では、慧慈のところが慧（恵）聡になっています。百済の僧、慧聡になっています。

私は『万葉集』の研究をした仙覚の註釈の引用文のほうがいいと思います。慧慈という高句麗の僧も、『日本書紀』ではたいへん美化して書いてあります。推古三年に倭国へ来て、約二十年滞在して、推古二十三年に高句麗へ帰り、太子が亡くなったとの報せを聞いてすぐに高句麗で亡くなったと『日本書紀』は書いています。これらにも潤色はあります。

しかし、その慧慈が太子に与えた影響は想像以上に大きかったと思います。太子の背後には慧慈がいたというのが私の考えです。これは太子像が一万円札となっていた時代に述べたことです。しかし聞いている人は何を言っているのかさっぱりわからなかったようです。

このように『日本書紀』の太子に関する部分だけで太子を論じるわけにはいかないのです。『日本書紀』では太子は美化されている。それは私も率直に認めたほうがよいと存じます。しかし、だからといって聖徳太子は実在しないと言うためには、よほどの学問的手続きを正確に踏む必要があると考えています。

聖徳太子の墓と言われている大阪府太子町の叡福寺の太子廟をどう考えるのか。そういう問題もあわせて検討しなければなりません。

〔付記〕　本稿は二〇〇〇年一月二十九・三十日のシンポジウム「聖徳太子の謎にせまる」での講演を補訂したものです。

飛鳥廻望

大和飛鳥の地域

『万葉集』の巻第一には、有名な明日香（飛鳥）を詠みこんだ次の二首がある。「明日香宮より藤原宮に遷居《うつ》りし後に、志貴皇子の御作歌」とする、〝婇女《うねめ》の袖吹きかへす明日香風京都《みやこ》を遠みいたづらに吹く〟（五一）と、「和銅三年庚戌の春二月、藤原宮より寧楽宮《ならのみや》に遷《うつ》る時に、御輿《みこし》を長屋の原に停《とど》めて、故郷を廻望《かえり》みて作らす歌」の〝飛鳥《とぶとり》の明日香の里を置きていなば君があたりは見えずかもあらむ〟（七八）とがそれである。

前の歌は持統天皇八年（六九四）十二月の藤原宮遷都後間もなく、天智天皇の第七皇子である志貴（施基）皇子によって詠まれた歌であり、後の歌は和銅三年（七一〇）の二月、藤原宮から平城宮への行幸のおり、中ツ道の長屋の原（天理市井戸堂あたり）で、明日香（飛鳥）の里を「廻望」しての歌である。この歌（七八）の題詞には「一書に云はく太上天皇の御製」と注記されているが、元明天皇が夫の草壁皇子と共に暮らした飛鳥の「古郷」を偲んでの歌とみる説が適切であろう（この小論を「飛鳥廻望」としたのは、題詞のなかの「廻望」による）。

飛鳥を冠する大和飛鳥の宮号には、舒明朝の飛鳥岡本宮、皇極朝の飛鳥板蓋宮、孝徳朝の飛鳥河辺行宮、斉明朝の飛鳥川原宮・後飛鳥岡本宮、天武朝の飛鳥浄御原宮がある（允恭朝の遠飛鳥宮、顕宗朝の近飛鳥宮もあるが、この両宮については後述参照）。大和飛鳥についてはこのほかに『古事記』に「飛鳥河」、『日本書紀』に「飛鳥河」・「飛鳥川」・「飛鳥岡」・「飛鳥苫田」・「飛鳥真神原」・「飛鳥四社」・「飛鳥寺」などがみえる（「飛鳥戸郡」・「飛鳥山」は河内飛鳥）。

これらの地名から大和飛鳥の地域を推定すると、かつて岸俊男氏がいわれたように「香具山以南、橘寺以北のおもに飛鳥川右岸一帯」ということになる。(1) しかし後に「飛鳥の神奈備」を通称ふぐり山（橘寺の真南のミハ山）とされたとおり、(2) その南限は少なくともミハ山のあたりからの以北とみなすべきであろう。

それは「出雲国造神賀詞《がんよごと》」に「賀夜奈流美命《かやなるみのみこと》の御魂を、飛鳥の神奈備に坐《ま》せて、皇孫命《すめみまのみこと》の近き守り神と貢り置きて」と述べるのにも照応する。

もっとも現伝の「出雲国造神賀詞」は、『延喜式』の巻第八に所載する文で『続日本紀』初見の霊亀二年（七一六）二月の出雲臣果安の奉上や神亀三年（七二六）二月の出雲臣広嶋らの奉上そのものではない。ましてそれ以前の奉上の「神賀詞」とすることはできない。そのことは現伝の「神賀詞」に、「加夫呂伎《かぶろき》熊野大神、櫛御気野命、国作りましし大穴持命二柱の神を始めて百八十六社に坐す皇神等《すめがみたち》」と記すのをみてもわかる。すでに早く指摘したとおり、天平五年（七三三）二月の『出雲国風土記』に「百八十四所（社）」と書く社数よりも社の数が多く、『延喜式』の百八十七社よりも一社少ない。「百八十七社」になったのは天穂日命神社が官社になった天安元年（八五七）であって、「百八十六社」の時期は、天安元年以前であったことが判明する。(3)

だからといって原「神賀詞」が天平五年以後のものと考えているわけではない。「大三輪と出雲」ほかでも述べておいたように、(4)「神賀詞」が「養老令」において使う「大和国」よりも古い用字の「大倭国」と表記するばかりでなく、「大御和の神奈備」・「葛木の鴨の神奈備」・「宇奈《うな》堤《で》」・「飛鳥の神奈備」に坐す神々を「皇孫命の近き守り神」と称しているからである。平城京の時代ではこれらの神々の鎮座地は、「皇孫命の近き守り神」の地とはならない。可能性としては「壬申の乱後の飛鳥浄御原宮のころ」に奏上がはじまったのではないかと想定した。

さらに原「神賀詞」に「八百丹《やほに》杵築宮」とあったと考えられる点も参考になる。和銅五年（七一二）正月二十八日「献上」とする『古事記』（下巻）の雄略天皇の条に収める〝纒向《まきむく》の　日代の宮は〟の歌のなかにも〝八百丹よし　い杵築の宮〟と詠まれており、その「八百丹」の伝統は、平成十一年（一九九九）の九月一日からはじまった出雲大社境内地の発掘調査で明らかとなった、伐採年は安貞元年（一二二七）のころとする岩根の御柱（心の御柱）・宇豆柱《うずばしら》・東南側柱のすべてに、赤色顔料（ベンガラ）が付着していたのにもうけつがれていた。

河内飛鳥の範囲

いまは大和飛鳥の地域をめぐっての若干の私見を述べたが、河内飛鳥の範囲をどのように考えればよいのか。その点を検討することにしよう。

河内飛鳥の重要性を指摘したのは、昭和四十六年（一九七一）の六月一日であった（「朝日新聞」）。大和飛鳥が「古都保存法」などによって保存のてだてが用意されたのに対して、河内飛鳥は開発の波にのまれて貴重な文化遺産がだんだんと滅びつつある現実を実感したからである。それ以後、河内飛鳥についての論究を積み重ねてきたが、[5] 河内飛鳥の範囲を考察するさいに参考となる主な史料につぎのようなものがある。

『日本書紀』の雄略天皇九年七月の条には、河内国の言上とする文のなかに「飛鳥戸《あすかべ》郡の人田辺史伯孫が女《むすめ》は、古市郡の人書首加龍《かりよう》が妻なり」と記す。ここに郡と表記するのは、「大宝令」以降の用字であって、もとの表記は「飛鳥戸評」であった。飛鳥戸郡は好字二字へと改められて安宿郡と書かれるようになる。この安宿郡は明治二十九年（一八九六）に南河内郡に編入されるまで存続した。その範囲は大阪府羽曳野市飛鳥のあたりから大阪府柏原市国分のあたりにかけての地域を中心とし、北は大和川をもって大県《おおあがた》郡、東は大和国葛下郡、南は古市郡、西は石川をもって志紀郡・古市郡に接する。河内国大県郡高井田鳥坂寺跡から出土した平瓦ヘラがきに、「飛鳥（戸）評」とあるのが注目される。

『日本書紀』の履中天皇即位前紀にみえる「飛鳥山」は河内飛鳥の飛鳥山であり、『続日本紀』の天平六年四月・天平勝宝元年十月・神護景雲三年十月の各条に記す「安宿郡」あるいは平城京出土の木簡に「河内国安宿郡」とあるそのもとは、河内飛鳥の飛鳥戸評であった。『万葉集』（巻第十）の、〃明日香河黄葉《もみじば》流る葛木の山の木の葉は今し散るらし〃（二二一〇）の「明日香河」は大和飛鳥の明日香川ではなく、河内飛鳥の明日香河であり、また同じく『万葉集』（巻第十六）の「乞食者詠」のなかの〃今日今日と　飛鳥に到り　置くとも　置勿《おくな》に到り〃と読みあげる「飛鳥」も河内飛鳥であった。

『古事記』や『万葉集』にオアサツマワクゴノスクネ大王（允恭天皇）の宮居とする「遠飛鳥宮」は大和飛鳥の宮であり、『古事記』や『日本書紀』にヲケ大王（顕宗天皇）の宮居とする「近飛鳥宮」は河内飛鳥の宮である。(6)『日本霊異記』（中巻）の第七話に述べる釋智光の「安宿郡鋤田寺の沙門」の安宿郡もやはり河内飛鳥であった。

「正倉院文書」のなかの安宿造大広・安宿造里麻呂・安宿造直・安宿公広成らや『続日本紀』の延暦二年四月の条にみえる飛鳥戸造弟見らも、河内の飛鳥戸評（安宿郡）を本貫とする人びとである。

『新撰姓氏録』の河内諸蕃では飛鳥戸造を百済の琨伎《こんき》（昆支）王あるいは末多《まった》王の子孫とし、実際に安宿公奈杼麻呂《なとまろ》を百済安宿奈登麻呂（神護景雲元年正月「正倉院文書」）と表記する例などがある。『延喜式』（神名帳）は河内国安宿郡の「飛鳥戸神社」を「名神大、月次・新嘗」と記すが、その本来の祭神は琨伎王であった。

このように河内飛鳥も百済系の渡来氏族とその文化にいろどられて多彩な歴史を歩むが、その範囲は羽曳野市の飛鳥を中心とする飛鳥戸評（安宿郡）の地域であったことを物語る。

平城の飛鳥

アスカという地名は大和飛鳥や河内飛鳥ばかりではなく各地にある。たとえば和歌山県新宮市の阿須賀《あすか》もそのひとつといってよい。熊野川河口右岸に位置し、蓬萊山のふもとには阿須賀神社が鎮座する。蓬萊山伝承は徐福渡来の伝えとも関連するが、『長寛勘文』に引く『熊野権現垂跡縁起』では、熊野三神（熊野夫須美大神・熊野速玉大神・家津美御子大神）が神倉峰に降臨後「新宮の東の阿須加社の北石淵の谷に勧請」と述べる。平安時代に「阿須加」という地名が存在したことは、藤原宗忠の『中右記』の天仁二年十月二十七日の条に「参阿須賀王子奉幣」とあるのにもうかがわれる。しかし八・九世紀のころに「阿須賀」という地名があったかどうかはこれを実証する史料はない。

だが「平城の明日香」が存在したことは、『万葉集』（巻第六）、〝古郷《ふるさと》の飛鳥はあれどあをによし平城の明日香を見らくし良《よ》しも〟（九九二）にも明らかである。「題詞」には「大伴坂上郎女の元興寺の里を詠《うた》ふ歌一首」とある。ここで「平城の明日香」と詠んでいるその明日香（飛鳥）は、平城外京に移った元興寺のある（元興寺の里）地域を指す。「古郷の飛鳥」とは飛鳥寺のある大和飛鳥を称しての表現であった。

養老二年（七一八）大和飛鳥の飛鳥寺を移して元興寺とし、いわゆる南都七大寺のひとつとして栄えた元興寺の旧境内地には明日香井（飛鳥井）があり、流れる小川を飛鳥川、その地域の鎮守を飛鳥神社として祭祀した。手向山八幡宮の社家上司家所伝の「元興寺古図」に、明日香井と飛鳥神社が描かれているのも興味深い。

大和飛鳥や河内飛鳥は、その後の日本の歴史と文化の展開にも大きな影響をおよぼした。長谷寺の「降婁漆兎上旬（天武天皇十五年七月上旬）」の「法華説相図」に「飛鳥清御原大宮」とあり、さらに朱鳥元年（六八六）の七月二十日には「宮を号《なづ》けて飛鳥浄御原宮」とされたが（『日本書紀』）、飛鳥を冠する宮号の最後が天武朝であったにもかかわらず、「大宝令」・「養老令」の前提となる「令一部二十二巻」の飛鳥浄御原令が「諸司」に「班賜」され、大宝元年（七〇一）の八月三日「大宝律令」が完成したさいには「大略、浄御原朝庭（飛鳥浄御原令）を以て准正（基本）とす」と明記された（『続日本紀』）。

光明皇后の諱《いみな》は安宿媛《あすかべひめ》であったが、その「安宿」は、母である県犬養（橘）三千代の本貫古市郡に隣接する安宿郡の「安宿」に由来し、その安宿郡（飛鳥戸郡）は、父である藤原不比等の乳母田辺史の出身地でもあった。日本古代史における飛鳥の歴史的な意味あいは、こうした側面からもかいまみることができる。

（1）岸俊男「古代史と万葉のことば」（『国文学』一六の三、一九六八年）。
（2）岸俊男「万葉集の歴史的背景」（『文学』三九の九、一九七一年）。
（3）上田正昭『日本神話』（岩波新書、一九七〇年）。
（4）上田正昭「大三輪と出雲」（『神奈備・大神・三輪明神』、東方出版、一九九七年）。
（5）上田正昭『大王の世紀』（小学館、一九七三年）、同『道の古代史』（淡交社、一九七四年）ほか。
（6）上田正昭「河内飛鳥の再発見」（『なにわ大阪再発見』六号、二〇〇三年）。

『播磨国風土記』の特色

和銅六年（七一三）五月二日、時の政府はつぎのような官命をだした。

①畿内と七道の諸国の郡・郷の名は好字を着《つ》けよ。②その郡内に生《な》れる銀・銅・彩色・草・木・禽・獣・虫等の物は、具《つぶさ》に色目《しきもく》（種類）を録し、③土地の沃堉《よくせき》、④山川原野の名号の所由、⑤又、古老の相伝ふる旧聞異事は、史籍に録して言上せよ

と『続日本紀』に記すのがそれである。ここで「畿内」というのは、大和・山背・摂津・河内の四畿内で、(1)「七道」とは東海・東山・北陸・山陰・山陽・南海・西道の各道を指す。

この命令でまず注目されるのは「五月甲子（二日）」のつぎに「詔」とか「制」の文字がなく、宮内庁所蔵の写本（谷森本）に、朱書で「制」と記していることである。もし「制」であったとすれば、太政官符の略式の命令で、太政官のもとの弁官が宣下したことになる。

つぎに『続日本紀』はその文の最後を「載于史籍言上」とするが、『扶桑略記』は「亦宜言上」と書いて「亦宜」を挿入している。しかしこの『扶桑略記』の付加は、本来の官命の文にはなか

ったとみなしてよい。

それよりも、この五項目にわたるいわゆる『風土記』編纂の官命には、『風土記』という書名のみえないことが問題である。そもそも古代の日本にあっては、『風土記』という書名のみえる古い例としては、延喜十四年（九一四）の三善清行の「意見封事」に、「彼の国の風土記」とあるのが注目される。実際に各国の国司や大宰府の官人が上申した、いわゆる『風土記』は、たとえば出雲国の場合、古写本に『出雲国解《げ》』と書きとどめているとおり、最終的には国衙や大宰府がその官命をうけて上申した文書（解）であった。

したがって、その官命のうけとめ方はそれぞれで異なっていた。和銅の官命にもとづく、いわゆる『風土記』でもっとも有名なのは、播磨国・常陸国・出雲国・肥前国・豊後国のそれであり、世に「五風土記」と呼ばれている。

その五風土記のなかでもっとも早くできあがったのが『播磨国風土記』であった。[2] そしてそこには、他の『風土記』とくらべて独自の伝承が収録されていた。例をあげれば、③項目の「土地の沃堉」について、多くの里に地味を九等級（上・中・下をさらに上・中・下に分つ）に評価して、たとえば「賀古郡鴨波里　土は中の中なり」というぐあいに注記する。こうした例は他の『風土記』にはまったくない。さらにみのがせないのは、「天皇」の巡幸伝承が『常陸国』や『出雲国』の『風土記』にはなく、[3]『肥前国』や『豊後国』の『風土記』には「大足彦（景行天皇）」の巡幸伝承などを載せるだけなのに、『播磨国』では「品太《ほむた》（応神）天皇」を二四例（うち二例は勅をだす）、「大帯日子命（景行天皇）」五例、「息長帯甘女命・大帯日売命（神功皇后）」九例というように、天皇あるいは大后（皇后）ゆかりの伝承が圧倒的に多い。

それればかりではない。筑紫の豊国の神（餝磨《しかま》郡の条）や近江の花坂神（賀毛《かも》郡の条）の播磨国への巡行あるいは奥津嶋比売命《おきつしまひめのみこと》（宗像の女神）と播磨の在地の神（伊和大神）とが結ばれて子神が誕生する伝承（託賀郡の条）など、神々の巡行に関する記載も多い。

渡来の伝承

さらに注目すべきは国内ばかりでなく、朝鮮半島からの播磨への渡来伝承が数多く記録されていることである。内外にわたるこのような渡来の人びとをめぐる「古老の相伝」は、他の『風土記』に類をみない。

なぜこのように渡来の伝承が多いのであろうか。『播磨国風土記』は霊亀三年（七一七）の三月までにまとめられていたと考えられるが、当時の播磨国庁の大目《おおさかん》（四等官）が楽浪河内《さざなみのかわち》で、百済滅亡のおりに亡命してきた僧詠の息子であり、後に東宮に侍した文雅の人であったこともかかわりがあるかもしれない。しかしそれも朝鮮半島との関係についていいうることであって、陸路や海路を媒体とする各地からの多数の人びととの播磨への渡来・移住を意味づけるわけにはいかない。

まず国内の渡来に関する記載からうかがうことにしよう。『播磨国風土記』によれば、渡来・移住の記事の多いのは餝磨《しかま》郡と揖保《いぼ》郡であり、神前《かんざき》郡では糠岡《ぬかおか》の条に、渡来してきた百済人らが城を造ったとする注意すべき記事を物語り、また賀毛《かも》郡の猪養野の条に「日向の肥人」の移住を記すにすぎない。

そして印南《いなみ》郡・讃容《さよ》郡・宍禾《しさわ》郡・託賀《たか》郡・美嚢《みなぎ》郡には、そうした渡来・移住の伝承を記してはいない。(4) もっとも託賀郡の条には明石郡大海《おおみ》里の人が託賀郡の賀眉《かみ》里に移住したことを伝える記事があるけれども、これは播磨国内での移動であった。

餝磨郡についていえば、但馬国の人・伊予国の人・讃伎（岐）国の人・筑紫の火（肥）君らの祖などが渡来したと伝え、別に倭（大和）の穴无《あなし》（穴師）の神戸《かんべ》に穴師里の人がなったという伝承や、また餝磨の御宅《みやけ》（屯倉）について、意伎（隠岐）・出雲・伯耆・因幡の国造の召使を水手《かこ》（船頭）として京へ向かわしめたので罰せられ、播磨の屯倉の田を作らせたと言い、その田を意伎田・出雲田・伯耆田・因幡田・但馬田と呼ぶとの興味深い伝承を載せている。

揖保郡については、出雲国の人（三例）、石海《いわみ》（石見）国の人、伯耆国の人・因幡国の人・但馬国の人（俗人は讃伎〈岐〉国の人という）・川内（河内）国の人・大倭（大和）の千代勝部《すぐりべ》ら・宇治連らの祖などの来住を記す。

こうした他国からの人びとの移住ばかりではない。餝磨郡では韓人《からひと》(三例)・新羅国の人・讃岐《さぬき》(岐)の国の漢人らの来住を記し、揖保郡では漢人《あやひと》とその祖・韓人(二例)のほか、紀伊国名草郡の大田村へ渡来した呉勝《くれのすぐり》らが、摂津国の三嶋さらに揖保郡の大田村へ移住したとする渡来集団の、三つの居住地への移りかわりという注目すべき伝承を述べる。揖保郡桑原里の条には、桑原村主《すぐり》らが讃容都の桜見《くらみ》の桜(鞍)を盗んで持ち帰ったという説話を記す。

新羅の王子とする天日槍(天之日矛)の伝承が『播磨国風土記』にかなりあるのも見逃せない。揖保郡粒丘《いいぼおか》・川音村・高家里などの各条にみえ、また天日槍と在地の伊和大神、あるいは天日槍と葦原志許乎命《あしはらのしこおのみこと》とが土地奪いなどをするエピソードを、揖保郡奪谷や宍禾郡伊奈川・波加村・御方里などに収録する。先住の神と渡来の神の国占めをめぐる争いの伝承には、在地の信仰や文化と渡来の動きの間に、融和・受容のありようばかりでなく、摩擦と対立のあった場合を示唆する。

餝磨郡枚野《ひらの》里の条には、「新羅訓《しらくに》の村」と注記し、「新良訓と号《なづ》くる所以は、新羅の国人、来朝せる時、此村に宿りき、故、新羅訓と号く」と明記するが、朝鮮半島南部の韓人・漢人・新羅人の渡来は、考古学の発掘調査の成果にもうかがわれ、さらに前述したように、神前郡では百済人が来住して城(朝鮮式山城か)を構築したという軽視できない伝承を収めている。

陸・海の十字路

こうした国内ばかりでなく、朝鮮半島におよんでの渡来の伝承の豊富さは、いったい何にもとづくのであろうか。それは『播磨国風土記』が地味を九等級に分けて、郡の里の多くに記しているが、地味に関する記載のもっとも多いのが揖保郡で、上の中(2)・中の上(4)・中の中(5)・中の下(3)・下の上(1)・下の中(1)あわせて一六例にのぼる。ついで餝磨郡で上の下(1)・中の上(8)・中の中(4)・下の中(1)の一四例となる。内外の播磨国への渡来・移住の伝承が揖保郡や餝磨郡に多いのも偶然ではない。揖保郡は揖保川流域で宇須伎の津や室原泊などがあって、地味豊沃であり、海路の要地でもあったこと、餝磨郡が市川・大川・夢前川のデルタ地帯に位置して、土地が豊沃であり、かつ交通の要衝であったことも関係するにちがいない[5]。

古代の為政者は国内のみならず対外的にも陸路の整備につとめた。陸路は海路よりも軍事的に管理・統制がしやすく、その通交は海上よりも安全であり、しかも大道の整備は海外の人びとに為政者の権威を誇示することにもなる。

播磨国は山陽道の要域であり、しかも北ツ海（日本海）につながる山陰道とのまじわりを保有していた。紀伊・河内・摂津の地域にとどまらず、石見・出雲・伯耆・因幡などの各地から来住する人びとが多かったのも、播磨国が山陰とのつながりをもっていたからである。たとえば揖保

郡の立野の条に、

土師弩美《のみ》(野美)宿禰《すくね》、出雲国に往来して日下部《くさかべ》に宿り、乃ち病を得て死せき、その時出雲国の人、来到して、人衆を連ね立てて運び伝へ、川の礫を上げて、墓の山を作りき

などと伝えるのは、出雲人が出雲と大和の往来に播磨の立野を通ったからである。

陸路の要衝であったばかりでなく、播磨国は瀬戸内海の海路にあっても重要な位置を占めた。古代日本の関や市の管理・運営、外国の人びととの交易、変量衡などの規定が「関市令《げんしりよう》」である。その母法は「唐令」であったが、唐ではすべての津(港)に船などが入るおりには、過所《かしよ》(通行証明書)を必要とした。ところがわが国の「関市令」では、瀬戸内海の東にある難波津と瀬戸内海の西の長門の津に入る際のみに過所を見せなければならなかった。

このことは、日本の律令国家がいかに瀬戸内海を重視したかを物語る。その東と西をおさえたのも瀬戸内海航路の入口と終着とに注目したからである。そして難波津から北九州への海路を筑紫道、北九州から難波津への海路を倭道《やまとじ》と呼んでいた。

海路は陸路よりもつぎの点でより有利であった。陸路よりも海路の方が往来に便利でしかも早い。さらに物資の輸送も陸路より安価であった。

播磨国へは讃岐や伊予からあるいは筑紫や日向より移り住み、新羅・百済・加耶など朝鮮半島南部から渡来する人びとが数多く存在したのも、その多くは瀬戸内海の海上の道によってであっ

た。人びとばかりではない。前にも述べたように宗像の女神の信仰なども伝来し、大汝命《おおなむちのみこと》（大国主神）や小比古尼命《すくなひこねのみこと》（少彦名神）の神話を神前郡の埴岡《はにおか》里の条に載せたり、阿遅須伎高日《あぢすきたかひ》古尼命《こねのみこと》（味耜高彦根神）の来住を神前郡邑日野《おおわちの》の条に記したりするなど出雲系の神々、さらには讃伎（岐）日子神の伝えを述べる託賀郡都太岐《つたき》や法太《ほうだ》里の条など他国の神々をめぐる伝承も豊かである。

律令政府は国々を大国・上国・中国・下国の四等のランクに分けた。全国六八国のうち大国は一五か国であったが、いわゆる近畿では大和・河内・伊勢・近江・播磨が大国であった。大国播磨が播磨灘を媒介として、讃岐や阿波との交易をしていたことは、たとえば印南郡大国里の石作連大来《おおく》が讃岐で石を求めたり、あるいは美嚢郡志深《しじみ》里の伝承に、伊射報和気命《いざほわけのみこと》（履中天皇）が阿波国の和那散《わなさ》（海部町鞆浦）の貝を食したというエピソードがみえたりする。『播磨国風土記』の所伝にも反映されている。

播磨は古代の大国であり、東方には摂津・丹波、西方には備前・美作、北方には但馬・因幡、南方には淡路があった。そして北ツ海と播磨灘というように南北の海を結ぶ接点の歴史と伝統をうけついできた。まさしく陸と海の十字路であったといってよい。

（1）　天平勝宝九年（天平宝字元年＝七五七）の五月、河内南部の大鳥・日根・和泉の三郡を分割してあらたに和泉国を設け、五畿内となる。

（2）上田正昭「風土記の内実」（『古代伝承史の研究』、塙書房、一九九一年）。

（3）『常陸国風土記』の行方郡の条には「倭武天皇（日本武尊）」の「巡狩」を記す。

（4）『播磨国風土記』には明石郡・赤穂郡の記事を欠く。

（5）餝磨・揖保両郡以外では、賀古郡で中の上(1)・中の中(3)、讃容郡で上の中(2)・上の下(1)・中の上(1)、宍禾郡で中の上(3)・下の上(1)・下の中(2)・下の下(1)、神前郡で中の中(1)・中の下(3)、託賀郡で下の上(3)、賀毛郡で中の上(2)・中の中(2)・中の下(2)・下の上(1)・下の中(1)、美嚢郡で中の中(1)を記載する。

『風土記』の人びとと生活

東西南北の十字路

京都に、「京都人の京都知らず」という諺があります。京都には日本の国宝の約二〇%、重要文化財の約一五%がありますけれども、京都の人は、そういうものはあまり見ずに、善光寺へ参ったり、こんぴらさんへ参ったりするわけです。昭和二十五年（一九五〇）に鹿苑寺（金閣寺）が焼けましたが、そのあと再建されてから見に行った京都人が約七割。つまり、約七割の京都人が昭和の金閣を見に行ったのであって、室町時代の足利義満が建てた金閣を見た京都人は三割にすぎないということです。これは大阪も同様で、大阪府の府民講座で「大阪人の大阪知らず」という講演会が開かれたほどです。

播磨の皆さんは播磨のことはよく知っておられると思いますし、ましてや、播磨学講座を受講される方はよくご存じだと思いますけれども、しかし地域の問題というのは、調べていけばいくほど、味が出てくるものです。いままで知っていると思っていたことでも、実際の姿は知らなかったこともあります。

「観光」という言葉は、中国の五経のひとつ「易経」に出てくる言葉で、「国の光を観る」という用語に由来します。つまり観光というのは、名物を食べたりお酒を飲んだりしてレクリエーションすることが本来の意味ではなくて、それぞれの国の歴史や文化の輝きを観ることなのです。姫路へ観光客が来たときに、姫路にはこんなにすばらしい文化があります、こんなにめずらしい風俗がありますと、他の国の人々に姫路の光を観せる、それが「観光」の本来の意味です。

そういう点からも、播磨学講座はまさしく、「観光」の講座ではないかと私は思っています。播磨の国の歴史や文化、産業や風俗の輝きをみんなが知って、その知識を、他の国から来た皆さんに教える。そのように受けとめまして、この講座が姫路獨協大学で開催されていることは、たいへん意義深いと考えています。

さて、兵庫県という県は、日本ではめずらしい県です。まず、旧の五つの国から成り立っています。北の、日本海に面した但馬、香住や城崎などがあります。瀬戸内海に面した播磨があります。そして摂津の国、丹波の国、さらに淡路島の淡路国。

このように、五つの国にまたがっているような県は、日本国中どこを探してもありません。たとえば、播磨国の西の地域は、古くは「吉備国」と呼ばれていました。吉備国は、備前・備中・

備後と分かれ、備後は広島県、そして備前から美作が独立し、岡山県は、備前・備中・美作の三つの国から成り立っているのですけれども、それでも三つです。また、北陸の地域は古くは「越(高志)国」と申しましたが、ここも越前国、越中国、越後国と三つに分かれました。そして、越後は新潟県、越中は富山県、越前は石川県から福井県にかけてということになります。このように、複数の旧の国から成り立っている県でも、せいぜい三つの国ぐらいということで、兵庫県のように五つの国で成り立っているところは、他にはなくて珍しい。これは、兵庫県の文化を論ずるときに、最初に考えおく必要があります。非常に多様性があるということです。たとえば、但馬弁は、皆さんの播州弁と同じ兵庫県の言葉ですけれども、かなり違います。播州の言葉や但馬の言葉・淡路の言葉だけを取り上げて単純に「これが兵庫県の言葉だ」ということはできないわけです。

二番目に、私が兵庫県について注目しているのは、そのように五つの国から成っていて、日本海と瀬戸内海の両方に面していますから、両方の文化が入ってきているということです。瀬戸内海を媒介にして太平洋ともつながっていますから、日本海と瀬戸内海、そして太平洋と続いている県であるということです。これも日本の都道府県のなかでは大変注目すべき点で、かなり重要なことです。

「日本海」という海の名称がいま、竹島問題をきっかけとして改めて問題になっています。これは今回がはじめてではなくて、一九九〇年ごろ、堺市出身の代議士で当時外務大臣であった中山太郎さんが、私が学長を務めていた堺市にある大阪女子大学まで、突然来られたことがありました。

それは、国連の地名会議での答弁の相談などのためでした。国連地名標準化会議という会議で、「日本海」という名称が日本帝国主義によるものだということで、韓国や北朝鮮が問題化しようとしているというのです。つまり、「日本海」というのは、日本帝国主義がつけた名称であってけしからん、「東海」と呼ぶべきである、という主張です。

私は、外務省には東大出身のお役人がたくさんいるはずなのに、そんなことに反論できる知識のある人もいないのかと思いました。外国のことはよく知っていても、日本のことを知らない外務官僚が非常に多い。すごく残念です。

「日本海」という名称は、日本帝国主義がつけたのではありません。北京に来ていたイタリア人のイエズス会の宣教師マテオ・リッチ(一五五二～一六一〇)が、一六〇二年、北京で「坤輿万国全図」という世界地図を描きましたが、そこにははっきり漢字で「日本海」と書いております。現在も、北京などにこの地図が残っていて、私は実際にその地図を見ましたが、これは間違いありません。

もしかしたら一六〇二年以前にもすでに「日本海」と呼ばれていたかもしれませんが、残念ながら史料がありません。そして、十七世紀、十八世紀、とくにヨーロッパの宣教師のあいだで、「日本海」という名称が広まっていきます。

日本人で確実にいちばん最初に「日本海」という名称を使った人は、時代は遅れますけれども、蘭学者の山村才助（一七七〇〜一八〇七）です。新井白石（一六五七〜一七二五）が日本に来たイタリア人宣教師シドッチと会見して外国の地理や風俗についていろいろと書いた『采覧異言』という書がありますが（「異言」というのは、シドッチの言葉をもとに書いたということです）、それに山村才助が新たに手を加えて、享和二年（一八〇二）に『訂正増訳采覧異言』という本を出しました。そこに、「日本海」という名称が使われています。つまり、十九世紀のはじめに、日本人も「日本海」という名称をはっきりと書いているわけです。

それなのに、国連の会議で「『日本海』は日本の朝鮮侵略、中国侵略のなかでつけられた名前だ」と言われて、日本の外務官僚が「困った、大臣、どうしますか」とでもなったのか。大臣が大阪女子大学の学長室へ来られるなど、何をしているのでしょうか。

日本のことを何も知らないで、外交ができるはずはありません。国際化ということを、日本人の多くが間違えて、外国のことを知ることや、英語や中国語や韓国語などがしゃべれることだと思っているようです。しかし、相手を知るのも国際化ですが、己を知るということも国際化なのです。

外国の人たちと会話すると、日本のことを質問されます。フランス人が私にフランスのことを質問することはありません。公の国際会議場で、私の専門は古代史ですけれども、日本の古代の話などにヨーロッパ人はあまり興味がないので、やはり明治維新とか、日本の近代化について、どう思うかと聞かれるわけです。私は私なりの見解を答えます。公の場で日本について間違った発言をされたら、ただちに手を挙げて、「それは間違いですよ」と言わなければならないのです。そのときに言わないといけません。明くる日に言うようでは、負けです。「調べてからお答えします」などと言う人が多いですけれども、それではだめです。とくに対談や座談会あるいは会議のときはそうです。

中国や韓国や朝鮮民主主義共和国の諸君が日本海を「東海」と言うのは勝手です。けれども、日本人にとって日本海は北側にあるのに、日本人が「東海」などと言って、いいのでしょうか。また、一国の名前が公の海についた例はないという反撃もあったそうです。それなら、インド洋などはどうなるのか、と。つまり、即座に答えなければならないのです。

「日本海」を日本では古くはどう呼んでいたかというと、『出雲国風土記』、あるいは『日本書紀』の垂仁天皇二年の条や『備後国風土記』逸文などを見ますと、「北ツ海」と書いてあります。日本列島の北の海ですから、これは当たり前です。これを「東海」と言えなどというのはとんでもないことであって、断固反対しなければ、外務省は何をしているのかということになります。

その日本海の文化と、さらに瀬戸内海・太平洋の両方の文化が、この兵庫県には入っているわけです。東西南北の十字路に位置しています。

瀬戸内海の歴史的意義

二〇〇六年二月二十五日に四国の松山で、全日空が瀬戸内海のシンポジウム「文化回廊としての瀬戸内海」を開きました。日本画の平山郁夫先生は広島県の瀬戸内海の島（生口島《いくち》）で生まれた方で、瀬戸内海はふるさとですから、平山先生が基調講演をされました。私も招かれて討論をして、三月十五日付の朝日新聞に二面を割いて大きく報じられましたので、ご覧いただいた方があるかもしれません。この瀬戸内海の文化というものについても、われわれはもう少ししっかり考えてみる必要があります。とくに、播州の問題を考えるときには、瀬戸内海は非常に大事です。

「養老令」という、日本の古代の法律があります。大抵の辞書や教科書には「養老二年（七一八）に完成」と書いてありますが、私はこの通説には疑問をもっています。原本は残っておりません。原本が残っていればこういう論争は起こらないのですが、写本しか残っていないのです。

養老三年にできた、官僚が笏をもつという規定（官人把笏の規定）があります。ところが、現在の写本にはこれが書いてあるわけです。養老三年にだされた把笏法令の内容が、養老二年にできたとされるものに書いてあるのはおかしいでしょう。これだけではなく、もう二つぐらい理由があるのですが、私は養老五年ごろに最終的に完成したのではないかと思っています。私の書いた本に、「養老令は養老年間に成立した」と曖昧に書いているのは、こういう事情があるからです。

「令義解」は、天長十年（八三三）にできた「養老令」の注釈書です。そのなかに「関市令《げんしれい》」という法律の注釈があります。関所や市場の管理運営、外国人との貿易、度量衡のことなどを規定した法令が「関市令」で、その条文の注釈にこのようなものがあります。

若船筏経関過者、謂長門及摂津。其余不請過所者、不在此限。亦請過所。

長門というのは山口県の下関、古くは赤間関といいました。摂津は大阪の港、難波津です。「大阪人の大阪知らず」の例ですが、なぜ「摂津」という国名がついたのか、知らない大阪人が大部分です。これは、難波の津（港）を摂る、「難波津を管理する」ということです。それが摂津国の国名の由来です。つまり、下関の港と難波の港を通るときは、過所（通行証明書、パスポート）が要る、パスポートを請求せよ。その他の港では要らない、ということです。

日本はまわりを海で囲まれている国ですが、古くから開かれていました。わが国がモデルにした法令は中国の法令（とくに「唐令」）でしたが、過所の規定は中国の法令にもあり、港に入るときは多くの港で、過所が要るわけです。一方、わが国で過所が必要だったのは、瀬戸内海の入口の長門と、終点である難波津だけで、その他では要らないのです。どこからでも入ってこられました。わが国の文化が海外に対してものすごく開かれていたことが、この例ひとつご覧になってもわかると思います。

いま私たちは「島国根性」という言葉を、いい意味では使いません。「あの人は島国根性だ」というと、了見が狭く、人の悪口ばかり言って、こせこせしている、という意味です。しかし、古代人の島国根性は、開かれていたわけです。島国で海岸線が長く続いていますから、こんなところに万里の長城を築くわけにいきません。だから海外の文化が、南島からもユーラシア大陸からもどんどん入ってくることになりました。これはよかったと、私は思います。古代の島国根性と近代の島国根性とは違っていたのです。

この法律から、瀬戸内海が非常に重視されていたということもわかります。瀬戸内海をとくに重視していたから、入口と終点には通行証明書が必要だったわけです。

もちろん、山陽道、南海道、東海道といった、政府の官道である陸路も重視されていました。道路というものはいまでもそうですが、むかしから、国内の人のためだけではなくて、外国を強く意識してつくられ、整備されました。外国の使節が来たときに、道がきれいで立派だと、「この国はすばらしいな」と思われるからです。また、戦争のときにも、道路を掌握することは海路よりも簡単です。さらに、陸路で物を運ぶほうが安全です。

一方、海路は海賊も出ます。あっちの島にいるかと思えば、こっちの島にもいて、軍事的にも不安定です。ところが輸送は、たとえば、大坂から九州・大宰府まで何かを運ぶとすると、馬や荷車より船のほうが速く、運賃が安いのです。ですから、瀬戸内海は古くから、交通の非常に重要な場所として注目されていたということを、まず最初に知っておいていただきたい。

そして、播州の発展も、その瀬戸内海と密接な関係があるのです。

いままでの日本の歴史というのは、日本列島は島国だから、この島国のことだけ調べていたらわかると思われて、そのように教えてきましたし、また、習ってもきました。しかし、これでは日本の歴史の本当の姿はわかりません。私は、「海から見た日本の歴史」というものを、死ぬまでに書きたいと思っています。いままでの日本の歴史の多くの見方は、日本のなかから、内側のみで見ているだけで、外から、海から見ていませんでした。私は、大阪女子大学の学長を務めた縁で、それまではあまり縁のなかった堺市の学術顧問をしていますし、大阪府立の大学だったもので、大阪府に意見を言ってほしいと請われて、大阪府立中央図書館の名誉館長も引き受けています。また、姫路文学館の館長も、戸谷松司市長のときにお引き受けして以来、いまも務めています。海から堺市や大阪を考えて、それで姫路に来るようになって、「なるほど、播州にはこういう問題があるか」と、つまり、海から見た播州というのもわかるようになったわけです。姫路の皆さんが知らない姫路の姿を、私はいくつか発見しました。このように、海から見ることによって、私にとって勉強になることが、いくつもあるのです。

『播磨国風土記』の特色

『播磨国風土記』は、姫路文学館の館長になる前から何度も読んでいましたが、就任してから読み直すと、姫路文学館の館長の眼で読みますから、同じことが書いてあるのですが、読みがより深くなってくる。

『日本書紀』というのは俗称で、『日本紀』というのが、正式な書物の名前です。その『日本紀』には神代から持統天皇の代まで（～六九七）のことが書かれています。その続き、文武天皇の即位元年から桓武天皇の延暦十年までを書いた勅撰の歴史書が、『日本紀』に続く歴史書ですから、『続日本紀』といいます（六九七～七九一）。このころのことを調べようと思えば、まず『続日本紀』を読まなければなりません。その和銅六年（七一三）五月二日のところに、いわゆる風土記編纂の命令が出ています。

制。畿内七道諸国郡郷名着好字。其郡内所生。銀鋼彩色草木禽獣魚虫等物。具録色目。及土地沃塉。山川原野名号所由。又古老相伝旧聞異事。載于史籍亦宜言上。

最初から問題があります。「制」と書いてあります。天皇が出す命令の場合は「詔に曰く」あるいは「勅に曰く」あるいは太政官などは「符に曰く」というように書かなければならないのに、これは「制」と書いているわけです。この「制」という字の命令は、弁官、太政官の下の役所の命令です。だから簡単にいえば、文部省のいまでいう生涯学習局あたりが出した命令ということになるわけで、命令としてのランクは低いのです。

まず、国とか郡とか郷の名前は好い字をつけなさい。そういうことで、実際に字を変えました。この命令が出る一年前の和銅五年正月二十八日に完成したという『古事記』では、和歌山の紀州は「木国」と書かれていますが、和銅六年以後、この命令が出てからは「紀伊国」と変わりました。日本の国名は薩摩、大隅、肥前、肥後、長門、周防、出羽、陸奥などすべて二字ですが、和銅六年の段階で好字二字に変わるのです。

次に、その郡のなかで生ずるものを記録しなさい。「銀銅彩色」とあってなぜか金は書かれていません、金の出る場所が非常に少なかったからでしょう。しかし実際は東大寺大仏造営のころの天平二十一年（七四九）、東北の陸奥で金が見つかっていて、陸奥守であった百済王敬福が黄金九〇〇両を献上したという記事もあります。そのように、のちには金山も見つかるのですが、ここには金は書かれていなくて、銀、銅、彩色、草木、禽獣、魚虫等は、色目（種類）に記録しなさい、とあります。

それから三番目に、その土地が肥えているかやせているかについて、四番目に、山川原野の名号の所由（由来）について記録しなさい。そして最後に、お年寄りの皆さんが伝えてきた古い事柄は史籍に載せて言上しなさい、との命令が出たのです。

この命令には『風土記』という書名はもちろんありませんし、各国からこれに応えて言上した風土記にも、『風土記』という書名はついていません。たとえば出雲国であれば「出雲国」、播磨国であれば「播磨国」としか書いてありません。これは、各国々から中央政府へ上申した上申文書「解《げ》」で、『風土記』という書名が使われるようになるのは、平安時代になってからです。

各国でいわゆる風土記の編纂が始まり、『播磨国風土記』がいちばん早くできました。『常陸国風土記』の完成は、養老三年（七一九）から養老六～七年のころ、『出雲国風土記』は天平五年（七三三）二月、肥前国や豊後国の『風土記』は天平十一年の末までにできましたが、『播磨国風土記』は霊亀三年（七一七）三月のころには完成したことがわかっています。和銅六年（七一三）の命令から、かなり早い時期に完成しているのです。

『播磨国風土記』にはいくつかの特徴があります。ひとつは、この風土記ほど土地の沃瘠をくわしく書いている風土記は、ほかにはないということです。たとえば印南郡大国の里という村が出てきますが、この「里」というのは行政村落です。一方、ただ「村」と書いてあるのは行政的に組織されていない自然村落です。「里」は、五十戸一里制で編成され、そして地味を上中下に分け、これをまた三等分して九つに分類したわけです。土地が肥えているいちばんいいところが上上。それから中中とか中下とかあるわけで、そういった土地の沃瘠を多くの里について書いているのです。

これは本当にめずらしく、『常陸国風土記』でも『出雲国風土記』でも、それほどくわしく書かれていません。『出雲国風土記』は、たった四カ所についてしか書いていないのてす。なぜ『播磨国風土記』はこんなにくわしく土地の沃瘠について書いたのでしょうか。それは、土地が豊かだったからでしょう。書けるということは自信があるからで、風土記編纂者たちは土地の豊かさに自信をもっていたから、書いたわけです。私もいつも、姫路は海の幸にも山の幸にも恵まれているなと実感していますが、こういうところは日本全国そうざらにはありません。そして実際、古くから豊かな土地であったのです。

次に、天皇が巡幸したという伝承、天皇の巡幸伝承がもっとも多い風土記です。『出雲国風土記』には天皇巡幸伝承がひとつもありません。『豊後国風土記』は景行天皇が来られたことが書いてあるのみで、ほかの天皇巡幸伝承はありません。表1（「大王・天皇の巡幸」）を掲げておきます。

表1　大王・天皇の巡幸

漢風諡	御宇名	回
応神	品太天皇	9
仁徳	高津宮天皇	5
景行	大帯日子(毘古)天皇	2
欽明	志貴宮御宇天皇	2
成務	高穴穂宮御宇天皇	1
雄略	大長谷天皇	1
安閑	匂宮天皇	1
推古	小治田河原天皇	1
孝徳	長柄豊前天皇	1
天智	近江天皇	1
備考	菟道稚郎子天皇御世（1） 庚午年に宍禾郡石作(旧伊和)里となす	

そこに記すとおり、天皇巡幸伝承では、

五世紀前後、五世紀のはじめのころの応神天皇（大王）と仁徳天皇（大王）が、圧倒的に多いのです。この時期は日本歴史において注目すべき画期的な時期に当たっており、この時期の天皇巡幸伝承が多いというのは、播磨がいかに時の朝廷から重視されていたかということを反映しています。古代、大王や天皇の巡幸伝承はそれなりに重要なわけです。

そのように、『播磨国風土記』には重要なことがいろいろと書いてあります。今日のテーマからは外れますが、聖徳太子に関する記述もそうです。

近年、「聖徳太子は実在しない」という論を主張している研究者がいます。本も出ていますし、朝日新聞が記事にしたりもしましたので、話題になりました。マスコミというのは、たとえば古墳の発掘でも黄金の副葬品が出ると大きく報道しますが、世間でいう珍しいものが出ないと、報道しません。しかし、話題になるような物が出ないからその古墳は価値がないのかというと、必ずしもそうとはいえず、そういう古墳でも、価値が高い例はたくさんあるのです。古墳でもそうですから、それが、常識破りの「太子はいなかった」という説となると、センセーショナルに扱われるのです。

その説では、『日本書紀』に聖徳太子のありもしなかったことが美化されて書かれている、ということですが、『日本書紀』の太子像が潤色されていることは、多くの先生方がすでに論証してきましたし、私もずっと指摘してきました。また、「聖徳」という名前がついたのは聖武天皇の后で、天平元年（七二九）に皇后となった光明皇后の天平時代だとも書かれていますが、『播磨国風土記』の印南郡大国の里のところには、「聖徳王の御世」とはっきり書かれています。つまり、厩戸皇子は霊亀三年（七一七）のころまでには「聖徳王」と呼ばれていたことが、『播磨国風土記』によって、証明できるのです。

そこには「聖徳王」とはっきり書いてあって、『播磨国風土記』がいつできたかというと霊亀三年の三月のころまでです。それを、天平の光明皇后になってはじめて聖徳という称号がついたというようなことを学者が書けば、知らない人は本当かと思うわけです。「学者の社会的責任」というものをもっと考えなければなりません。

古代播磨の渡来の人びと

それから、『播磨国風土記』ほど、海外からこの国にやって来た人のことをくわしく書いている風土記はほかにありません。表2（「渡来の人びと」）に整理して書きました。飾磨郡、揖保郡、賀毛郡に渡来伝承があり、なぜか、讃容郡、宍禾郡、託賀郡、美嚢郡にはありません。

その来た人を調べてみると、朝鮮半島の人が非常に多いのです。韓人とあるのは、朝鮮半島南部の人です。漢人と書いてあるのは加耶・百済系、現在でいえば慶尚南道や忠清南道のあたりの人びとです。新羅は慶尚北道です。そういうところから来た人がいます。それから四国が対岸に

表2　渡来の人びと

郡	内　容
飾磨	韓人(韓室首ら上祖を含む)(3) 讃芸(伎)国の韓人等、弥濃郡の人(2) 新羅国人 但馬国朝来の人 伊予国英保の人 筑紫国火君らの祖 △倭の穴无(師)神の神戸 △意伎(隠岐)・出雲・伯耆・因幡・但馬の国造の水手
揖保	出雲国人(3)(別伝讃伎国人(1)) 川内国泉郡人・河内国茨田郡　枚方里の漢人(2) 漢人の祖 伯耆国人 因幡国人 筑紫の田部 大倭の千代勝部ら 宇治連らの遠祖 呉勝1列(紀伊国名草郡大田村→摂津国三嶋加美郡大田村→揖保大田村) 石海(石見)の人 韓人 漢人 △桑原村主ら(一云在地)
賀毛	日向の肥人

※讃容郡・宍禾郡・託賀郡・美嚢郡の各郡なし。
※揖保郡神嶋の条に新羅の客船漂着・水没の記事あり。
※託賀郡賀眉の里の条に、明石郡大海里の人移住の記事あり。
△神社の封戸や船頭などが国を作る例。

ありますから、讃岐から来た人、伊予から来た人がいます。さらに筑紫（北九州）、日向（宮崎県）から来た人、これらは歩いてではなくて、瀬戸内海を媒介に船に乗って播州に来たわけです。

このように、瀬戸内海は山陽道の地域と四国・九州とを結んだ海として重要だったわけですが、それを示す史料は、いくらもあります。少し例を挙げておきますと、日本最古の仏教説話集『日本霊異記』に、讃岐の人が安芸国（広島）の深津の市に牛を買いに行った話があります。船に乗って牛を買いに行き、船に積んで帰ってきたのです。

山陽道の地域は四国に向かってだけ、開かれていたわけではありません。古くから播磨国は、瀬戸内海を媒介にして外国に対しても開かれていました。この表2は、播磨国がきわめてインターナショナルであったということを物語っています。

たとえば、アメノヒボコ（天之日矛、天日槍）の伝承がすごくたくさん出てくるのです。アメノヒボコは朝鮮半島の新羅の国の王子と伝え、倭国へ渡ってきたということになっています。『古事記』『日本書紀』にも出てきますし、『肥前国風土記』『筑紫国風土記』『摂津国風土記』逸文、もちろん『播磨国風土記』にも、『古語拾遺』にも出てきます。

『播磨国風土記』がおもしろいのは、播磨にはいまも一宮の伊和《いわ》神社がありますが、アメノヒボコがその伊和大神と土地を奪い合って争う、という伝承があることです。つまりその説話から、播磨では、来た人をすべて歓迎したのではなくて、その間には軋轢もあったことがわかります。

神さまそのものが来たのではなくて、その神を奉じている人びとが来たと考えるほうがいいと私は思いますが、おそらくアメノヒボコに代表される集団と、伊和大神を信仰する人たちとが争ったのでしょう。

いつごろ来たか、学説はいろいろありますが、私は五世紀のころと考えています。アメノヒボコの伝承は、鉄の文化や、朝鮮のやきものに由来する須恵器文化と関連しています。それまで日本は登り窯を使っていませんでしたが、須恵器は登り窯を使います。アメノヒボコのお供をした従者のなかに陶人が出てきますが、これは偶然ではなくて、アメノヒボコというのは、鉄の文化と須恵器の文化とかかわりの深い渡来の集団とつながりがあると考えられます。そのアメノヒボコの伝承が、『播磨国風土記』には多い。

アメノヒボコ以外にも、神々の巡幸伝承はあります。飾磨郡に豊国（大分県）、筑紫国の神々も渡来しました。それらは勧請と関連します。あるいは宗像の奥津島比売命と伊和大神が結ばれます。福岡より東北に位置しますが、玄界灘の孤島沖ノ島の沖津宮、筑前大島の中津宮、旧玄海町の辺津宮の三社から成る宗像大社があり、そこに祀られているのが宗像の三女神ですが、その奥《おき》津《つ》島《しま》比売《ひめ》命《のみこと》と伊和大神が結ばれて子神が誕生したとする。これもたいへん重要な伝承です。つまり、播州で信仰されている神さまと玄界灘のそばの沖ノ島の宗像の神が婚姻するという伝承で、婚姻をめぐる信仰圏の広さを示唆しています。

あるいは託賀郡に花波山という山があって、なぜその名前がついたのかという由来を書いています。それは、おそらく勧請でしょうが、近江国（滋賀県）の花波の神をお迎えした、そのためだと書かれています。

この表2にもあるように、播磨国のなかで移住するという史料ももちろんあります。たとえば、「託賀郡賀眉の里」の条に、「明石郡大海里の人」の移住が記されています。あるいは、揖保郡の神嶋の条を見ると、新羅の客船が来たけれども、水中に船が沈んでしまった。だから渡来したけれども結局上陸できなかったというような記事もあります。

こういうように見てきますと、播磨の地域の歴史と文化がいかにインターナショナルであったかというのがおわかりいただけるでしょう。

ルーツ（起源）論とルート（形成）論

いま、「ルーツ論」というものが大流行りです。日本人はどこから来たか、中国の雲南省のあたりではないかとか、ネパールやブータンではないかとか、いろいろありますが、そういう類のシンポジウムをしたら超満員になります。

日本人はルーツ探しが好きです。自分は赤阪何某だ、自分の祖先は何だろうと調べると、赤阪城の侍であったと、そんなことを話してくれる人がいます。先祖代々からの系図を家宝にしてきたという人もいますが、偽物の場合もあります。

そのような偽物はなぜ書かれたのでしょうか。おそらく祖先のなかにだれか成功者がいて、祖先の系図を書いたのでしょう。また江戸時代には、系図を専門に書く系図屋もいました。たとえば京都府南部の木津川市山城町椿《つば》井《い》の椿井政隆が系図や文書を偽作しました。世にいう椿井文書がそれで有名です。そこで使われた紙もわかっていますし、軸にも時代の別があって、軸を見ても、いつごろのものか時代がだいたいわかるのです。そのほかに紙と墨の色を見て、紙は古いけれど墨の色が新しいという場合など、ちょっと待てよということになるわけです。

そのように祖先を調べることは、大事なことです。けれども、そればかりやっていてはだめです。「ルート論」も要るのです。たとえば、古代の刑法と行政法・民法である律令のふるさとは中国です。中国をルーツとして、律令はベトナムにも入るし朝鮮や渤海にも入る、日本へも取り入れられました。けれども、朝鮮が律令をそっくりそのまま取り入れたかというと、朝鮮風に変えていますし、日本ももちろん変えました。つまり、ルーツは中国ですけれども、受け入れて、そして変容するわけです。

私は、ルーツ論をやることがだめだと言っているのではありません。しかし、先祖探しもいいのですけれども、祖先がどんなに偉い人でも、途中でだめな人も出てくることもありますし、逆に祖先は大したことがなくても、途中ですごいのが出てくる場合もあるでしょう。つまり形成のプロセスも重要なのです。形成(ルート)論をやらなければなりません。

風土記のなかで、『播磨国風土記』だけが、渡来の人びとのことをくわしく書いています。他の風土記ではほとんど書いていません。私は、その理由のひとつは、風土記の編纂にあたったのは播磨の国衙《こくが》、いまでいえば兵庫県庁みたいな役所で、そして守《かみ》・介《すけ》・掾《じょう》・目《さかん》、という四等官がいるのですが、『播磨国風土記』が編纂された霊亀年間のころ、その目《さかん》に朝鮮の人がいたためではないかと思います。百済から来た僧詠の子、在日二世の楽浪河内です。

『播磨国風土記』の記述だけではありません。実際に考古学のほうからも、住居跡の遺物や朝鮮式山城など朝鮮の文化が入っていたことがわかっています。

姫路市の北のほうに、白国神社という古社があります。ここは、祭神は土地の神さまですけれども、明らかに新羅の国から来た人たちが祀った社です。白国というのはこの地域に住んだ人たちが新羅の人だったことにもとづくと、風土記も書いています。いかに白国神社が国際性をもっていたかということのあかしです。

そういう国際的で多様な文化を取り入れて、播磨独自の文化を形成してきたということを、考え、そして学んでいただきたいのです。

いろいろな要素がたくさんあるということは、独自の文化がたくさん生まれるということにつながります。よく「和魂漢才」といいますが、「大和魂」という言葉をいちばん最初に使った人はだれかと思って調べてみますと、なんと紫式部でした。『源氏物語』の乙女の巻で光源氏の子の夕霧の学問のありようについて書いていています。学問はいかにすべきか、日本のことだけをやっていてはいけない、と。紫式部はやはり偉い人ですね。そして、私の大好きを言葉でもありますが、「才《ざえ》を本《もと》としてこそ、大和魂の世に用ゐらるる方も強ふ侍《はべ》らめ」と書いています。この場合の「才」は「漢才」で、漢詩・漢文学を指しています。つまり、漢詩・漢文学をベースにしなければ、日本人の教養や判断力は世の中に強く作用していかないのだと言っているのです。いい言葉です。

これが『大鏡』あたりになると「和魂漢才」といわれるようになります。幕末・維新や明治前期には「和魂洋才」というようになります。ところがいまは「洋魂洋才」です。こんなありさまでいては日本文化はやがて滅びます。

播磨の地域は異なる文化を受け入れて、地域にそくした播磨の文化をつくってきました。播磨人の祖先はナショナルでしかもインターナショナルであったといえましょう。

V

和歌のこころ——ますらおぶりとたおやめぶり——

私どもは、いま、短歌とよんでおりますが、古くは短歌などとは申しておりませんで、やまうたと申しておりました。倭歌と書きます。ご承知のように私どもは、奈良県の地域はやまとのくにと申します。そして大和国と書きます。戦争中さかんに申しましたやまとだましいも大和魂と書きますけれど、古くはたとえば和銅五年西暦七一二年の正月二十八日に「献上」されました「ふることぶみ」、世間の人々が「こじき」とよんでいる貴重な古典の『古事記』、あるいは養老四年西暦七二〇年の五月二十一日に「奏上」されました『日本書紀』(『日本紀』)、これらの古典には、大きいに平和の和という大和という字は使われていません。すべてやまとには、倭人の倭、大倭という字をあてております。

それならいったいいつごろから大和という字が用いられるようになったのかということが、つぎの問題になります。「大宝令」という古代の法令がありますが、「大宝令」では倭・大倭が、〝ヤマト〟という地域名に使われています。

「養老令」という法律が、普通の歴史の教科書や辞典には養老二年、西暦七一八年に完成したと書いてありますが、学問的にはこれは疑わしい、私は養老五年の頃に出来たのではないかと考えておりますので、私の本には養老二年完成とは書かないであえて養老年間成立と書いているのですが、この「養老令」には、はっきりやまとには大和という字が使われております。法令は、養老年間に出来ましたけれども、実施されたのは、少し遅れまして、天平勝宝九年五月西暦で申しますと七五七年に「養老令」が施行されます。したがいまして七五七年以後にやまとという漢字には、大和を使うようになるわけです。

私は学生時代から、日記のかわりにつれづれに歌を詠んできました。私の恩師（折口信夫先生）は大阪の出身で、現在の大阪市浪速区鶴町一丁目のお生まれでした。ご先祖は、奈良県明日香村にあります神社の神職ですけれども、折口先生がお生まれになったのは大阪で、すぐれた国文学者であり民俗学者であり、小説もお書きになりましたが、とりわけ歌人として有名であって、釈《しゃく》迢空《ちょうくう》として皆さんもよくご承知の先生です。私は、昭和年十九年から二十二年まで三年間、折口先生の講義を受けました。

その後京都大学に入学したわけですが、折口先生からは学問の指導は受けましたけれども、直接折口先生が主催しておられた「やまとうた」の結社である、「鳥船」などには入会しておりません。先生から直接に歌のご指導を受けたわけではありません。

まったく独学で独りよがりな歌をつれづれに詠んできたわけですが、それが平成十三年（二〇〇一）の宮中歌会の召人に選ばれることになります。現在の陛下はご承知のように生物学者としてもすぐれたお仕事をしておられますが、歴史にも大変ご造詣が深くて、皇太子殿下の時代に私の著書をお読みいただいたようです。忘れもしませんが、平成十二年九月十四日宮内庁から電話がかかってきました。私は平成十二年八月二十四日から急性肺炎になりまして、二週間病院で治療にかかっておりました。そこへ宮内庁から電話がかかってきました。平成十三年の歌会始の召人に選ばれたのでぜひご承諾いただきたいという連絡がありました。退院したばかりで体調に自信がありませんので、大変光栄でありますけれども、ご辞退申し上げますと申しましたら、また宮内庁から百武式部官（今、式部官の次長）から電話がありまして、これから亀岡の先生のお宅に北島式部官補と一緒に行くのでお会いいただけないかと。遠方でございますのでとご辞退していたのですが、どうしてもと頼まれましたのでお待ちしておりましたら、陛下がぜひ先生に召人になってほしい。和歌の召人だけではなくて歌会のあとで上田にご下問があるというお話でございます。本当に陛下がそのようにおっしゃっているかどうか、説得するためにおっしゃってるのかと思っていたのですが、そこまで仰せいただいているならということでお受けいたしました。

御題は「草」でした。

山川も　草木も人も　共生の　いのちかがやけ　新しき世に

ちょうど二十一世紀最初の歌会でございますので、私の想いを詠みました。宮内省指定の奉書に万葉仮名で書くのです。書式の手本があります。私以前の召人の先生方の歌を見ますと、花鳥風月の歌が圧倒的に多いのです。私のような歌は例外であって、これはひょっとすると詠み直してくださいと言われるかと思っておりましたが、そのまま受理されまして、歌会の後、陛下から「大変いい歌をいただきましてありがとうございました」とのお言葉を賜りました。それから御下問がありました。大変感心いたしましたのは、天皇陛下からご質問があるわけですが、陛下のご質問が終わってから、「どうぞ」と言って皇后陛下に質問を促されるわけですね。なるほどなと思いました。

皇后様も質問される。皇后様のご質問はいかにもすぐれた歌を詠まれているのにふさわしく、ご造詣が深くて『万葉集』の柿本人麻呂の歌についてのご質問がございました。私は、その人麻呂の歌は良く知っていましたので、お答えすることができましたけれども、あらかじめ『万葉集』について質問するというような連絡はありませんでした。

それがきっかけで、東京の出版社が「先生、歌集を出してください」ということで『共生』という歌集を出させていただきました。上田が和歌を詠んでいることを意外に思われたのでしょう。これは、お陰様で大半が売れました。そこで、「先生、第二歌集を出してください」というわけで二〇〇六年に『鎮魂』という歌集を出させていただきました。今日お出でいただだいている姫路の楠田立身先生をはじめ、たくさんの皆様からもお褒めの言葉をいただいて、ありがたく恐縮に思っている次第です。

五七五七七、つまり短歌の定型はみそひともじです。私自身は自由詩も作るのですが、一向に心が落ち着かない。どうしても五七五七七という短歌の定型、みそひともじの定型がしっくりする。

どんな長歌を詠んでみても、旋頭歌を詠んでみても、片歌を詠んでみても自分の心がしっくりしない。五七五七七というみそひともじが私の心にしっくりする。そこでいったいいつ頃からこの五七五七七という定型が出来上がったのかということが、私自身の研究課題のひとつになっています。

そこで今日はそのことを中心に話をしたい。日本のやまとうたが五七五七七という定型になったのは、いったいいつ頃かということです。文学の歴史を研究している文学の先生がたの間でもいろんな説があって学界では定説はないのですが、私はいろんな状況を考えて結論を先に申しますと、天武・持統朝、七世紀の後半、美術史の時代区分では白鳳時代、飛鳥時代の後の時代です。飛鳥時代というのは西暦でもうしますと六世紀後半から七世紀の前半です。

『朝日新聞』の夕刊にいま「風薫る飛鳥人脈記」というのを連載しております。平成十九年（二〇〇七）の五月十七日、私のことも出ておりましたが、飛鳥時代の次の時代、七世紀の後半から八世紀の始めの時代、白鳳文化といわれる時代です。この時代名には疑問をいだいていますが、この時代にやまとうたの「定型」がととのったと思っています。

皆さんよくご存じの『古今和歌集』の仮名序、紀貫之らが延喜五年（九〇五）醍醐天皇の勅命を受けまして、いつ受けたかというとそれもはっきり判っておりまして、延喜五年の四月十八日の勅命を受けてこの和歌集を作り上げたわけです。残念ながら『古今和歌集』がいつ成立したかということについては、学界で説が二つあります。ある方は延喜十三年、ある方は延喜十四年と言います。

いずれにしても延喜十三年は西暦九一三年ですから、十世紀の初めのころに出来上がった勅撰の和歌集であることはいうまでもありません。この序は名文でして、短歌を学んでおられる方、短歌をお作りになっている方が『古今和歌集』の仮名序を読んでいないということでは、不充分といわざるをえないのではないかと思います。仮名序は平仮名で書いてありますが、原文は倭歌と書いております。

やまとうたは、ひとのこゝろをたねとして、よろづのことの葉とぞなれりける。

すべての言葉の根本になっている。

世中にある人、ことわざしげきものなれば、心におもふことを、見るもの、きくものにつけて、いひいだせるなり。花になくうぐひす、みづにすむかはづのこゑをきけば、いきとしいけるもの、いづれかうたをよまざりける。

日本人であればなんびともうたをよまないわけにはいかない。

ちからをもいれずして、あめつちをうごかし、めに見えぬ鬼神をも、あはれとおもはせ、おとこ女のなかをもやはらげ、たけきもの丶ふのこ丶をも、なぐさむるは哥なり。

歌が天地を動かし鬼神を動かしおとこ女のこころをも和らげるものである。そして歌の始まりはいつかということを論じているのです。このやまとうたは、あめつちのひらけはじまりける時より、昔からやまとうたは存在する。そうであるけれども、世のなかに伝わっているのは、「ひさひかたのあめにしては、したてるひめにはじまる」。

これは、『日本書紀』の神話のなかに、アメノワカヒコが高天原から派遣されたが、返し矢に当たって亡くなるわけです。大国主の神のお子さんであるアジスキタカヒコネノカミが弔いの場に赴いており、死んだアメワカヒコと間違えられて激怒するという神話があります。そのときに歌われたと伝える歌、これはみそひともじではありません。

今の日本語では表現できないいい言葉が日本の古典にはありますが、「あらがねのつち」というのも私が大好きを言葉のひとつです。

『古事記』や『日本書紀』に出てまいりますが（『日本書紀』では註に「或るに曰《いわ》く」として引用）、素戔嗚尊《すさのおのみこと》の次の歌が載っています。

やくもたついづもやへがきつまごめにやへがきつくるそのやへがきを。

皆さんのなかに、謡《うた》いをやっておられる方があると思いますが、お祝いのときに謳われる謡曲あるいは仕舞。「草紙洗小町」のなかに『古今和歌集』の「あらがねのつちにしては、すさのをのみことよりぞ、おこりける」という言葉が使われております。

ちはやぶる神世には、うたのもじもさだまらず、すなほにして、事の心わきがたかりけらし。ひとの世となりて、すさのをのみことよりぞ、みそもじあまり、ひともじはよみける。

仮名序は素戔嗚尊のみそひともじのやまとうたの例をいくつかあげていくわけですが、時間がありませんので省略します。この仮名序のなかで、

なにはづにさくやこのはな冬ごもり　いまははるべとさくやこの花

王仁《わに》の歌とするこの歌と『万葉集』の〝あさかやま〟の歌（一八〇七）を手習いのお手本としてあげていいます。

大阪には大阪市歌があります。大阪市民の方で大阪市歌を歌える方は今はほとんどいないと思いますが、これは大正十年（一九二一）に作られた市歌です。この歌の中に、〝東洋一の商工地咲くやこの花さきがけて〟と、〝さくやこのはな〟の難波津の歌が詠みこまれています。大正十四年には、大阪市のなかに此花区という区ができます。多くの方は、仮名序ばかりを読んでいますが、真名序も歌を志す者にとっては、大変貴重な古典です。時間があれば、真名序についても、

申し上げたいと思いますが……『万葉集』の成立についての示唆にとむ指摘もあります。

大阪になじみのある「なにはづにさくやこのはな」という歌を、仮名序のなかで、手習いの歌と記しております。ほんとうに王仁がうたった歌かは、学問的には疑わしい。疑わしいですけれども、この歌が七世紀の後半に、文字の手習い、手習い歌として、さかんに用いられていたことは、次の例でもはっきり確かめる事ができます。

それは明日香村の石神遺跡と言う遺跡で、貴重な木簡が出ております。天武朝の頃の木簡ですが、その木簡の中に、「なにはづにさくやこのはな」という歌が、木の札にはっきり墨で書かれている。あるいは、平城京・藤原京・藤原宮から出土した木簡にも記してある。

さらに平城京の場合には、土器に、釘か何か固いもので歌の文句を刻字して、「さくやこのはな」と書いているわけです。

それだけでなく、法隆寺の五重の塔の一層目の天井板の裏に、おそらく大工さんが、落書きしたんだと思いますが。「なにはづにこのやさくはな」と、このうたが書いてある。

七世紀の後半に、「なにはづにこのやさくはな」といううたが、広く多くの人々によって、詠まれていた事は、こうした木簡や墨書土器によって、うかがう事ができる例が三四例あります。

紀貫之らは歌にたいする鋭い感覚で仮名序を書いておりますが、真名序の内容も見逃す事は、できません。大津皇子は天武天皇のお子さんですが、皇位継承の争いがあって、謀反の疑いで死に追い込まれる。『万葉集』に、この皇子が二上山に葬られたのを悲しんで、姉の大伯皇女が詠んだ歌は、みなさんもよくご存じだと思います。大津皇子は『懐風藻』に優れた漢詩を残しておりますので、紀貫之らは、大津皇子を漢詩をあらわした最初の人だと書き始めまして、「しかれどもなお、先師（先の師匠）かきもとの太夫というひとあり」と書いてありますが、いうまでもなく、柿本人麻呂のことです。そして、「山部赤人という人あり、ならびに歌の聖なり」。このふたりは、歌の聖である。と記しています。

難波宮跡から、万葉仮名の木簡が平成十八年（二〇〇六）の十月十二日に見つかった。何と書いてあるかと言うと、「はるくさのはじめのとし」、と万葉仮名で記してある。おそらく、歌の可能性がある、残念ながら下の部分は欠損であとの文句がない。歌であるかどうか疑問視する人もいますが、初期万葉の万葉仮名の歌の用字と似ている。「はるくさはじめのとし」と詠んでいる、そのはじめの年というのは、どういうことだろう。これは白雉元年のことではないかと思いますが、少なくとも七世紀の半ばには、万葉仮名が確実に使われていたということを、この木簡は、物語っております。

そして、漢字の音を使いまして、やまとことばを表記する方法が、それらよりも早く存在したことは、いろいろな資料で明らかです。

現在、わが国の金石文のなかで注目すべき確実な資料は、千葉県の市原市の稲荷山台一号墳からでた鉄剣の銘文です。表に「王賜□敬」と記してありまして、あとは読めません。ところが、驚くのは、鉄剣に象嵌してあるその裏側に「此廷刀」と書いてあるのですが、書き出しが、一字下げになっている、これは、王に対する敬意を表して、一字を下げている、逆に言えば、目上の人は一字上げる、いわゆる抬頭《たいとう》の書法であることがわかります。五世紀のなかばに、抬頭の書法が存在したという事を示す貴重な鉄剣の銘文です。しかし、これは日本の訓《よ》みを、漢字の音で表している資料にはなりませんが、埼玉県行田市の稲荷山古墳から出土しました、一一五字の金で象嵌した銘文はいわゆる万葉仮名の用字です。

「辛亥年」とあるのは四七一年、五世紀の後半です。「乎獲居臣《おわけのおみ》」は氏名です。これも万葉仮名、「意富比垝《おほひこ》」という名も万葉仮名です。「多加利足尼《たかりすくね》」「弖已加利獲居《てよかりわけ》」と書いてあります。裏の方へまいりまして、「獲加多支鹵《わかたける》大王」、雄略天皇のことです。五世紀の後半、四七一年の段階には、漢字で、やまとことばを表記する文字の使用があった事は間違いない。

以上、申し上げたことを考えますと、万葉仮名は五世紀半ばには使われていた。そして七世紀半ばの頃には万葉仮名の歌が存在した可能性があるということです。

そして、五七五七七の私どもの詠むやまとうたの定型を確立したのは、柿本人麻呂です。『万葉集』の中に庚辰の年、天武天皇九年（六八〇）に、たとえば柿本人麻呂が、七夕の歌をうたっている。その歌は、

あまのかは　やすのかはらに　さだまりて、かみしつどえば　まろまたなくに

完全な五七五七七の七夕のうた。わが国の、七夕の歌を早くうたっているのは柿本人麻呂です。

ご承知のように、奈良県明日香村高松塚で有名な壁画が見つかったのは、一九七二年の三月二十一日です。私はまだ京都大学の教授の時代でした。

その三月二十一日には、京都大学の学生諸君を連れて、奈良県御所市の調査に行っておりました。調査が早めに終わって、当時は京都の家と亀岡の家とを持っておりましたが、京都北区の紫野花ノ坊の自宅に四時ごろ帰ったら、ジープが止まっているのですね。警察が来ているのかと思ったら、共同通信の人でした。荷物を取り上げて、「これ、奥さんに渡しておきますから、すぐ車に乗ってください」「何ですか」「壁画が見つかったのです」。もう拉致ですね（笑）。

明日香へ直行したことを思いだします。

いつ頃あの壁画が、描かれたのか、なお問題があるわけです。

高松塚が発掘されて、二〇〇二年はちょうど三十年、二〇〇二年に文化庁が、写真集を作ったのですね。網干善教さんたちが見て、白虎の姿が、消えかかっている。女人像などにもカビが生えていることがわかりまして、その写真集がきっかけで、文化庁の保存のありようが、大問題になった。

当時の文化庁長官は河合隼雄さんで、私の友人のひとりです。心理学が専門で、高松塚のこと

は詳しくは知らない。保存処置の不充分さが問題化して、結局、お気の毒にも病気になられて、平成十八年の八月脳梗塞で倒れられて、平成十九年の七月ついに逝去されました。

そこで、やむなく解体修理することになりました。

あの高松塚が、いつ築造されたかと言うと、じつは唐で作った鏡、唐の「海獣葡萄鏡」が副葬されていた。この唐で作った鏡と同笵の鏡が、中国西安市の独孤思貞《どっこしてい》墓からも出土した。この墓は墓誌によって神功二年（六九八）の築造であることがわかります。この独孤思貞墓には高松塚の鏡と全く同笵の鏡が副葬されていました。その鏡と同じ鏡が日本に伝わった時としては、遣唐使の帰国年の七〇四年か七〇七年が考えられます。したがって高松塚の築造は、八世紀のはじめころになります。キトラ古墳は、それよりもう少し古いことが確かめられています。

私が申し上げたいのは、高松塚の女性像には高句麗の影響が、かなりあります。男性像の服装にはあきらかに、中国唐の影響がある。しかし、たとえば女人像の服装は高句麗の徳興里古墳の壁画の女人像とよく似ている、私は、中国は三十二回行っておりますし、朝鮮民主主義人民共和国へは、対外文化協会の招きで、発掘調査などの助言の依頼で、三回行っております。韓国もたびたび行っています。高句麗の壁画は、約九〇ほどある。中国にはもちろん多くの壁画がある。韓国は少なくて、五つしかありません。新羅に二つ、百済に二つ、加耶に一つです。高松塚の壁画と比較しますと、ルーツは高句麗か唐かではなく、高句麗も唐もというべきです。

しかも高松塚やキトラ古墳の壁画には日本化が始まっている。たとえば、女人像の髪のかたち、こんな例は朝鮮でも中国でもありません。まさに大和絵風です。キトラ古墳の朱雀をごらんなさい。いかにも日本的で躍動的です。あのように躍動的な朱雀の姿は、朝鮮や中国の壁画にはありません。

そして、天武・持統朝すなわち白鳳の時代というのは、日本の短歌の定型が定まった時代です。したがって、楠本人麻呂あるいは高橋虫麻呂をはじめとする歌人が、すぐれた短歌を詠んでいます。長歌も詠んでいるが、五七五七七の、みそひともじの歌は、いわゆる白鳳文化の時代に結実したということができましょう。また同時に、キトラ古墳・高松塚の壁画には、壁画の日本化のきざしを見出すことができます。

そもそも、日本国という国号が対外的に使われたのは天武朝です。飛鳥池遺跡から、天武朝の木簡が出土しまして、はっきり墨で天皇と書いてある。日本国という国号や天皇という称号が確実に使われている代は天武朝です。

そして、わが国最初の条坊制の首都である藤原京が出来あがるのは、天武朝に計画されて、持統朝の時期です。天つ社・国つ社という社格の設定、国家が行う大祓、いうならば、神道の国教化の時代です。飛鳥寺や高市大寺が、官寺になったのも天武朝です。そして薬師寺の薬師如来像の制作発願は天武朝で、できあがったのは持統朝でした。山田寺の仏頭や薬師寺の日光・月光菩薩像あるいは聖観音像なども飛鳥文化の仏像よりも日本化が顕著です。

わが国最初の古代の法令と言っていい、「飛鳥浄御原令」ができたのが天武朝、実施されたのは持統朝です。

天智天皇のときに、「近江令」という法令があったという説もありますが、その内容は、全くわかりません。天武天皇のときに定められた「浄御原律令」、持統朝に実施された、「浄御原令」は、全部は分かりませんが、法令が一部二十二巻であったことはわかっており、しかもその法令は唐の法令をモデルにしながら、すでに日本化が始まっていました。いろいろな意味で、私は天武・持統朝という時期を、もう一度真剣に考える必要があると思っています。

白鳳の時代という、時代名の白鳳は実年号ではありません。神亀元年（七二四）十月一日の聖武天皇の詔に、孝徳朝の「白雉」を「白鳳」と改称したのにはじまりますが、明治四十三年（一九一〇）のころから使われてきた「白鳳時代」という時期は、日本の短歌の歴史を考える上でも、非常に大切な時代であると思います。

『万葉集』がますらをぶりで、『古今和歌集』がたをやめぶりである、といったのは、国学者の賀茂真淵です。日本の国学の元を築いた人物は、伏見稲荷の社家のひとつであった荷田家の荷田《かだの》在満《あずままろ》、そのあとをうけ継いだのが賀茂真淵です。

賀茂真淵の弟子が本居宣長、本居宣長の没後の門人が平田篤胤で、国学の四大人と申します。

その賀茂真淵が、明和二年（一七六五）の七月に執筆いたしました「にひまなび（新学）」という書の中で、次のように申しています。これは、日本の短歌史を研究される方、あるいは歌詠みの方が盛んにこの文章を引用しておられます。

やまとの国は、ますらを国にして、いにしえは、女もますらをにならへり。かれ、万葉の歌は、ますらをのてぶりなり

と、賞讃して、『古今和歌集』を、例えば、

ただ春ののどかなるをのみとりて、夏冬をすて、たをやめぶりによりて、丈夫ずさみをいむに似たり

と。この文をうけて、『万葉集』はますらをぶりで、『古今和歌集』はたをやめぶりであるというけとめ方をする人もありますが、私は、このような歌論には反対です。『万葉集』には、四千五百あまりの歌が載っており、一番最後は大伴家持の、

新《あらた》しき年の初めの初春《はつはる》の今日《けふ》降る雪のいやしけ吉事《よごと》

です。ところで『万葉集』の中で、「ますらを」という言葉を使っている歌は、たった六四首しかありません。家持は、好んで〃ますらを〃という言葉を使った一人ですけれども、その〃ますらを（大夫）〃という言葉は三九例で、具体的には中級の官僚を指す用語です。五位・六位の官僚を背景に歌っているのには意味があります。中級官僚つまり官僚の中間職は、上と下の板ばさ

みになって、ますらをぶらないと生きて行けない。ますらをぶりというのは、草奔の心であるとおっしゃっている方もありますが、単絡的に断定はできません。

だいいち、家持の歌をご覧ください。この歌が、どうして、ますらをぶりですか。

私は、次の三首の歌は、大好きな歌です。天平勝宝五年（七五三）の二月二十三日に歌った家持のうた、

春の野に霞たなびきうら悲し　この暮影《ゆうかげ》に鶯《うぐいす》なくも

わが屋戸《やど》のいささ郡竹《むらたけ》ふく風の　音のかそけきこのゆふべかも

特にですね、その二日後にうたった歌、「悽調のこころ」と詞書きがありまして、「歌にあらずば、はらいがたし」。わが心の痛みは歌でなければはらうことができないとした、その歌は、

うらうらに照れる春日にひばりあがり　情《こころ》かなしもひとりしおもへば

この歌を、ますらをぶりといえるでしょうか。私は、今、特に現代詩の詩人の方が、短歌を詠むことを猛烈に批判している。短歌は叙情ばかりである、自己の思想がない、世の中を変える変革の思想がない、などという批判が、行われていますが、それは、日本の短歌をしっかりと勉強しておられないからではないでしょうか。

日本の短歌は、七世紀の後半に、今日の定型を確立して、実に一四〇〇年近くの長きに亘って受け継がれてきました。

短歌は第二芸術である。短歌は必ず滅びる、という先人の指摘にもかかわらず、脈々と受け継がれているのは、日本文化の原風景に、やまとうたは根ざしているからでしょう。

保津川開削と了以・素庵

今の保津川は保津川下りやトロッコ列車の観光名所になっているが、古代においては材木などを運ぶ筏《いかだ》流しの重要な水路であり、灌漑用水としても大きな役割をはたした。保津川は葛野《かどの》の地域に入ると葛野川ともよばれたが、天平十年（七三八）のころまでに葛野大堰《かどのおおい》が構築されていたことは、「大宝令」の注釈書である『古記』によってもたしかめることができる。平安京の造営のさいにも、保津川は用材などの物資運送に大きく貢献した。

かねてから私が不思議に思っていたのは、保津川の上流で山間に位置しながらその郡名が船井郡と称されていたことである。八世紀に船井郡が存在したことは、平城宮出土の木簡や天平十三年（七四一）三月二十一日の「優婆塞等貢進文《うばそこら》」（「正倉院文書」）に「船井郡」と明記されているのをみてもわかる。

延喜五年（九〇五）から編纂がはじまって延長五年（九二七）に完成した『延喜式』に記載する船井郡の式内社（十座）のなかに船井神社があり、船岡・船枝・船坂など船にかんする地名もかなり存在する。それらは保津川の筏流しの船に由来するのではないか。

中世においても保津川は、丹波高原から嵯峨野にいたる水運・用水の河川として利用されたが、川幅の狭いところや、巨岩などによって運行がさまたげられている場所が少なくなかった。

そこでその開削をこころみたのが、嵯峨に住む質屋や高利貸などを営む土倉で、中国（明）やベトナム（安南国）との貿易商でもあった角倉家の了以（光好）とその子与一（素庵）である。父宗桂（意庵）が二度にわたって遣明交易に従事し、幼少のころから大堰川（保津川）のそばで成長した了以のこころには、開かれた海民の思想がはぐくまれていた。人馬による物資の輸送よりも舟運の便の方がはるかに有利であることを早くから実感していたにちがいない。


角倉了以三十九歳のおりには角倉船が渡海するようになり、五十歳の時には安南国との貿易をはじめている。慶長九年（一六〇四）に備前和気川へおもむいたさい、船底の浅い艜舟《たかせぶね》による舟運を目撃した。そして保津川の開削と艜舟による材木や穀物・鉱山石などの運送を着想する。翌年徳川幕府に建議し、慶長十一年の正月十五日に保津川の開削が許可された。そのおりの本多正純・大久保長安の連署による書状が、角倉了以宛ではなく与一（素庵）宛であったことも軽視できない。そして三月から八月までの突貫工事で、大堰川（保津川）の上流世木《せき》庄（南丹市日吉町）から嵯峨におよぶ大規模な開削を実施した。時に角倉了以五十三歳、素庵三十六歳であった。

保津川の開削を鳥羽の津（南丹市八木町）よりもさらに上流にまでさかのぼらせた角倉父子の

構想には、由良川と大堰川とを結んであらたな通路を開くねらいがあったかもしれない。北前船が日本海を西へ廻り、さらに瀬戸内海を通って大坂にいたるその西廻りのコースは、由良川と大堰川との連結ができれば、その距離は「近廻し」となり、経費も大幅に削減される。事実、保津川と由良川との連結通船路計画が、その後もたびたび試みられたことは、秋里悠児氏（『丹波』八号）や川名登氏（『千葉経済論叢』三五号）の論文によって実証されている。

保津川の舟運は備前の水運に熟練した船頭を雇って開始された。了以や素庵はもとより豪商であって、通船料をとり嵯峨に倉庫を設けて、舟運による利潤を所得した。したがって「その所得ハ角倉一人得となす」というような批判もあった（『前橋旧蔵聞書』）。江戸時代後期の「丹波国由良川・丹後国和知谷川大井川・山城国嵯峨川分検絵図」には、角倉家の通船持場の村々が白く描かれているのも参考になる。

もっとも角倉了以らの河川開削は、保津川にとどまらず、慶長十二年の富士川開削、慶長十六年に着工して同十九年には京から伏見までの運河（高瀬川）を完成させるなど、めざましいものがある。しかしそのすべてが成功したわけではない。慶長十三年の天竜川開削のごとく失敗した場合もあった。

平成十八年（二〇〇六）は慶長十一年の保津川開削から数えて四〇〇年に当たっており、亀岡市を中心にさまざまな事業が展開された。保津川舟運の開始によって丹波と山城の交易と交流がより活発になったことは、地域経済の発展に寄与するところきわめて多大であった。そして保津川を船で下ることが可能となったことによって、保津川流域の景勝の地が脚光をあびることになった点もみのがせない。

慶長十一年の八月に開削事業が完了してほどなく、角倉素庵は師の藤原惺窩らを招いて保津川を遊船している。保津川とその渓谷の観光も、その開削によって可能となった。京の高名な儒者皆川洪園《みながわきえん》らも安永四年（一七七五）・同十年に保津川下りを行っている。したがって、亀山城下の亀山本町に住む山形屋安左衛門は、『保津山間谷川之記』を著して、保津川を船下りの名所と記したのである。

保津川下りが明治に入ってから開始されたと思っている人もあるようだが、保津川の開削によって船下りをし、その景勝を観光する風情は江戸時代すでにはじまっていたのである。

明治に入ると日本人のみならず、外国の人びとも遊船観光する時代を迎えた。明治七年（一八七四）のころから外国人の山本浜からの保津川下りが史料に現われてくる。なかでも有名なのは、明治十四年十一月のイギリス皇孫すなわちヴィクトリア女王の孫であるヴィクトル、ジョージ両親王の宇津根浜からの乗船遊覧であった。

保津川舟運の船荷は、米をはじめとする穀物のほか、薪炭・塩・鉄・石材・鉱石などで、丹波高原とその流域から京都へ多量の物資が運ばれた。しかし老ノ坂峠の整備が進み、老ノ坂トンネルが貫通すると車馬による通行が頻繁となる。さらに明治二十五年二月京都鉄道が設立され、明治三十一年二月に二条―嵯峨間、同年四月に京都の大宮と二条間、ついで同年十一月に京都―大宮間が開通、難工事のすえついに明治三十二年の嵯峨―園部間の鉄道が竣工した。こうした鉄道の発達は、物資輸送の保津川舟運の衰退をうながし、やがて保津川は渓谷景勝のなかを船下りする観光を主とした遊船の川として、いちだんと有名になってゆく。

安南貿易にのりだした角倉了以の意図をくんで、第一回の安南渡航のおりの日本国回易大使司となった素庵は、「船中規約」をまとめた。その冒頭に「凡そ回易の事は、有無を通じて人（交易の相手）・己を利するなり。人を損《す》てて己を益するには非ざるなり。利を共にすれば、小と雖も還りて大なり。利を共にせざれば、大と雖も還りて小なり。謂《い》ふ所の利は、義の嘉会（喜びの寄合）なり」と名言している。

そのおもむきは享保十四年（一七二九）に開講した心学の祖とあおがれる石田梅岩が、力説した「商人ノ道」に類似する。そしてさらに、

異域の我国に於ける風俗言語異なると雖も、それ天賦の理、未だ嘗《か》つて同じからず、その同を忘れその異を怪しみ、少しも欺詐《そさ》（あざむきといつわり）慢罵《まんば》する（みだりにそしる）なかれ。

と指摘した。この文には、国際人角倉素庵の面目躍如たるものがある。

角倉了以とその子素庵はたんなる利潤追求のみの豪商ではなかった。我もよし彼もよしの、あるべき「利」をめざしたすぐれた教養人であり、異文化を理解し、多文化共生の交易をめざした巨商であった。

保津川開削四〇〇年にあたって、了以・素庵の労苦をしのび、その開削がいかに地域の交易と文化の向上に役立ったかを回想するばかりでなく、改めて角倉父子の水運・海運への開かれた思想と行動に学ぶべきではないか。そこには日本の文化を特色づけた海民の文明がうけつがれて活きていた。

朝鮮通信使と鼻塚

「鼻塚」と「敵味方供養碑」

二〇〇七年は慶長十二年（一六〇七）に「朝鮮通信使」が来日してから、数えて四〇〇年の意義深い記念すべき歳《とし》であった。したがって朝鮮通信使にゆかりのある日本の各都市で、朝鮮通信使四〇〇年にちなむさまざまなイベントが開催され、韓国でも釜山をはじめとする各地で、朝鮮通信使を記念する事業が実施された。

そのなかでも、私の胸を強くうったのは、二〇〇七年の十一月六日、京都市東山区茶屋町に所在するいわゆる「耳塚」で、韓国民団京都府本部・朝鮮総聯京都府本部と京都市国際交流協会の三者が、合同の慰霊祭を執行したことである。そのおりの挨拶でも言及したが、鼻塚（耳塚）は、豊臣秀吉らの朝鮮侵略の残虐を象徴する史跡だが、そのありようは逆に反戦平和の誓いの場ともなる史跡であって、このたび民団・総聯・京都市の三者が合同で慰霊をしたことは、かつてない画期的なこころみであった。
そもそも耳塚が鼻塚であったことは、仲尾宏氏の指摘にも明らかであり、鼻塚建立の由来は、京都五山のひとつ相国寺の高僧西笑承兌《せいしょうじょうたい》の『鹿苑日録』にも詳述されている。(1) 慶長二年（一五九七）の九月十七日、京都の大仏前で「大明朝鮮闘死之衆」の「慈救」のための施餓鬼法要をすることを命じられた西笑承兌は、九月二十八日、大仏前に赴いて、卒塔婆に「鼻斬り」のことをしたためている。こうして鼻塚が誕生した。

この大仏とは、豊臣秀吉が天正十四年（一五八六）に、高さ六丈三尺（一九メートル）の盧舎那大仏を安置して創建した方広寺の大仏であり、文禄四年（一五九五）の九月には、亡き父母のために各寺院から僧千名を集めて大法要を営んだ。

その開山は木食応其《もくじきおうご》で、慶長二年の九月二十五日には、「大明朝鮮闘死群霊所築之塚」（鼻塚）は小さいので、施餓鬼を営んで、明春には塚を広大にする計画を、木食応其から西笑承兌は聞いていた。この鼻塚が「耳塚」と書きかえられるようになったはじまりは、林羅山の『豊臣秀吉譜』によってであった。(2)

刑罰として鼻を斬ったり、耳を斬ったりするあしきならわしは、当時の国内で行われていた。壬辰の倭乱（一五九二）のおりにも鼻斬りはあったが、丁酉の再乱（一五九七）では鼻斬りや鼻削ぎが、より計画的に実施された。これは、柳成龍の『懲毖録《ちょうひろく》』に「およそわが国人を得れば、ことごとくその鼻を割き、以て威を示す」と述べられ、また李晬光の『芝峰類説』に「平秀吉、諸倭をして鼻を割き、もって首級に代えしむ」などと記されているのにもうかがわれる。

日本側の従軍記録、たとえば長曽我部元親の軍功記といってよい、『元親記』には「残と有ものを悉くなで切にして、鼻を收、此郡（全羅の郡）にて討取註文六千六人也、鼻は塩して一千づつ桶六つに入、御横目衆へ渡す」とか、小早川秀秋の軍目付太田一吉の部将であった大河内秀元の『朝鮮記』には、

右惣首数都合三千七百二十六、判官ハ大将ナレバ、首ヲ其儘、其外ハ悉ク鼻ニシテ、塩石灰ヲ以テ壺ニ詰入、南原五十余町ノ絵図ヲ記シ、言上目録ニ相添テ日本へ進上

とかと書かれている。あるいは脇坂中務少輔安治の『脇坂記』には、「十日アマリノ間ニシテ、鼻ヲ切テ頸数何程トカゾヘケリ、此時安治頸数二千余切取ケル」としたためられている。

『吉川家文書』の慶長二年の秋から冬にかけての日付のある「鼻請取状」には、「請取り、頸の鼻数のこと、合わせて参千四百八拾七なり、たしかに請取り申すところなり」と明記されていた。同じ出動部隊の鍋島勝茂の「鼻請取状」と吉川広家の「鼻請取状」で確認される慶長二年八月二十一日から十月九日までの鼻数は、この両大名だけで、なんと約二五、〇〇〇にのぼる。(3)

秀吉の命令（上意）によって、慶長の侵略では首から鼻斬りへと指令が変えられた結果が鼻塚となる。したがってその施餓鬼法要は、今も「耳塚」の前に立つ明治三十一年（一八九八）三月

二十日の「耳塚修営供養碑」が述べるような「盛徳」でもなければ、「豊公の慈仁」でもなかった。

つぎの碑文は、史実を歪曲し、豊太閤の意図した「京観」を代弁する詭弁であった。念のために、その長文のなかの一節を引用することにしよう。

史を接ずるに、征韓の後役、我軍連捷、諸将、斬獲する所の敵の鼻を截り、功を献ずる有り。その数、幾萬。公、その勝を喜び、その功を賞して、彼の士、国の為に命を致すを愍みその獲たるものを京都大仏の前に埋め、築いて墳塋を為し、大率都婆を立て、名づけて鼻塚とい い五山の僧侶四百人に請うて、大いに供養を修して、その冥福に資す。時に慶長二年九月廿八日。相国寺の承兌、その文を撰し、公の恩讐を分たず、彼我を論ぜず、深く慈仁を垂れ、以て平等に供養を設くるを美とす。それ、恩を海外に及ぼすこと広しと謂うべし。況んや交戦の敵国なるに於てをや。公のこの心を推すに、これ、今日の赤十字社の旨を三百年の前に於て行うと謂うも豈それ可ならざらん哉。

この碑文にいう「征韓後役」とは慶長二年の役（丁酉再乱）を指し、正しく「鼻塚」と述べながらも、豊臣秀吉の「恩讐を分《わか》たず、彼我を論ぜず、深く慈仁を垂《た》れて平等に供養を設くるを美とし」て、「これ今日の赤十字社の旨を三百年の前に於て行う」と賞讃する。

「大明朝鮮闘死之衆」の施餓鬼法要と鼻塚の造営は、「彼我を論ぜず、深く慈仁を垂れ以て平等に供養を設くる」の美でもなければ、「恩を海外に及ぼし」、「交戦の敵国」の「冥福」のためでもなかった。ましてそれは「今日の赤十字の旨」を三〇〇年前に実現したものではなかった。

ここで想起するのは、高野山奥の院の「高麗陣敵味方戦死者供養碑」と三重の石塔である。碑文はつぎのとおりである。

慶長二年八月十五日、全羅道南原表に於て、大明国の軍兵数千騎、討捕せらるるの内、当手前に至りて四百廿八、伐ち果たしおわんぬ。同十月朔日、慶尚道泗川表に於て、大明人八萬余兵、撃ち亡ぼしおわんぬ。高麗の国在陣の間、敵味方の闘死せる軍兵、皆仏道に入らしめんが為め也。右、度々の戦場に於て、味方の士卒、弓箭刀杖に当りて討たれし者三千余人、海陸の間に横死病死の輩、具に記しがたきなり。

慶長第四己亥の歳六月上澣

薩州島津兵庫頭藤原朝臣義弘

同子息少将忠恒之を建つ

いうところは「慶長二年（一五九七）の八月十五日に、全羅道南原表で、大明国の軍兵数千騎と戦い、討ったり捕虜とした者のなかで四二〇人は島津軍が討ち死させ、同年十月一日の慶尚道泗川表で大明の八万余兵と戦ってこれを撃ち亡ぼし、高麗の国在陣の間（朝鮮侵略中）、敵味方の闘死（戦死）した軍兵は、すべて仏道に入らしめんがためである」と述べるところにある。

慶長四年の六月に、薩馬の島津義弘とその子息島津忠恒とによって建立されたこの碑と三重の石塔は、「勇武島津の仁慈」と喧伝され、やがては「赤十字思想の具体的に争闘功伐の甚だしき人生の場面に展《ひろ》げられた最初のもの」（『高野山金石図説』）と美化されるようになった。「島津又七郎忠豊春川城柵之事」には、

文禄元年初冬の事なるに、島津家『征韓録』のなかの島津又七郎忠豊、僅五百余人の勢を相《あい》順《したが》へ、江原道の内、春川の城を相守る。（中略）。五百余人、眞丸になって切り出て、縦横無尽に懸《か》け破る。明兵僅の小勢に懸け立てられて、這々四方に引退く。此故に少々追討して、軽々と城に引入けり。角《かく》て今日討捕る首七十余級、左の耳と鼻を切て、名護屋に献じ、御感状を賜りぬ

と記す。壬辰の倭乱（文禄元年）の当初にもっとも早く鼻斬りを行なったのは島津の家臣であり、『島津家高麗軍秘録』にみえる慶長二年七月の「敵餘多御討取被成候」の実相も多数の鼻斬りを含んでいた。

その島津の当主父子の「高麗陣敵味方戦死者供養」が、いかにその残虐の罪を糊塗とする偽善の「入道」（皆仏道に入らしめんが為）であったかは、その暴虐の行為との矛盾にも明らかである。

雨森芳洲とのであい

私が朝鮮通信使について考察をすすめるきっかけになったのは、フランスの文学や思想の研究者として著名であり、日本の文学や思想についても造詣の深い桑原武夫先生の依頼で、中央公論社の企画日本の名著シリーズ『新井白石』（中央公論社、一九六九年六月刊）を分担執筆したことによってであった。江戸時代の碩学《せきがく》木下順庵の門下（木門《もくもん》）の五先生のひとりとしての雨森芳洲の存在は知っていたが、新井白石の自叙伝『折たく柴の記』を読むうちに、あのように学識深く広い白石が、対馬藩の藩儒雨森芳洲を「対馬国にありつるなま学匠」としてライバル視していることを知った。

なぜ新井白石が雨森芳洲を強く意識しているのか。にわかに芳洲の思想と行動を調べる必要を痛感した。忘れもしない昭和四十三年（一九六八）の九月、雨森芳洲の誕生地である滋賀県高月町雨森をたずねた。天平の十一面観音をまつる有名な渡岸寺《どうがんじ》から北へ約一キロあまり、雨森をはじめて訪問した。その生誕の地と伝える場所には保育園があって、となりに蔵がある。聞けばその蔵のなかに芳洲ゆかりの古文書や記録があるらしい。鍵は地元の元小学校長吉田達《とおる》先生が保管されているという。吉田先生のお宅で、調査の目的をつげて、蔵を開けていただいた。

雨森東五郎（芳洲）筆の『朝鮮風俗考』や、朝鮮語と日本語を対照した会話入門書といってよい『交隣須知《こうりんすち》』、ハングルの入門書である『全一道人』をはじめとする古文書や記録がかなりある。それらをひもとくさなかに、『交隣提醒《こうりんていせい》』とであった。

『交隣提醒』は芳洲六十一歳の享保十三年（一七二八）十二月二十日に書きあげて、対馬藩主に上申した。朝鮮外交のこころがまえを五十二項目にわたって述べた文書である。

日がしだいに暮れて、吉田先生から大型の懐中電灯を借りうけ、無我夢中で『交隣提醒』を読んでいった。その文中に、つぎのような文言のあるのをみて、眼から鱗《うろこ》がおちた。

一、誠信之交と申事ニ人々申事ニ候へとも多ハ字義分明ニ不仕事有之候。誠信と申候ハ実意と申事ニて、互ニ不レ欺《カ》不レ争《ハ》真実を以交リ候を誠信とは申候。

当時「誠信之交《せいしんのまじわり》」という言葉がさかんに使われていたが、芳洲は「誠信之交」のまことの意味を多くの人びとは理解していない。「誠信」とは「実意」にもとづくもので、「互に欺かず争はず、真実を以て交わる」ことであると力説する。その文に「互に」との前提をつけている点をみのがせない。

この「誠信之交」という言葉は、いま流行の「国際化」という言葉におきかえても、そのままに通用する卓見である。そればかりではない。朝鮮通信使の豊臣秀吉の建立した方広寺大仏への立寄りは「無用」であるとして、大仏の功徳は「大小ニよるまじく候処ニ、有用の財を費《ついや》し」た無意味の事業であり、「耳塚」の築造も、「豊臣家無名之師《いくさ》を起し」（豊臣秀吉らが大義名分のない、戦争を起し）、「両国無数之人民を殺害せられたる事に候へバ」と的確に批判する。

そして方広寺大仏や「耳塚」に信使（通信使）を立寄らせることも、

一つハ日本ニ珍敷大仏有之と申事を御しらせ被成、一つハ耳塚を御見せ被成、日本之武威をあらはさるへくとの事と相聞へ候へとも、何も瓢逸《ひょういつ》（世間のことを気にせぬのんきさ）なる御所見ニ候。

とみごとに指摘する。

しかも正徳元年（一七一一）の第八次通信使のおりには、方広寺大仏に立寄ったさいに、「耳塚」に囲《かこ》いをし、また享保四年（一七一九）の第九次通信使の時にも、先例にしたがって「朝鮮人の見申さぬ様ニ被成候、是ハ誠ニ盛徳之事なるべく候」と申し添えている。芳洲ならではの見識である。

しかしこのような見識を、最初から芳洲が保持していたのではなかった。その間の事情は第九次（享保四年）の朝鮮通信使のメンバーのひとりであった製述官であった申維翰《シムエハン》が、その日本紀行『海游録』のなかで、つぎのように語っているのにみいだされる。

享保四年の十月一日、朝鮮通信使一行は江戸城において第八代将軍徳川吉宗に国書を呈し、その大任をはたしての帰路、十一月一日「倭京」（京都）に入った。その前日、大津において京都へ入ったら方広寺へ必ず立寄ることを対馬の太守（藩主・宗義如《よしゆき》）から伝えられた。申維翰らは

「大仏寺は秀吉の願堂であるとの評判を聞いている」として、その立寄りを拒否した。そこで対馬藩主は困り、「寺門の外に帷幕を設け」、そこへ立寄られてはと提案した。通信使側はそれなら寺門からやや遠い一閭舎《いなかや》で充分ということになった。

ところが京尹（京都所司代松平忠周）は、「幕舎で供を受くるとの意を聞き、大いに不当となし」再考を迫った。押問答がつづいて十一月二日、対馬藩主らは京尹と面談した。京尹は『日本年代記』（印本一冊）を提示した。そして対馬藩主らは方広寺は源家光（徳川家光）が再建した寺であることを説いた。結局、正使・副使は十一月三日に方広寺にしばし立寄ることとなったが、従事官は「病あって」（病気と称して）飲餉（饗宴）の席に随行しなかった。対馬藩主はこのことを聞いて、使者を遣わして病を見舞い、「三使が斉臨」することをすすめた。

そのおりのことを、製述官の申維翰はつぎのように述べている。「雨森東（芳洲）は狠人《ろうじん》（心のねじけた人物）である」と。その会話はまことに興味深いので、少し長くなるが『海游録』から引用することにしよう。申維翰が雨森にいう。

「君は読書人に非ざるか。何ぞ怒って、理に悖ることかくの如きか」と。

雨森はすなわち、『年代記』一冊を持って来て、仰いで天を視、俯して地に画し、忿発して曰く、

「当初、使臣は、願堂の説を過って聴き、義は讐人の地に入らずとのこと、いずれか感嘆せ

ざらんか。寡君（わが主君）は、隣好を篤くおもい、あえて享使の儀を停《とど》めず、ゆえに国史に徴して源氏の寺なるを明らかにされた。すなわち、敝邦が使臣のために奔走しなお力を尽くしたことは、ここに視られる。しかるに、今なお国史を信じず公礼を承けざるは、これ、我を卑しみ我を弱らせるものである。ただ死あるのみ」。

余曰く、

「両使臣はすでに立ち寄るとの教をだした。従事公が、病たるをもって同席することを辞退したのは、もとよりこれを妨げるものではない。たとえその間に君の意の如くならざるものがあるからとて、これ訳舌の輩が周旋するようなところのものではない。すなわち君は、区々たる血気の憤をもって一訳官と私闘しているが、おのずからこれは、漕沫の風（見当ちがいのとばっちり）というべきではないか[4]」。

雨森はついに、あやまって去った。

このエピソードにも、雨森芳洲にしてすら、幕命・藩命に逆らえなかった藩儒の限界がにじみでている。

しかし私は芳洲の『交隣提醒』とであって、蒙を啓かれ、やがて朝鮮通信使のことを調査するようになり、映像文化協会編の『江戸時代の朝鮮通信使』（毎日新聞社、一九七六年）に「朝鮮通信使と雨森芳洲」を執筆し（『上田正昭著作集』6、補訂所収）、さらに「朝鮮観のゆがみ」

（『三千里』一四号）、「歴史認識の共有」（『世界』六五三号）などを発表した。

そして朝鮮通信使と日本の民衆とのまじわりには、一九七四年五月の第一回訪中のおりに実感したいわゆる「国際」の前提となる民衆と民衆のまじわり、私のいう「民際」の息吹が躍動していることを史実のなかでたしかめることができた。

豊臣秀吉らの朝鮮侵略をたとえば貝原益軒は、「義兵」でもなければ「応兵」でも「忿兵」でもない、

貪兵、驕兵を兼ねると謂《い》ふべく、義兵となすべからず、またやむを得ずしてこれと用ゐるはいわゆる好戦者なり、是天道の悪《にく》む所、その終わり亡ぶはもとよりその所なり(5)

と批判した。また林道春は「兵ヲ玩《もてあそ》ビ武ヲ黷《けが》ス」と嘆き、あるいは中井竹山は「毒天下ニ流レ、禍殊域《じゆいき》ニ加ハル」と論断した。雨森芳洲はより具体的に耳塚を例として「豊臣家無名之師」と断言し、「両国無数之人民を殺害せらる」侵略戦争とみなした。その見識は抜群といってよい。この雨森芳洲とのであいが、朝鮮通信使への開眼であった。

「耳塚」と歌舞伎

慶長三年（一五九八）の八月十八日、豊臣秀吉は享年六十三歳で他界した。〝つゆとをちつゆときへにしわがみかな　なにわのことはゆめのまたゆめ〟の辞世は有名である。京都の東山三十

六峰のひとつ、京都市東山区東山七条の東方の阿弥陀ヶ峯山頂に葬り、その下に廟社を設け、慶長四年朝廷から宣命使が参向して、豊国大明神の神号を宣下、正一位の神階を贈った。

この「豊国」の文字は、吉田社の祠官吉田兼見《かねみ》が勅をうけて「豊葦原中国《とよあしはらのなかつくに》」にもとづて撰定したという。そして玄壮華厳な社殿を山麓に造営、同年四月十八日正遷宮、十九日には秀頼名代・徳川家康が社参した。二季（四月・八月）の祭料は千石であり、その他をあわせると一万石をその経営に当てている。

豊臣秀吉の七回忌（慶長九年）・同十三回忌（慶長十五年）の豊国臨時祭は有名だが、とくに慶長九年八月の豊国祭は大規模で、十二日の湯立てにはじまり、十四日の馬揃え・法楽さらに田楽・猿楽の奉納がつづき、十五日には上京三組・下京二組あわせて五〇〇人が仮装して、風流の集団が三条橋から同社まで練り踊った。その踊りの道行唄では〝豊国の豊国の神威光はいやましに、万代までも久しくめでたし〟と歌いあげて、〝いざや神をすずしめん、此の神をいざや諌めん〟と歌われ、踊り歌さらに返りざま唄が踊りながら歌われた。その祭礼のありさまを描いた六曲一双の屏風が、「豊国臨時祭礼図屏風」である。

このように豊臣秀吉は豊国大明神とあがめられてその社も隆盛をきわめたが、豊臣氏はしだいに衰退して、慶長十九年（一六一四）七月には家康は方広寺大仏開眼供養の延期を命じ、同年十月よりはじまった大坂冬の陣、翌年四月からの夏の陣（五月大坂落城）以後になると、豊国神社は荒廃の一途をたどり、妙法院の泰国院内に併祀された。
寛文五年（一六六五）本社再興の議があったが実現せず、慶応四年（一八六八）五月十日に新日吉神社の神楽殿を仮拝殿として再興を迎え、明治六年別格官幣社となる。現在の太閤坦《たいこうだいら》の豊国廟が再建されたのは明治三十年であった。明治十年から方広寺大仏殿旧境内に社殿を造営する計画が具体化し、その竣成をみたのは明治十三年である。

豊臣秀吉らの朝鮮侵略を、神功皇后のいわゆる「三韓征伐」と軌を一にする行為とみなす風潮のあったことは、その従軍記や薩摩藩の『征韓論』、あるいは『長曽我部元親記』や山鹿義行の『武家事紀《ぶけじき》』にもとづいてすでに指摘されているところだが、(6)『古事記』・『日本書紀』に記す神功皇后のそれは、新羅征討説話であって、「三韓征伐」の史実はどこにもみいだされず、まず第一に「三韓征伐」という用語じたいがどこにもない。

それもそのはずである。「三韓征伐」という言葉は、鎌倉時代初期のころの『竈門山宝満大菩薩記《そうもんざんほうまんだいぼさつき》』のなかの「神功皇后御宇三韓征伐」さらに北畠親房が興国二年（一三四一）に著わした『廿一社記』のなかの「三韓ヲ征伐」がたしかな古い例でそれ以前にはみあたらない。(7)それなのに、豊臣秀吉らの朝鮮侵略を、当時の「神国思想」を背景に、神功皇后のいわゆる「三韓征伐」とオーバーラップさせたのである。

したがって豊臣秀吉らの朝鮮侵略の正当な批判はなされず、秀吉没後も豊国大明神とあがめられることになる。徳川家康みずからがその正遷宮の翌日に親拝し、太閤の遺徳を仰いで人心の収攬につとめたのである。

豊臣家の滅亡によって豊国神社は衰退したが、「耳塚」は朝鮮通信使の来日のおりにも、眼にふれており、前述したような正徳元年（一七一一）の第八次から囲いをして遮閉するようになる。「耳塚」が改めて脚光をあびるようになる背景には、浄瑠璃や歌舞伎の『太閤記』の上演とその評判があった。近松門左衛門の浄瑠璃で『太閤記』ゆかりの『本朝三国志』が、大坂の竹本座で上演されたのは享保四年（一七一九）であった。この年には第九次の朝鮮通信使が、九月四日大坂に入り、御堂筋の西本願寺に宿泊した。通信使の大坂滞在は五日間におよぶ。一行四七九名中大坂留は一一〇名であった。

近松門左衛門が享保四年の通信使のことを熟知していたことは、たとえば門左衛門の有名な浄瑠璃「心中宵庚申《しんじゅうよいこうしん》」のなかに、

朝鮮人のもてなし御堂へも雇《やと》はれ、七五三・五五三、山蔭《やまかげ》中納言の家（朝廷の料理を司る家）の家の切方《きりかた》、料理一通りは承り伝《つた》へし故、

と書いているのにもうかがわれる。「朝鮮のもてなし御堂」とは朝鮮使が宿泊した御堂筋の西本願寺であり、「七五三・五五三」とは朝鮮通信使もてなしの献立の法式であった。

近松門左衛門は享保四年の朝鮮通信使のことを実際に知っていた。歌舞伎の演目に朝鮮通信使

の話題がとり入れられた例もある。宝暦十四年（一七六四、六月二日明和に改元）の第十一次の朝鮮通信使は大坂で不幸な事態に見舞われた。一つは上々官玄同知付の小童金漢重が同年二月十日に病死したことであり、二つは四月三十日に羅州格軍の李光河が自殺したことである。そしてその三つ目は四月七日の夜半、対馬藩の通詞鈴木伝蔵が、中官・都訓導の崔天宗（琮）を殺害したことであった。五月二日、鈴木伝蔵は月正島で通信使立会いの上で死罪となり、伝蔵の逃亡を幇助した関係者二〇数名が最高百日の押込めとなった。

崔天宗殺害事件は、当時の日朝間の国際問題であったが、幕府は問題の拡大を回避するため、その殺害の理由を公にせず短期間に事件を処理し、上官李海文が事件を本国に報告するため、朝鮮通信使よりも先に帰国したさいには、対馬藩は杉村采女を送聘使として随行させ、事件の穏便な解決につとめた。

事件の真相が秘められたことが、逆に世間の疑惑を深め、明和四年（一七六七）の二月十九日、並木正三作の「世話料理鱸《すずき》庖丁」の大坂での上演となった。この歌舞伎は、鈴木伝蔵の崔天宗殺害事件をアレンジしたストーリーであった。唐使の饗応役が恋におぼれて重宝を紛失し、それが唐人らの悪だくみと知った家臣の通詞続伝七が取りもどそうと唐人を殺害する。そのおりに過って家臣を殺し、家臣の一子は身を隠した伝七を仇討する物語であった。演目に鈴木伝蔵のすずきをもじて「鱸庖丁」としたのも、鈴木伝蔵の崔天宗殺害事件にもとづく。

幕府がこうした歌舞伎の上演を黙認するわけはない。二日で上演禁止となり、その改作が寛政元年（一七八九）七月十七日の芝居、並木五瓶作の「漢人韓文《かんじんかんもん》手管始《てくだりのはじまり》」の上演であった。その後のこの事件にからむ上演は、寛政四年四月の「世話仕立唐縫針《からのぬいばり》」、同八年正月の「傾城花《けいせいはなの》大湊《おおみなと》」、同十一年九月の「唐土織日本手利《もろこしおりにほんてきき》」、さらに享和二年（一八〇二）の京都での芝居、「拳《けん》褌廓大通《まわしさとのだいつう》」へとつづく。(8)

いまは歌舞伎と朝鮮通信使とのかかわりをかいまみたにすぎないが、歌舞伎『太閤記』のひろまりが、「耳塚」のありようとも結びついてゆく。「太閤記もの」の内容はさまざまだが、『絵本太閤記』・『木下蔭狭間《はざま》合戦』などが上演された。

ところで「太閤記もの」の上演が、安政元年（一八五四）から慶応三年（一八六七）までの間で一七回だが、京都・大坂での上演がほとんどで、江戸ではそのうちわずかに三回にとどまるという。江戸の上演回数が少ないのは、徳川幕府の膝下であることが配慮されたのであろう。

それに対して明治に入ると「太閤記もの」の上演は急速に増加して、明治元年（一八六八）から明治四十五年（一九一二）までの上演回数は、二〇九回に達する。(9)そして一〇〇回をこえるのは、明治二十三年の一一回、明治四十二年の一〇回、明治四十四年の一〇回であった。明治の征韓論、さらに朝鮮侵略とその併合の歴史が、「太閤記もの」の上演回数に反映されている。

耳塚を囲む玉垣は、大正四年（一九一五）五月の造営である。その玉垣の一つ一つに、中村雁治郎・片岡仁左衛門をはじめとする歌舞伎役者の名が連なるのは、「太閤記もの」の上演とつながりをもつ。

歴史の教訓

明治二年（一八六九）には、京都では番組小学校（六四校）が設立されたが、そのひとつに正面小学校があった。明治十年に豊国神社の造営が具体化するなかで、神社の正面に小学校が突出して存在するのは不適当であるとして、翌年五月に移転し貞教小学校と改名された。

そして「耳塚」も整備され、明治三十一年の二月三日に起工、同年の三月二十日には修営供養碑を建立した。その題字は陸軍大将大勲位功二級彰仁、撰文は豊国廟を管掌する前天台座主大僧正妙法院門跡村田寂順であった。高さ約三メートル、幅一・二メートル、厚さ四〇センチばかりのその碑は、いまも耳塚の前に立っているが、供養碑建立の理由についてつぎのように記されている。

世、徒らに公の豪雄英武を誇大に謂ひて自ら喜ぶ。因って以て此の塚を京観に比す。しこうして誰かその慈仁、博愛にして礼あること此の如く深かるを知らん哉。塚、後に訛称して耳塚という。物換り、星移りて豊氏祠を絶ち、塚、独り、儼存して巍然として平安の偉観を為す。

四方観光の客、弔古の士、その下に徘徊願望し、当年の偉業を欽《よろこ》び、豊公の慈仁者たるを感ぜざるは無し。

「四方観光の客、弔古《ちょうこ》（古を弔う）の士」が、「豊公の慈仁者たるを感ぜざるは無し」と断言するのである。

そして明治三十一年の四月二十日から五月三十一日まで、豊国神社とその周辺を主会場として豊公三百年祭の祭典がくりひろげられた。この「豊公三百年祭」は黒田長成侯爵を会長とする豊国会が主に運営したが、大正十二年（一九二三）の豊国神社再興五十年、大正十二年の北政所三百年祭は浅野長勲侯爵を総裁とする新豊国会を中心に執行され、北政所を祭神とする摂社貞照社が創立された。

いまは耳塚が豊臣秀吉の「慈仁」と喧伝され、日本帝国主義者の朝鮮侵略を正当化する文禄・慶長の役として再生産されてきた史脈の一端を言及したが、大正年間における「耳塚」撤去の論争(10)などは、時代の潮流に押しながされていった。

朝鮮通信使の名称が使われるようになるのは、第四次（寛永元年＝一六二四）からであり、それまでは回答兼刷還使であって、「探賊」の目的をも秘めてはいたが、朝鮮王朝からの使節の来日が、壬辰・丁酉の乱の戦後処理として、慶長九年（一六〇四）から早くもはじまったことを、慶長十二年の第一回から数えての記念すべき朝鮮通信使四百年に改めて想起する。

慶長九年の十二月二十七日に入洛した朝鮮王朝の高僧松雲大師が伏見城で徳川家康と対面したのは、翌年の三月四日であった[11]。昭和二十年（一九四五）の八月十五日の敗戦決定の日から早くも六十三年、いまだ戦後処理が充分になされていない現在、耳塚をめぐる歴史の教訓は、たんなる過去の問題として軽視するわけにはいかない。

(1) 仲尾宏「鼻塚から耳塚へ」（『朝鮮通信使と壬辰倭乱』、明石書店、二〇〇〇年）。
(2) 同右。
(3) 藤木久志『織田・豊臣政権』（『日本の歴史』15、小学館、一九七五年）。
(4) 申維翰『海游録』（姜在彦訳註、平凡社、一九七四年）。
(5) 貝原益軒（元禄本）『徴毖録』序。
(6) 藤木久志、前掲書。
(7) 上田正昭『日本人のこころ』（学生社、二〇〇八年、白井伊佐牟氏の教示による）。
(8) 角田豊正『朝鮮通信使と歌舞伎』（映像文化協会編『江戸時代の朝鮮通信使』、毎日新聞社、一九七六年）。
(9) 琴秉洞『耳塚』（二月社、一九七八年）による。
(10) 仲尾宏、前掲書。
(11) 松雲大師にかんする私見は、「松雲大師と朝鮮通信使」（二〇〇七年、朝鮮通信使四百年国際シンポジウム）で言及した。

◆初出一覧

〔Ⅰ〕

回想・二十世紀　『私たちが生きた20世紀』文芸春秋（二〇〇〇年一〇月）

日本とアジア　『部落解放』五二八号

古代の日本と東アジア　京都市学校歴史博物館講演（二〇〇三年一一月）

探訪――新羅古碑　『高麗美術館報』四号

東アジアのなかの京都盆地　『京都産業大学日本文化研究所紀要』第一二・一三号

嵯峨野と秦氏　『伝統と創生』五八号

〔Ⅱ〕

神々のふるさと　『日本創生から律令国家へ』世界文化社（二〇〇六年九月）

神秘の霊石　『探訪日本の庭』（四）小学館（一九七九年七月）

神も仏も――日本文化の特質　「神と仏と日本のこころ」奈良県宗教者フォーラム（二〇〇七年九月）

死を見つめて生きる　『寺門興隆』一一六号

〔Ⅲ〕

鎮守の森の現在と未来　『社業学研究』七号

北ツ海文化と海上の道　『神々と森と人のいとなみを考える』Ⅲ・明治神宮（二〇〇七年三月）
銘文研究二〇年と古代史　『稲荷山古墳の鉄剣を見直す』学生社（二〇〇一年六月）
鎮守の森と南方熊楠　「南方熊楠第五回ゼミナール」熊楠記念館開館四〇周年記念
ひとりひとりが文化財を守る　『日本の心と文化財』アドストリー（二〇〇五年九月）

〔Ⅳ〕

地域史の再発見　『気比史学』二五周年記念（二〇〇五年一一月）
倭国から日本国へ　『倭人のクニから日本へ』学生社（二〇〇四年八月）
歴史のなかの聖徳太子像　『東アジアの古代文化』一〇四号
飛鳥廻望　『明日香風』一〇一号
『播磨国風土記』の特色　『バンカル』07冬号
『風土記』の人びとと生活　『播磨人気質を探る』神戸新聞総合出版センター（二〇〇七年一一月）

〔Ⅴ〕

和歌のこころ　『第五九回短歌祭作品集』（二〇〇八年）
保津川開削と了以・素庵　『保津川開削四〇〇周年記念事業報告書』京都学園大学総合研究所（二〇〇七年三月）
朝鮮通信使と鼻塚　朝鮮通信使四〇〇年記念講演（二〇〇七年一一月）

あとがき

一九六〇年のころから、日本列島の歴史や文化の実像をよりあざやかにみきわめるためには、海を媒介とするアジアとのかかわり、とりわけ東アジアの動向との関係に注目する必要のあることを痛感するようになった。

まわりを海でかこまれている弧状の日本列島は、ユーラシア大陸の東部に位置する文字どおりの島国である。南からは暖流の黒潮（日本海流）が太平洋側を北上し、九州南方でわかれた黒潮分流は対馬海流となって日本海側を北へと流れる。北からは寒流の親潮（千島海流）が房総半島沖へと南下し、日本海側ではリマン海流がウラジオストック沖へと南流する。

世間で「島国根性」というのは、閉鎖的な自己中心の精神のありようを指すが、「海国日本」の根性は開かれた精気にみちみちていた。

そのことは、たとえばわが国の古代法である「大宝令」や「養老令」の関や市などの管理・運営と、それらと関連する外国人との交易や度量衡器などの規定、すなわち「関市《げんし》令《りょう》」をみてもわかる。わが国の「関市令」は唐の「関市令」をモデルとしてつくられ、海上渡航にも過所《かしょ》(通行証明書)を必要としたが、唐では、主要な港へ入るときにはすべて過所が必要とされたのに対して、わが国の場合は、瀬戸内海の入口の長門《ながと》の津《つ》と難波津のみに必要とされるにとどまった(『令義解』)。

古くから海上を媒体とする海外の物資の流入はかなり自由であり、物資ばかりでなく海外からの人びとの渡来もくり返し展開された。

一九六五年の六月に、『帰化人』(中公新書)を公にして、「帰化」と「渡来」はどう違うか、統一国家が成立する以前に、また帰化のメルクマールとなる戸籍が存在しない段階に、「帰化人」がいるはずもないことを史実にもとづいて指摘した。

そして『古事記』や『風土記』などの用語の「渡来」の方が、実態によりふさわしく、渡来人とその後裔の人びとが、いかに日本の歴史と文化の発展に大きく寄与したかを論証した。

その冒頭に天平勝宝四年(七五二)の四月九日、未曾有の東大寺大仏の開眼供養が盛大に行われた状況を述べて、高さ五丈三尺五寸の毘盧舎那《びるしゃな》大仏鋳造の現場のリーダーはいったいだれであったか。六六〇年の百済滅亡のおり(復興軍は六六三年に白村江で敗北)に亡命してきた百済の官人国骨富《こくこっぷ》の孫、すなわち在日三世の日本名国中連君《くになかのむらじきみ》（公）麻呂《まろ》がその人であり、平安京を千年の都と定められた桓武天皇の生母高野新笠《たかののにいがさ》が、百済の武寧王の流れをくむ女人であったことを、『続日本紀』や『和氏譜《わしふ》』などによって指摘した。

一九七六年二月の『倭国の世界』（講談社現代新書）で、さきの『帰化人』で提起した、弥生時代の前後から七世紀のなかばまでの渡来の四段階説を、海上の道を中心に詳述したのも、東アジアの動向と古代の日本がわれわれの想像する以上に密接なつながりをもっていたからである。

わが師折口信夫先生が、一九二〇年の五月に「妣《はは》が国《くに》へ、常世《とこよ》へ」を発表して（『国學院雑誌』）、海上他界の信仰への思索をさらに深め、一九二一年と一九二三年の沖縄探訪を契機に、先生独自の〝まれびと〟の信仰論を構築されたが、南島探求をさらに東アジアの世界へとひろげる作業は、ついに未完に終った。名著『古代研究』の「追ひ書き」には、「朝鮮民族や、大陸の各種族の民俗について、全く実感の持てぬ私ではないと信じる」としながらも、「分離すべきものは分離」する作業がまだ不十分であるとして、「他日、朝鮮や南支那の民間伝承も、充分に利用する時期を待ってゐる」と書きとどめられていた。

「東アジアのなかの日本」、それは一九六〇年代からの私の一貫した重要な研究テーマのひとつであった。これまでに単著五十九冊をまとめたが、それらの著書に収めていない昨今の論文や講演録などを選んで収録したのが本書である。内容のなかには重複している箇所もあるが、私にとってはそのいずれもがおりおりの研究のささやかなみのりとして思い出が深い。本書で単著六〇冊を数えるに至った。私にとっては大きな節目の著書である。

この書をひもといていただく読者の皆さんに、東アジアのなかの日本と歴史のありようとその光と影を、鋭くよみとっていただけるなら、著者にとってはまことに幸いである。喜寿のおりに『古代日本の輝き』を出版していただいたが、思文閣出版の田中周二会長・田中大社長・長田岳士専務取締役のご厚意によって、ここに再び本書出版のお世話になった。校正などでご面倒をおかけした田中峰人氏をはじめとする方々にあつく感謝する。

二〇〇九年九月吉日

上田正昭

著者略歴

上田正昭（うえだ　まさあき）

1927年生まれ．京都大学文学部を卒業．1963年京都大学助教授，1969年京都大学文学博士，1970年毎日出版文化賞，1971年京都大学教授．京都大学評議員，京都大学教養部長，京都大学埋蔵文化財研究センター長などを歴任．1991年３月定年退官，京都大学名誉教授．1991年６月大阪女子大学学長．1994年中国西北大学名誉教授，1996年９月アジア史学会会長，同年11月京都市文化功労者．1997年11月大阪文化賞，1998年９月福岡アジア文化賞，2000年４月南方熊楠賞．同年12月中国科学学院古代文明研究中心学術顧問，2001年１月京都府文化特別功労者．2002年５月社叢学会理事長．2003年４月勲二等瑞宝章，2005年10月京都市特別功労者．2009年４月韓国大統領修交勲章．現在大阪府立中央図書館名誉館長，姫路文学館長，県立古代出雲歴史博物館名誉館長，高麗美術館長．

主な著書に『上田正昭著作集』全８巻（角川書店）『古代日本の輝き』（思文閣出版）ほか単著59冊，『鎮守の森は甦る社叢学事始め』（編，思文閣出版）ほか監修・編共著480冊

東《ひがし》アジアのなかの日本《にほん》

2009(平成21)年10月30日　発行

定価：本体2,400円(税別)

著　者　上田正昭
発行者　田中周二
発行所　株式会社　思文閣出版
〒606-8203 京都市左京区田中関田町2-7
電話 075-751-1781(代表)

印　刷
製　本　株式会社図書印刷同朋舎

ISBN978-4-7842-1479-2　C1021